Negociação Coletiva de Trabalho nos Setores Público e Privado

ENOQUE RIBEIRO DOS SANTOS

Desembargador Federal do Trabalho do Tribunal Regional do Trabalho da 1ª Região. Professor Associado da Faculdade de Direito da USP. Mestre (UNESP), Doutor e Livre Docente pela Faculdade de Direito da USP.

NEGOCIAÇÃO COLETIVA DE TRABALHO NOS SETORES PÚBLICO E PRIVADO

EDITORA LTDA.
© Todos os direitos reservados

Rua Jaguaribe, 571
CEP 01224-001
São Paulo, SP — Brasil
Fone (11) 2167-1101
www.ltr.com.br

LTr 5160.3
Janeiro, 2015

Dados Internacionais de Catalogação na Publicação (CIP)
(Câmara Brasileira do Livro, SP, Brasil)

Santos, Enoque Ribeiro dos
  Negociação coletiva de trabalho nos setores público e privado / Enoque Ribeiro dos Santos. — São Paulo : LTr, 2015.

  Bibliografia
  ISBN 978-85-361-3212-9

  1. Administração pública — Brasil 2. Convenções coletivas de trabalho — Brasil 3. Negociações coletivas — Brasil I. Título.

14-12495   CDU-34:331.154:35(81)

Índice para catálogo sistemático:
1. Brasil : Negociação coletiva : Setor público e privado : Direito 34:331.154:35(81)

SUMÁRIO

Introdução 9

Capítulo I. Gênese e Evolução do Direito Coletivo do Trabalho e dos Direitos Fundamentais da Pessoa Humana

1. O direito como fenômeno social, o homem como um ser "coletivo" e o germinar dos direitos humanos fundamentais 15

2. A coletivização no contexto da gênese do direito coletivo do trabalho e as primeiras declarações de direitos humanos fundamentais 26

3. Considerações sobre a evolução das relações coletivas de trabalho e dos direitos fundamentais do trabalhador 34

4. O advento dos direitos humanos como forma de valorização do direito coletivo do trabalho 38

5. Conceito e características dos direitos humanos fundamentais 43

6. Internacionalização dos direitos humanos fundamentais e novos direitos individuais e coletivos da pessoa humana. O princípio do não retrocesso social 49

7. A Declaração de Direitos Fundamentais do Trabalhador de 1998 da Organização Internacional do Trabalho — OIT 56

8. O tratamento constitucional da dignidade da pessoa humana e o direito coletivo do trabalho 58

Capítulo II. A Negociação Coletiva de Trabalho na Ótica dos Direitos Humanos Fundamentais

1. Autonomia privada coletiva 64
    1.1. Denominação 64
    1.2. Evolução histórica 66
    1.3. Conceito 70
    1.4. Autonomia privada coletiva e negociação coletiva 75
2. Conceito de negociação coletiva 80
3. Natureza jurídica da negociação coletiva 92
4. Princípios da negociação coletiva 104
    4.1. Princípio da compulsoriedade negocial 104
    4.2. Princípio do contraditório 107
    4.3. Princípio da boa-fé 107
    4.4. Princípio da igualdade 110
    4.5. Direito de informação 111
    4.6. Princípio da razoabilidade 112
    4.7. Princípio da paz social 113
    4.8. Princípio da colaboração 114
5. Funções da negociação coletiva 117
    5.1. Função jurídica 120
    5.2. Função política 123
    5.3. Função econômica 124
    5.4. Função social 125
    5.5. Função participativa 126
    5.6. Função pedagógica 127
6. A negociação coletiva no contexto da Constituição Federal de 1988 128
7. Os instrumentos normativos que defluem da negociação coletiva 137
8. A Negociação Coletiva no Setor Público 142
    8.1. Introdução 142

8.2. A SOCIEDADE, O ESTADO E A ADMINISTRAÇÃO PÚBLICA 144
   8.2.1. O CONCEITO DE ESTADO E SUA ATUAL RELAÇÃO COM A SOCIEDADE ... 144
   8.2.2. A ADMINISTRAÇÃO PÚBLICA 146
      8.2.2.1. A ORGANIZAÇÃO POLÍTICO-ADMINISTRATIVA BRASILEIRA ... 146
      8.2.2.2. A ADMINISTRAÇÃO PÚBLICA DIRETA E INDIRETA 147
   8.2.3. AGENTES PÚBLICOS E A NATUREZA JURÍDICA QUE OS VINCULA À ADMINISTRAÇÃO PÚBLICA 149

8.3. A NEGOCIAÇÃO COLETIVA DE TRABALHO 151
   8.3.1. AUTONOMIA PRIVADA COLETIVA 151
   8.3.2. CONCEITO, NATUREZA JURÍDICA, PRINCÍPIOS E FUNÇÕES 153
      8.3.2.1. CONCEITO DE NEGOCIAÇÃO COLETIVA DE TRABALHO 153
      8.3.2.2. NATUREZA JURÍDICA DA NEGOCIAÇÃO COLETIVA DE TRABALHO 155
   8.3.3. A NEGOCIAÇÃO COLETIVA DE TRABALHO NA CONSTITUIÇÃO FEDERAL 156
      8.3.3.1. OS LIMITES CONSTITUCIONAIS E INFRACONSTITUCIONAIS DA NEGOCIAÇÃO COLETIVA DE TRABALHO 157

8.4. OS DESDOBRAMENTOS DA NEGOCIAÇÃO COLETIVA DE TRABALHO 158
   8.4.1. INSTRUMENTOS JURÍDICOS QUE DEFLUEM DA NEGOCIAÇÃO COLETIVA DE TRABALHO BEM-SUCEDIDA 158
      8.4.1.1. VALIDADE, COERCIBILIDADE, VIGÊNCIA E PRORROGAÇÃO DA CCT E DO ACT 159
   8.4.2. OS EFEITOS JURÍDICOS DA NEGOCIAÇÃO COLETIVA MAL SUCEDIDA . 162
      8.4.2.1. DIREITO À SINDICALIZAÇÃO, À NEGOCIAÇÃO COLETIVA DE TRABALHO E À GREVE 162
      8.4.2.2. DISSÍDIO COLETIVO DE TRABALHO 164
      8.4.2.3. VANTAGENS DA NEGOCIAÇÃO COLETIVA DE TRABALHO 165

8.5. A NEGOCIAÇÃO COLETIVA DE TRABALHO NO SETOR PÚBLICO 167
   8.5.1. AS TEORIAS DESFAVORÁVEIS E AS FAVORÁVEIS À ADMISSIBILIDADE DA NEGOCIAÇÃO COLETIVA NO SETOR PÚBLICO 168
      8.5.1.1. A RECENTE ALTERAÇÃO DA OJ N. 5 DA SDC DO TST 170

8.5.2. Normas internacionais que apoiam a negociação coletiva de trabalho no setor público 171

8.5.2.1. Convenções e Recomendações da OIT 171

8.5.2.2. A recente ratificação da Convenção n. 151 e da Recomendação n. 159 da OIT 174

8.5.3. A experiência brasileira 176

8.6. Conclusões 179

Considerações Finais 183

I — O Papel dos Direitos Humanos Fundamentais nas relações entre capital e trabalho 183

II — O papel da negociação coletiva de trabalho na edificação dos Direitos Fundamentais do Trabalhador 185

III — O papel dos sindicatos no novo modelo sindical brasileiro 185

IV — O potencial da necessária reforma da organização sindical brasileira 189

Referências Bibliográficas 193

INTRODUÇÃO

O presente trabalho tem como objetivo o desenvolvimento dos aspectos relacionados à negociação coletiva de trabalho, nos setores privado e público, em conexão com os direitos fundamentais dos trabalhadores, desde seus primórdios, abarcando a gênese, evolução, determinação e afirmação desses direitos na ótica das relações de trabalho.

A negociação coletiva de trabalho constitui, a nosso ver, um dos fenômenos mais relevantes desta área na atualidade, tanto no plano nacional como no cenário internacional. Torna-se ainda mais interessante na medida em que procuramos analisar a evolução do primado dos direitos humanos à luz do avanço da negociação coletiva de trabalho, trazendo a lume o entendimento jurisprudencial dominante de nossos Tribunais do Trabalho.

Esta matéria ainda não apresenta precedentes sob o ângulo de análise tripartite, ou seja, envolvendo direitos humanos, jurisprudência dominante e o instituto da negociação coletiva de trabalho, tanto no setor privado ou público (que ora ganha notável realce no Direito do Trabalho pátrio, por sua ascendência a instituto nuclear, destinada a exercer papel fundamental, e por que não dizer quase que virtualmente compulsório nas relações entre o capital e trabalho no contexto das profundas transformações que vivenciamos hodiernamente, especialmente em relação à novidade jurídica da negociação coletiva no setor público, que já é uma realidade nas relações coletivas trabalhistas no Brasil), quanto em nível municipal ou mesmo federal.

Não obstante várias tentativas no sentido de modernizar o Direito Sindical brasileiro, adequando-o aos moldes das economias mais avançadas, ainda convivemos com institutos vetustos, verdadeiros entraves à evolução em direção à ampla e profícua autonomia privada coletiva, como o sistema de categorias, datas-bases, dissídios coletivos de natureza econômica, do poder normativo dos Tribunais, e a tentativa do Poder Executivo de promover obstáculos, por meio de tutela jurisdicional, ao exercício do direito fundamental de greve nos serviços públicos, especialmente em relação àqueles setores que foram mais afetados pela política restritiva de revisão geral, anual e constitucional de subsídios, estabelecida no art. 37, X e art. 39, § 4º, da Constituição Federal de 1988.

É aqui que surge a importância desse estudo, haja vista que a negociação coletiva de trabalho finalmente vai ostentar nas relações de trabalho no Brasil o papel que já lhe é reservado há longas décadas nos países de capitalismo avançado, notadamente os países da União Europeia (França, Inglaterra, Alemanha, Itália, entre outros) e nos Estados Unidos da América, pelo fato de ela ser considerada o melhor meio para a solução dos conflitos ou problemas que surgem entre o capital e o trabalho.

O Direito Coletivo do Trabalho, por meio de seus institutos (entre os quais se destaca a negociação coletiva de trabalho, que foi erigida a instituto constitucional, verdadeiro direito fundamental social, desde sua afirmação histórica, a partir da Revolução Industrial), tem sido o alicerce e fundamento dos trabalhadores na construção e defesa dos direitos trabalhistas, entre os quais os direitos fundamentais da pessoa humana, disciplinando os conflitos inerentes à distribuição desigual de poder entre os atores sociais, bem como a produção jurídica autônoma relativamente às relações de trabalho.

A negociação coletiva de trabalho constitui, assim, a verdadeira pedra angular que tem por finalidade minimizar, contrabalançar, equilibrar e, de certa forma, corrigir a enorme defasagem de poder em favor dos empregadores, para obter uma convergência de interesses em relação a uma pacificação democrática e justa dos conflitos laborais.

No direito comparado, em especial no direito norte-americano, o sindicato é sinônimo de negociação coletiva de trabalho, na medida em que a maioria dos sindicatos naquele país seguiu uma linha não ideológica, mas pragmática, na luta por melhores salários e condições de trabalho. As prioridades de seus sindicatos têm por fim o tratamento justo e igual aos empregados e à segurança no emprego, e a negociação coletiva é considerada o principal meio de conseguir esses objetivos, seguida pela arbitragem privada.

A negociação coletiva de trabalho em determinado momento histórico teve papel fundamental nos países de capitalismo avançado, como arma contra a recessão econômica e como um instrumento para restabelecer o elemento de justiça e de democracia no local de trabalho, bem como na redistribuição de renda.

Nessa época, o Estado exerceu papel fundamental nesse processo, incentivando e fomentando a prática da negociação coletiva de trabalho e criando instrumentos de proteção aos sindicatos em face de atos atentatórios à sua liberdade e às práticas desleais de trabalho (*unfair labour practices*).

É nesse sentido que o presente tema adquire especial relevância, porque a reversão do fenômeno da descoletivização e o consequente fortalecimento dos sindicatos constituem, na realidade, uma forte pilastra de blindagem dos direitos dos trabalhadores, dos direitos humanos fundamentais e na consolidação do Direito Coletivo do Trabalho, em busca de uma sociedade mais justa, com maior ênfase nos preceitos da justiça social.

Se o processo de descoletivização ou dessindicalização, em outras palavras, a contínua diminuição da taxa de sindicalização de trabalhadores se impõe como ameaça aos sindicatos profissionais, a negociação coletiva de trabalho, por seu turno, apresenta-se como uma solução eficaz e duradoura. Por meio dela, trabalhadores e empresários estabelecem não apenas condições de trabalho e de remuneração, como todas as demais relações entre si, por meio de um procedimento dialético, previamente definido, que se deve pautar pelo bom-senso, proporcionalidade, boa-fé, razoabilidade e equilíbrio entre os atores sociais.

Entretanto, de nada vale o avanço e a notabilidade do instituto da negociação coletiva de trabalho na prática das relações cotidianas, sem a prevalência dos direitos humanos fundamentais, especialmente na pessoa do hipossuficiente: o trabalhador.

Procuramos mostrar nesse trabalho que o novo conjunto de instituições que moldará o recente modelo sindical brasileiro deverá garantir as transformações sociais com base na dignidade da pessoa humana, dentro de uma visão kantiana, que considera o homem como um fim em si mesmo, e não um meio de exploração do fraco pelo forte.

O principal direito fundamental garantido pela Constituição Federal de 1988 é o da dignidade da pessoa humana, que constitui o arcabouço para a fruição dos demais direitos individuais e coletivos, como podemos depreender do art. 1º da Carta Magna. Portanto, este fundamento pode ser considerado como o princípio básico para a interpretação de todos os demais direitos e garantias conferidos às pessoas, sob a ótica do pós-positivismo jurídico, baseado em princípios e valores, que se sobrepôs ao positivismo e teve seu primado no direito positivo ou nas leis.

Metaforicamente poderíamos visualizar esses direitos como eflúvios do espírito humano, enraizados e agregados intrinsecamente à nossa própria alma, pelo simples fato de termos nascido na condição humana.

No Brasil, os direitos dos trabalhadores raramente são exercidos *a priori*, de forma preventiva. Não fossem as (ainda) raras atuações do Ministério Público do Trabalho, atuando de forma profilática na proteção de direitos sociais indisponíveis dos trabalhadores, por meio de seus instrumentos jurídicos (inquérito civil, termos de ajuste de conduta e ações civis públicas), os trabalhadores estariam ainda mais desamparados e desprotegidos.

O judiciário trabalhista exerce seu papel, no mais das vezes, *a posteriori*, especialmente após a ruptura do pacto laboral, com raríssimas exceções, quando prolatam liminares e antecipações de tutelas. Geralmente, em uma reclamação trabalhista, o trabalhador é obrigado a aguardar meses pela sentença de primeiro grau e vários anos para o resultado de instâncias superiores, em grave atentado e desrespeito à sua pessoa, e mesmo ao texto constitucional que disciplina o prazo razoável de duração do processo, considerando o caráter alimentício desses litígios.

Por esta razão defendemos neste trabalho, a inversão desse procedimento, pela natureza alimentícia dessa prestação jurisdicional, que se deve pautar por meio da utilização de mecanismos poderosos, para que ajam *a priori*, e, não *a posteriori*, na garantia dos direitos trabalhistas.

Não concebemos outro instrumento jurídico mais adequado, oportuno e conveniente do que a negociação coletiva de trabalho, à semelhança do que se pratica efetivamente e não apenas nas datas-bases, mas no dia a dia das relações nos países de capitalismo avançado, nos quais a concertação social entre empresários e trabalhadores, além do papel de pacificação social, exerce a missão de arrefecer o processo de descoletivização e, deste modo, de valorização das associações de trabalhadores.

Da mesma forma, não podemos nos esquecer de outros instrumentos que também poderão ser extremamente úteis na elucidação das controvérsias laborais coletivas, como a mediação, a conciliação, a arbitragem e a transação.

Assim, a importância do presente estudo reside na análise do fenômeno da evolução dos direitos humanos fundamentais, desde seus primórdios, em comparação com a negociação coletiva de trabalho, nas relações entre o capital e o trabalho no mundo moderno, seja no setor privado como no setor público, na perspectiva de uma nova e moderna reconfiguração do modelo sindical no Brasil que ora se aproxima, provavelmente tendo em vista:

> • a redução paulatina e gradual dos dissídios coletivos, dando lugar a uma prática mais constante da negociação coletiva de trabalho, não apenas no setor privado, como também no setor público;

> • a eventual futura alteração da utilização do sistema de categorias para meios mais modernos de identificação da mutualidade de interesses dos trabalhadores, como o sistema de ramos de atividades econômicas, o sindicalismo por empresa ou por estabelecimento, e assim por diante;

• a eliminação do sistema ultrapassado e antidemocrático da contribuição sindical obrigatória, com sua substituição pela cobrança de taxas negociais estabelecida pela Assembleia Geral dos próprios interessados;

• a redução gradual do poder normativo nos conflitos de natureza econômica e, no futuro, a limitação deste poder constitucional às lides de natureza jurídica;

• o reforço do papel do Ministério Público do Trabalho, com a utilização dos instrumentos administrativos e jurisdicionais no deslinde de controvérsias coletivas, seja por meio da mediação, da arbitragem e dos termos de ajuste de conduta;

• a criação de bases de representação sindical no local de trabalho;

• a coibição de práticas desleais de trabalho (*unfair labour practices*), com o estabelecimento de sanções e multas para os infratores;

• o enquadramento do conceito de greve aos ditames dos ensinamentos da Organização Internacional do Trabalho e o direito de negociação coletiva de trabalho e seus desdobramentos no setor público, envolvendo os servidores públicos estatutários, em face da ratificação pelo Brasil da Convenção n. 151 da OIT.

Nesta breve introdução, cabe uma última palavra aos leitores.

Observa-se, na atual realidade brasileira, uma relativa pacificação no setor privado da economia, fruto da prática constante e reiterada da negociação coletiva de trabalho, por meio da qual os sindicatos profissionais têm logrado êxito em conseguir agregar até mesmo ganhos reais (além dos índices oficiais de inflação) aos salários dos respectivos trabalhadores da categoria profissional, fora o fato de impor outras cláusulas normativas de cunho social.

Este fenômeno não encontra paralelo no setor público. Pelo contrário. O poder executivo procura por todos os meios, em nome do equilíbrio nas contas públicas, evitar o cumprimento do mandamento constitucional de revisão anual dos subsídios dos servidores públicos, o que tem levado a uma profunda insatisfação dos trabalhadores da Administração Pública, virtualmente em todos os níveis. É sobre este importante assunto que reservamos um novo capítulo para discutir com os leitores, ávidos, inclusive, por receber sugestões e críticas, no sentido de revermos, modificarmos ou aperfeiçoarmos nossa posição.

Aproveitamos a oportunidade e com o esgotamento da primeira edição do livro *Direitos Humanos na negociação coletiva de trabalho* — tendo em vista a mudança estrutural que se verifica no Direito Coletivo do Trabalho nos últimos anos — optamos por promover uma profunda e radical revisão em todos os conceitos transcritos na obra citada, bem como inserir dois novos capítulos: um sobre os limites da negociação coletiva e outro para discutir um fato novo e de notável transcendência social, a negociação coletiva no setor público, este último trabalho desenvolvido em conjunto com o Prof. Bernardo Farina, profícuo e estudioso da matéria, tendo sido meu importante assistente ao tempo que oficiei no Ministério Público do Trabalho no estado do Paraná.

Desta forma, em razão das profundas alterações doutrinárias e jurisprudenciais, bem como para refletir a real dimensão do trabalho, também optamos por mudar o título para *Negociação coletiva de trabalho nos setores público e privado*.

Capítulo I

Gênese e Evolução do Direito Coletivo do Trabalho e dos Direitos Fundamentais da Pessoa Humana

1. O DIREITO COMO FENÔMENO SOCIAL, O HOMEM COMO UM SER "COLETIVO" E O GERMINAR DOS DIREITOS HUMANOS FUNDAMENTAIS

O Direito não constitui um simples produto da infraestrutura material da criação do homem. Exerce, desde seus primórdios, um papel transcendental na cultura e moldagem da sociedade.

Para Descartes, o homem, à semelhança de seu Criador, de infinita sabedoria, "é senhor e possuidor da natureza" e elemento propulsor da história da humanidade. Na terceira de suas "Meditações", o filósofo apresenta provas da existência de Deus baseadas no princípio de causalidade, como a que afirma que só existindo realmente Deus (causa) pode-se explicar a existência de um ser finito e imperfeito — o eu pensante — porém dotado da ideia de infinito e de perfeição (efeito). Essa ideia estaria na mente do homem como "a marca do artista impressa em sua obra".[1]

---

(1) DESCARTES, René. *Vida e obra*: meditações. São Paulo: Nova Cultural, 1999. p. 23 (Os pensadores).

Aristóteles, o grande precursor da Teoria Axiológica, foi o primeiro filósofo a enunciar a frase lapidar: "o homem é um ser coletivo", que já se tornou lugar comum nos estudos das ciências sociais modernas, para corroborar o fato intrínseco de que o "homem é um animal social", aduzindo, ademais que:

> o homem é um animal mais político do que as abelhas ou qualquer outro ser gregário. (...) E é a associação de seres que têm uma opinião comum acerca desses assuntos que faz uma família, ou uma cidade, e o Estado tem, por natureza, mais importância do que a família e o indivíduo, uma vez que o conjunto é necessariamente mais importante do que as partes. (...) Mas, aquele que for incapaz de viver em sociedade, ou que não tiver necessidade disso por ser autossuficiente, será uma besta ou um deus, não uma parte do Estado.[2]

Para esse filósofo, a felicidade dos homens advém de uma vida justa no seio da sociedade, que veio suscitar o princípio da solidariedade, o embrião dos direitos humanos, considerando que a essência da justiça repousa na igualdade.

Segundo ele, a sociedade constitui a cidade, que se basta a si mesma, pois tem uma finalidade eminentemente coletiva: conservar a existência dos cidadãos e propiciar-lhes o bem-estar. A conservação da existência dar-se-á pelo trabalho de cada um, estabelecidas às trocas de mercancia propiciadas pelo espaço físico da cidade, enquanto o bem-estar é objetivo não só material, mas também moral, pois depende de cada um a felicidade e a prosperidade do outro, já que o homem é um animal cívico, que possui o dom da palavra.[3]

Esses ensinamentos vêm demonstrar que o progresso moral e material dos homens se acha intimamente conectado à sua capacidade associativa.

Neste ponto, o Direito incorpora-se no contexto holístico de evolução da sociedade, passando a exercer, de forma crescente, um papel primordial na configuração do devir humano, em seus valores éticos, morais e religiosos.

Goffredo Telles Junior esclarece que "a simples história dos homens, desde as mais remotas eras, leva à convicção de que a recíproca dependência é, realmente, uma lei constitutiva da natureza humana. Não sem razão, as Sagradas Escrituras fazem a eloquente advertência: "Desgraçado o homem só, pois quando cair, não terá ninguém que o levante" (Eclesiastes, IV, 9, 10); assim como a afirmação consoladora: "O irmão que é ajudado por seu irmão, é como uma cidade forte" (Provérbios, XVIII, 19). (...) O homem é o mais sociável de todos os animais gregários. Mais sociável do que a abelha, a formiga, a térmita. Por

---

(2) ARISTÓTELES. *Política*. São Paulo: Nova Cultural, 1999. p. 146-147 (Os pensadores).
(3) ARISTÓTELES. *Política*. São Paulo: Martins Fontes, 1991. p. 3.

quê? Porque ele é levado a viver em sociedade, não somente pelo seu instinto sociável, mas também pela sua inteligência".[4]

E, entre os elementos propulsores da evolução do homem em sociedade, as forças motrizes são representadas pelo perpétuo processo de inter-relacionamento e os desafios que se apresentam à sua frente. São os relacionamentos e a superação de novos e crescentes obstáculos que vão impulsionando e moldando a história do homem, como ser coletivo.

Para Miguel Reale, de todos os princípios fundamentais da Sociologia e do Direito, nenhum talvez sobreleve em importância àquele que Aristóteles formulou, de maneira cristalina, dizendo que o homem é um animal político, destinado por natureza a viver em sociedade, de sorte que a ideia de homem exige a de convivência civil.[5] E é por meio desse processo dialético, que caracteriza a arte da política, que se engendram as técnicas da persuasão, do convencimento, da busca da verdade, que produzem a evolução da pessoa humana. Na mesma senda, Max Weber, já assegurava que política nada mais era que a arte ou técnica do exercício do poder.

Rousseau, no seu *Segundo discurso* ensinava-nos que:

> as relações entre as pessoas, para se tornarem verdadeiras relações, devem se inscrever numa permanência, constituir um estado... A desigualdade é uma noção dupla: como relação com as coisas, ela e do rico com o pobre; como relação com os homens, ela é a do dominante com o dominado.[6]

Ao que podemos, ainda, acrescentar a sua celebre frase: "o homem nasceu livre, e em todos os lugares está preso".[7]

O Direito não apenas regula o comportamento dos indivíduos, como também justifica o comportamento humano. Rousseau, no *Contrato social*, também declara que "o mais forte nunca é forte o suficiente para ser sempre o senhor, se ele não transformar sua força em direito e a obediência em dever"[8], expressão perfeitamente aplicável na concepção do capitalismo contemporâneo, sob os preceitos da ideologia neoliberal.

Para Rousseau, se o gênero humano não mudasse seu modo de vida, do individual para o coletivo, ele pereceria. Diz ele:

---

(4) TELLES JÚNIOR, Goffredo. *Filosofia do direito*. São Paulo: Max Limonad, 1967. t. 2, p. 399-400.
(5) REALE, Miguel. *Fundamentos do direito*. 3. ed. São Paulo: Revista dos Tribunais, 1998. p. 3 (*fac símile* da 2. ed.).
(6) LABRUNE, Monique; JAFFRO, Laurent. *A construção da filosofia ocidental*. São Paulo: Mandarim, 1996. p. 438 (*Gradus Philosophicus*).
(7) *Ibidem*, p. 439.
(8) *Ibidem*, p. 440.

como os homens não podem engendrar novas forças, mas somente unir e orientar as já existentes, não têm eles outro meio de conservar-se senão formando, por agregação, um conjunto de forças, que possa sobrepujar a resistência, impelindo-as para um só móvel, levando-as a operar em concerto. Essa soma de forças só pode nascer do concurso de muitos. Encontrar uma forma de associação que defenda e proteja a pessoa e os bens de cada associado com toda a força comum, e pela qual cada um, unindo-se a todos, só obedece contudo a si mesmo, permanecendo assim tão livre quanto antes. Esse, o problema fundamental cuja solução o contrato social oferece.[9]

Verifica-se, dessa forma, que os mesmos princípios idealizados por Rousseau para a construção de uma sociedade harmônica podem ser aplicados às formas associativas dos trabalhadores na conquista, defesa e consolidação de seus interesses, como classe. Assim, o Direito pode ser utilizado como efetivo instrumental de consecução de resultados sociais, além de se justificar como regulador do comportamento do homem em sociedade.

A ideia do contrato social e o princípio da vontade geral, de Rousseau, para quem o homem é naturalmente bom, naturalmente livre e naturalmente igual aos outros homens, pode ser confrontada com a concepção social e política de Hobbes, que estaremos desenvolvendo a seguir. O contrato social, única forma de associação legítima para Rousseau, manifesta-se em um pacto estabelecido entre o povo e os governantes. Este pacto estabelece a submissão dos governantes, assim como de todos os cidadãos à vontade geral. Esta se volta não para os bens particulares, mas para o bem comum. Nas assembleias, a vontade geral seria manifestada pela maioria absoluta, se bem que o número não crie essa vontade, ela apenas indica onde ela se encontra. O caminho trilhado por Rousseau foi anunciado por Locke, ao formular a teoria do estado da natureza como condição da liberdade e da igualdade e com a afirmação da pessoa humana como sujeito de todo direito e, portanto, fonte e norma de toda lei.[10]

Verificamos no pensamento de Rousseau o embrião do princípio associativo que, embora com finalidade eminentemente pública de pautar o viver do homem em sociedade, se projetado nos tempos modernos, pode se aplicar perfeitamente à geração dos interesses coletivos pelos grupos profissionais e econômicos, particularmente quando ele afirma que:

---

(9) ROUSSEU, Jean-Jacques. *Do contrato social ou os princípios do direito político*. São Paulo: Nova Cultural, 1999. p. 69-70, livro I (Os pensadores).
(10) ROUSSEU, Jean-Jacques. *Do contrato social*. Tradução de Lourdes Santos Machado. São Paulo: Nova Cultural, 1999. p. 17.

a realização concreta do eu comum e da vontade geral implicam necessariamente um contrato social, ou seja, uma livre associação de seres humanos inteligentes, que deliberadamente resolvem formar um certo tipo de sociedade, à qual passam a prestar obediência. O contrato social seria, assim, a única base legítima para uma comunidade que deseja viver de acordo com os pressupostos da liberdade humana.[11]

O Direito, como ciência positiva, tem perfeita identificação com o poder, constituindo a base da afirmação de Hobbes[12], na construção do Estado Moderno, quando diz: "não é a sabedoria, mas a autoridade que faz a lei, pois a lei é um comando dela, ou de quem tem o poder soberano". Este filósofo, que tinha um profundo interesse pelos problemas sociais, ainda enfatiza que:

> é graça a esta autoridade que lhe é dada por cada indivíduo no Estado, é-lhe conferido o uso de tamanho poder e força que o terror assim inspirado o torna capaz de conformar as vontades de todos eles, no sentido da paz em seu próprio país, e da ajuda mútua contra os inimigos estrangeiros.

Uma das frases lapidares e repetidas de Hobbes é "o homem é o lobo do homem", coroada por outra, menos citada, mas não menos importante: "guerra de todos contra todos". Ambas são fundamentais como síntese do que Hobbes pensa a respeito do estado natural em que vivem os homens. O estado de natureza é o modo de ser que caracteriza o homem antes de seu ingresso no estado social. No estado de natureza, a utilidade é a medida do direito. Isso significa que, levado por suas paixões, o homem precisa conquistar o bem, ou seja, as comodidades da vida, aquilo que resulta em prazer. O altruísmo não seria, portanto, natural. Natural seria o egoísmo, inclinação geral do gênero humano, constituído por um "perpétuo e irrequieto desejo de poder e mais poder que só termina com a morte".[13]

Essa configuração do homem hobbesiano também é compartilhada por Taylor Caldwell, que nos informa que:

> o destino do homem não lhe pertence, como o Messias não se cansou de nos dizer. Seu destino está na eternidade; sua carne é a de um animal e nada mais. Vive da mesma forma que vivem os animais e ninguém pode fazer distinção, pois o homem como animal é inferior

---

(11) ROUSSEU, Jean-Jacques. *Op. cit.*, p. 18.
(12) HOBBES, Thomas. *Leviatã ou matéria, forma e poder de um estado eclesiástico e civil.* São Paulo: Nova Cultural, 1999. p. 143-144 (*Os pensadores*).
(13) HOBBES, Thomas. *Op. cit.*, p. 13.

a um bicho, já que não possui sua lealdade, pureza e simplicidade, nem sua sinceridade de objetivo ou mesmo seu valor.[14]

Este fato social é facilmente observável na realidade atual de nossas cidades, com o aumento desenfreado da violência e da banalização da vida, que às vezes não vale mais do que um par de tênis, fazendo com que novos fenômenos sociais emerjam, como a concentração de pessoas em suas atividades em locais mais seguros, com o simples fim de se proteger do próprio homem.

A concepção que Hobbes tem do estado de natureza distancia-o da maior parte dos filósofos políticos, que acreditam haver no homem disposição natural para viver em sociedade. O instinto da preservação é básico no pensamento deste pensador. Para ele, os indivíduos entram em sociedade apenas quando a preservação da vida está ameaçada. Os homens não vivem em cooperação natural, como o fazem as abelhas ou as formigas, pois o acordo entre elas é natural; entre os homens, para Hobbes, só pode ser artificial.[15]

Neste sentido, os homens são levados a estabelecer contratos entre si. O contrato é uma transferência mútua de direito. O pacto, isto é, a promessa de cumprir o contrato, vale enquanto a conservação da vida não estiver ameaçada. Para que a paz obtida com o contrato social seja durável, é necessário que a multidão de associados seja tão grande que os adversários de sua segurança não tenham a esperança de que a adesão de um pequeno número baste para assegurar-lhes a vitória. Para que a vida seja viável, impõe-se uma sociedade civil. Assim, a paz imprescindível à conservação da vida que a razão solicita cria o pacto social e, por meio deste, o homem é introduzido em uma ordem moral.[16]

Para Celso Lafer, o pensamento hobbesiano representa a matriz de um pensamento inspirador, no mundo moderno, da convergência entre o direito e o poder, que faz do direito um instrumento de gestão governamental, criado ou reconhecido por uma vontade estatal soberana, e não pela razão dos indivíduos ou pela prática da sociedade. Explica-se, assim, a ontologização do direito positivo e também o entendimento de que a função do direito é a de comandar condutas e não de qualificá-las de boas ou más, a partir de uma permanente vinculação entre ética e direito.[17]

Hobbes[18] ainda afirmava no século XVII, que:

---

(14) CALDWELL, Taylor. *O grande amigo de deus*. 6. ed. Rio de Janeiro: Record, 1996. p. 324.
(15) HOBBES, Thomas. *Op. cit.*, p. 14.
(16) *Ibidem*, p. 14.
(17) LAFER, Celso. *A ruptura totalitária e a reconstrução dos direitos humanos:* um diálogo com Hannah Arendt. 3. reimp. São Paulo: Companhia das Letras, 1999. p. 39.
(18) HOBBES, Thomas. *Leviatã ou matéria. Forma e poder de um estado eclesiástico e civil:* vida e obra. Tradução de João Paulo Monteiro. São Paulo: Nova Cultural, 1999. p. 14.

as leis da natureza — como a justiça, a equidade, a modéstia, a piedade, ou, em resumo, fazer aos outros o que queremos que nos façam — por si mesmas, na ausência do temor de algum poder capaz de levá-las a ser respeitadas, são contrárias a nossas paixões naturais, as quais nos fazem tender para a parcialidade, o orgulho, a vingança e coisas semelhantes. E os pactos sem a espada não passam de palavras, sem força para dar a menor segurança a ninguém.

Para este pensador, o ponto de partida da ação humana, moral e política é o esforço ou empenho (movimento), considerando a vida como sendo uma corrida na qual é preciso vencer sempre; começa com um esforço inicial, que é a sensação, o desejo; ser continuamente ultrapassado corresponderia à miséria; e ultrapassar quem está adiante de nós corresponderia à felicidade. Essa representação corresponde a um tipo de homem que pode ser identificado com o burguês, que está buscando a ascendência social e econômica.[19]

Nesta linha de pensamento, Hobbes ainda destacou:

> para todo o homem, outro homem é um concorrente, como ele, ávido de poder sob todas as suas formas. (...) Concorrência, desconfiança recíproca, avidez de glória ou de fama têm por resultado a guerra perpétua de cada um contra cada um, de todos contra todos.[20]

Neste ponto, novamente nos valemos da sabedoria de Max Weber, extraída de seu clássico *Economia e sociedade*, para quem poder nada mais é do que a faculdade ou prerrogativa de alguém impor sua vontade mesmo em face de resistências. Em outras palavras, o poder é a faculdade que alguém possui de impor sua vontade pessoal em relação a determinado objeto ou assunto em face de outras pessoas, classes ou grupos, mesmo diante da resistência ou oposição destas.

Seguindo a tendência do direito natural da época, John Locke[21] procura alinhar algumas considerações sobre a formação da sociedade política a partir dos referenciais de comportamento existentes na natureza, partindo da análise das relações entre os homens. Para ele, o único modo em que alguém se priva de sua liberdade natural e se submete às ataduras de uma sociedade civil se dá mediante um acordo com outros homens, segundo o qual todos se unem formando uma comunidade, a fim de conviverem uns com os outros de uma maneira confortável, segura e pacífica, desfrutando sem riscos suas respectivas

---

(19) HOBBES, Thomas. *De cive*: elementos filosóficos a respeito do cidadão. Petrópolis: Vozes, 1993. p. 50.
(20) CHEVALLIER, Jean-Jacques. *As grandes obras políticas de Maquiavel a nossos dias*. Rio de Janeiro: Agir, 1982. p. 69.
(21) LOCKE, John. *Segundo tratado sobre o governo civil*. Madrid: Alianza, 1990. p. 97.

propriedades e estando mais bem protegidos frente àqueles que não formam parte dessa sociedade.

Podemos depreender desses notáveis ensinamentos que palavras, por si só, não detêm a força coercitiva e, dessa forma, não garantem os pactos que possibilitam aos homens, estes seres individualistas e competitivos, conviver em harmonia e paz.

Neste sentido, o Direito Coletivo do Trabalho, por meio de um de seus institutos basilares — a associação de trabalhadores ou de empregadores — principalmente de sindicatos, consiste no estabelecimento de pactos, pelos quais os associados buscam a conquista, preservação e aumento dos interesses do grupo, para que os atores sociais, individualmente, tenham uma vida digna e civilizada. E o Estado moderno, como representante da ordem pública e referência de todos os membros da comunidade política, exerce papel fundamental na proteção dos pactos, constituindo o guardião dos interesses coletivos.

Em nossa civilização, desde o início dos séculos, o homem gozou de uma posição privilegiada em relação às demais criaturas, pois é dotado de corpo e alma, de raciocínio e de capacidade de pensamento. Estando, portanto, no ápice da pirâmide evolutiva, muito embora seja capaz de praticar atrocidades contra seus semelhantes, em flagrante atentado contra a dignidade da pessoa humana, o que levou Hannah Arendt a asseverar:

> o antissemitismo, o imperialismo e o totalitarismo — um após o outro, um mais brutalmente que o outro — demonstraram que a dignidade humana precisa de nova garantia, somente encontrável em novos princípios políticos e em uma nova lei na terra, cuja vigência desta vez alcance toda a humanidade, mas cujo poder deve permanecer estritamente limitado, estabelecido e controlado por entidades territoriais novamente definidas.[22]

O homem não é, conforme ensinamentos de Vicente Raó[23] "uma unidade matemática, simples material de construção de suas estruturas, frequentemente sustentadas pelas colunas de algarismos que certas estatísticas mais ou menos científicas fabricam".

Vicente Raó esclarece (no que estamos concordes) que:

> para estudar o Direito, ou para aplicá-lo, já não se parte do estudo do homem, de sua personalidade, de sua natureza de ser dotado de vida

---

(22) ARENDT, Hannah. *Origens do totalitarismo*. São Paulo: Companhia das Letras, 2000. p. 13.
(23) RAÓ, Vicente. *O direito e a vida dos direitos*. 3. ed. rev. e atual. por Ovídio Rocha Barros Sandoval. São Paulo: Revista dos Tribunais, 1991. v. 1, p. 19.

física e psíquica, isto é, material, mental, moral e espiritual. Parte-se, ao contrário, ora, em companhia de sutis autores germânicos, do pressuposto do Estado, ora, ao lado de sociólogos contemporâneos, do pressuposto de sociedade, para, em seguida e só em seguida, encontrar-se a conceituação do direito, aquela conceituação que relega o homem a um plano secundário, como se possível fosse criar-se uma coletividade próspera e feliz, formada por criaturas infelizes e miseráveis, despidas de seus mais elementares direitos, sem os quais a própria dignidade da vida perece.[24]

A ideia de que os indivíduos e grupos humanos podem ser reduzidos a um conceito ou categoria geral, que a todos engloba, é de elaboração recente na história. Como observou um antropólogo,[25] nos povos que vivem à margem do que se convencionou classificar como civilização, não existe palavra que exprima o conceito de ser humano: os integrantes do grupo são chamados "homens", mas os estranhos ao grupo são designados por outra denominação, a significar que se trata de indivíduos de uma espécie animal diferente.[26]

Fábio Konder Comparado informa-nos que:

> foi durante o período axial da História, que despontou a ideia de uma igualdade essencial entre todos os homens. Mas foram necessários vinte e cinco séculos para que a primeira organização internacional a englobar a quase-totalidade dos povos da terra proclamasse, na abertura de uma Declaração Universal de Direitos humanos, que todos os homens nascem livres e iguais em dignidade e direitos.[27]

Ainda no contexto da valorização do ser humano, sob os auspícios da dignidade humana e de ocupante legítimo do ápice na pirâmide da evolução social, temos que recorrer a Kant, que, de forma magistral, expressou essa verdade, ao afirmar, por meio de seu postulado ético:

> os seres, cuja existência não depende de nossa vontade, mas da natureza, se estiverem privados de razão, só têm um valor relativo, o dos meios, sendo por isso que se lhes chama coisas; enquanto, pelo contrário, se dá o nome de pessoas aos seres racionais, porque a sua própria natureza faz deles fins em si mesmos, quer dizer, algo que não deve ser empregue simplesmente como meio e que, consequentemente, restringe o arbítrio de cada um.[28]

---

(24) RAÓ, Vicente. *O direito e a vida dos direitos,* cit., p. 14-15.
(25) LÉVY-STRAUSS, Claude. *Athropologie structurale deux.* Paris: Plon, 1973. p. 383-384.
(26) COMPARATO, Fábio Konder. *A afirmação histórica dos direitos humanos.* São Paulo: Saraiva, 1999. p. 11-12.
(27) *Op. cit.,* p. 12.
(28) KANT. *Fundamentos da metafísica dos costumes.* Tradução de Antônio Maia da Rocha. Lisboa: Didáctica, 1999. p. 60.

E prossegue:

> a natureza racional existe como fim em si. O homem representa necessariamente assim a sua existência da mesma maneira que eu, e, por isso, este princípio é simultaneamente, um princípio objetivo, de onde se deve poder deduzir, como de um princípio prático supremo, todas as leis da vontade. Portanto, o imperativo prático será o seguinte: Age de tal modo que trates a humanidade, tanto na tua pessoa, como na pessoa dos outros, sempre e ao mesmo tempo, como fim e nunca simplesmente como meio.[29]

Podemos extrair da concepção kantiana de dignidade da pessoa humana como um fim, a condenação de muitas práticas de aviltamento da pessoa à condição de coisa, e não apenas da escravidão clássica, do trabalho infantil, do trabalho abusivo e precário. De acordo com Fábio Konder Comparato:

> se o fim natural de todos os homens é a realização de sua própria felicidade, como aliás destaca o art. 1º da Constituição dos Estados Unidos da América, não basta agir de modo a não prejudicar ninguém. Este seria um adágio puramente negativo. Dentro da concepção da alteridade, tratar o outro como um fim em si implica o dever de favorecer, tanto quanto possível, o fim de outrem. Pois sendo o sujeito um fim em si mesmo, é preciso que os fins de outrem sejam por mim considerados também como meus.[30]

Mas o verdadeiro embrião dos direitos humanos despontou, acima de tudo, com o valor da liberdade. Surge então o germe da autonomia privada individual e coletiva, matéria que estaremos desenvolvendo ao longo deste trabalho.

Explica-se assim por que para Rousseau:

> renunciar à liberdade é renunciar à qualidade de homem, aos direitos da humanidade, e até aos próprios deveres. Tal renúncia não se compadece com a natureza do homem, e destituir-se voluntariamente de toda e qualquer liberdade equivale a excluir a moralidade de suas ações. Enfim, é uma inútil e contraditória convenção a de que, de um lado, estipula uma autoridade absoluta e, de outro, uma obediência sem limites.[31]

---

(29) KANT. *Fundamentos da metafísica dos costumes*, cit., p. 61.
(30) COMPARATO, Fábio Konder. *A afirmação histórica dos direitos humanos*. São Paulo: Saraiva, 1999. p. 11-12.
(31) ROUSSEAU, Jean-Jacques. *Do contrato social*. Tradução de Lourdes Santos Machado. São Paulo: Nova Cultural, 1999. p. 62.

Foi, porém, à margem dos castelos medievais que os burgos novos ou burgos de fora (*forisburgus*, termo do qual surgiu o *faubourg* do francês atual) se tornaram rapidamente os locais de concentração das grandes fortunas mercantis e os centros de irradiação do primeiro capitalismo, palco da gênese do Direito do Trabalho. Foi nas cidades comerciais da Baixa Idade Media que teve início a primeira experiência histórica de sociedade de classes, onde a desigualdade social já não era determinada pelo direito, mas resultava, principalmente, das diferenças de situação patrimonial de famílias e indivíduos.[32]

Os burgos novos transformaram-se, desde logo, em território da liberdade pessoal, e isso não apenas para a classe dos mercadores, doravante conhecidos como burgueses. Os servos da gleba, que lograram residir mais de ano e dia num burgo novo, desvinculavam-se de pleno direito, das peias feudais: era uma espécie de usucapião da liberdade, calcado no regime possessório dos bens materiais. O provérbio alemão diz tudo: o ar da cidade liberta (*die Stadtluft macht frei*).[33]

Na esteira dos avanços nos direitos sociais e trabalhistas, os cidadãos, entre eles, os trabalhadores, tiveram que se organizar, se associar, pois caso contrário, as conquistas individuais seriam extremamente difíceis, senão quase impossíveis de se concretizar.

Neste ponto, achamos oportuno destacar o pensamento de Gustav Radbruch (1974), quando declara que "o indivíduo vinha a ser, para esse individualismo, o mesmo que a liberdade humana idealmente personalizada, vindo a achar-se enunciado, ao mesmo tempo, com esta concreção de uma liberdade despida de toda a individualidade, o axioma da igualdade de todos os indivíduos. Todavia, vimos, também, como, contra esse conceito de um indivíduo assim despojado de todas as suas propriedades vitais e desenraizado do seu meio social, se contrapunha a concepção oposta — a de um direito social — e como esta última procurava substituir o conceito de "indivíduo" pelo conceito de "homem concreto", que vive em sociedade, como era, por exemplo, o do patrão e o do operário, o do trabalhador e o do empregado, nas suas múltiplas características, tanto sociais como econômicas. Seja, porém, como for, o certo é que nenhuma destas considerações afeta no mínimo o conceito de "pessoa" como um conceito de igualdade, dentro do qual se acham equiparados não só o fraco como o poderoso, não só o rico como o pobre, mas ainda a débil personalidade da pessoa singular com a gigantesca personalidade da pessoa coletiva".[34]

---

(32) MONTESQUIEU, Charles de Secondat, Baron de. *Mes pensees*. Paris: Gallimard, 1978. v. 1, p. 981 (*Oeuvres complètes*).
(33) PIRENNE, Henri. *História econômica e social da Idade Média*. 5. ed. São Paulo: Mestre Jou, 1979. p. 78.
(34) RADBRUCH, Gustav. *Filosofia do direito*. 5. ed. Tradução de L. Cabral de Moncada. Coimbra: Armênio Amado, 1974. p. 261.

Após o estágio inicial de evolução da conquista de direitos sociais, Sergio Pinto Martins (2001) informa que o Direito Coletivo do Trabalho nasce com o reconhecimento do direito de associação dos trabalhadores, o que veio a ocorrer após a revolução industrial, no século XVIII, podendo-se dizer que o berço do sindicalismo foi a Inglaterra, onde, em 1720, foram formadas associações de trabalhadores para reivindicar melhores salários e condições de trabalho, inclusive limitação da jornada de trabalho.[35]

Para Mozart Victor Russomano (2002),

> poder-se-á afirmar que o sindicato nasceu no momento em que a corporação de ofício explodiu, sob a pressão exercida, de dentro para fora, pelos aprendizes e, sobretudo, pelos companheiros; ou, de fora para dentro, pelo início do processo industrial e pela vitória das ideias liberais. (...) Neste sentido, podemos afirmar que o nascimento do sindicalismo é a culminação de um longo processo histórico, cheio de antecedentes numerosos e importantes, que tinha por desaguadouro o ideal comum de valorização do homem como pessoa e de reconhecimento dos direitos essenciais à defesa de seus interesses e à expansão de sua personalidade. As causas que determinaram o fim das corporações, em última análise, foram as mesmas que provocaram o advento do sindicato. Por motivo de fácil explicação histórica, a Grã-Bretanha foi o berço do sindicalismo contemporâneo.[36]

Não podemos negar o papel predominante exercido pelos sindicatos no mundo do trabalho. A experiência decorrente do surgimento dos sindicatos de trabalhadores teve importância transcendental na afirmação histórica dos direitos que deram origem às garantias sociais. Ao longo do século XX, a presença ostensiva dos sindicatos influenciou a trajetória do Direito Coletivo do Trabalho, criando um vínculo do seu desempenho aos graus de liberdade e de autonomia que foram gradualmente sendo adquiridos por eles.

2. A COLETIVIZAÇÃO NO CONTEXTO DA GÊNESE DO DIREITO COLETIVO DO TRABALHO E AS PRIMEIRAS DECLARAÇÕES DE DIREITOS HUMANOS FUNDAMENTAIS

O Direito do Trabalho acha-se umbilicalmente relacionado com o desenvolvimento do capitalismo, o que pode ser constatado pelo surgimento das

---

(35) MARTINS, Sergio Pinto. *Direito do trabalho*. 14. ed. São Paulo: Atlas, 2001. p. 612.
(36) RUSSOMANO, Mozart Victor. *Princípios gerais de direito sindical*. 2. ed. Rio de Janeiro: Forense, 2002. p. 15-17.

primeiras normas trabalhistas, que foram inicialmente direcionadas para a preservação da capacidade física do obreiro, de sorte a manter sua capacidade laboral na prestação dos serviços.

Ao mesmo tempo em que o Estado concretizava em normas jurídicas a sustentada liberdade formal, a Constituição Francesa de 1791 negava a condição de cidadão ao trabalhador assalariado, o que posteriormente foi adotado pela Constituição Brasileira de 1824. Essa dualidade de posturas ideológicas articula-se de maneira inevitável a partir do fato de que a sociedade capitalista vai desenvolvendo-se tanto na consolidação da apropriação dos meios de produção, como nos mecanismos de dominação.[37]

Mario Elffman afirma que o surgimento das primeiras leis se orientava para a preservação das forças produtoras: trata-se da limitação da jornada diária de trabalho, da regulamentação dos descansos semanais e das atividades consideradas insalubres.[38]

A relação entre os sujeitos — empregador e empregado — é típica de uma formação econômico-social capitalista, que se concretiza como relações de propriedade, ou seja, relações com os meios de produção. Como a titularidade dos resultados de produção são relações de dominação e, consequentemente, de exploração, tais relações são inevitavelmente antagônicas.

É sob tais condições que nasce o Direito do Trabalho, o conjunto de institutos, normas, princípios que regulam as relações entre trabalhadores e empregadores, individual e coletivamente, a partir do pressuposto lógico de desigualdade contratual, para tentar atenuar e limitar os efeitos nocivos da subordinação econômica do trabalhador em relação ao empregador.[39]

Fica implícito no relacionamento do empregado-empregador, uma relação de poder e de dominação, na qual prevalece a supremacia do segundo em relação ao primeiro, em incontestável superioridade econômica e financeira, e, na maioria das vezes, social, que o Direito do Trabalho vai tentar contrabalançar mediante uma desigualdade jurídica.

Poder, que na lição de Max Weber, manifesta-se em toda probabilidade de impor a própria vontade numa relação social, mesmo contra resistências, seja qual for o fundamento dessa probabilidade, enquanto a dominação consiste na probabilidade de encontrar obediência a uma ordem de determinado conteúdo, entre determinadas pessoas indicáveis. A esses conceitos, podemos ainda acrescentar que na relação entre o trabalhador e a empresa, prevalece

---

(37) MISAILIDIS, Mirta Lerena de. *Os desafios do sindicalismo brasileiro diante das atuais tendências*. São Paulo: LTr, 2001. p. 19.
(38) ELFFMAN, Mario. La polémica historia del derecho del trabajo. *Revista Derecho Laboral*, Montevideo, n. 152, p. 737, 1988.
(39) MISAILIDIS, Mirta Lerena de. *Op. cit.*, p. 20.

ainda uma estrita disciplina, ou seja, a probabilidade de se encontrar obediência pronta, automática e esquemática a uma ordem, entre uma pluralidade indicável de pessoal.[40]

Entretanto, o Direito do Trabalho veio encontrar uma série de percalços em seu desenvolvimento, sobretudo porque, se a Constituição não considerava o trabalhador de forma isolada como cidadão, é natural que também não haveria de reconhecê-lo em conjunto, ou seja, na sua forma associativa ou coletiva, como o direito de sindicalização ou de associação.

Muito embora a Declaração Universal dos Direitos do Homem e do Cidadão, de 1789, tenha reconhecido o direito à livre associação, a famosa Lei *Le Chapelier*, de 1791, veio proibir, de forma peremptória, todas as formas de coalizão de trabalhadores, bem como abolir as corporações de ofício. Se isso não bastasse, o Código Penal francês, de 1810, fixou penas privativas de liberdade para as pessoas que tentassem reunir-se para a defesa de seus interesses profissionais ou reivindicar quaisquer direitos. Essa lei francesa acabou sendo adotada pela maioria dos países capitalistas da época.[41]

Entre o período de proibição e a tolerância dos sindicatos pelo Estado, até seu reconhecimento jurídico, existiu um período de grandes penúrias para a classe trabalhadora, o que demonstra que estava ausente a consciência de transformar essa realidade, uma vez que as constituições liberais se limitavam a reafirmar a passividade do Estado e a assegurar o direito de trabalhar e de associar-se, o que constitui a pré-história do Direito do Trabalho, numa pré-história que é sua própria negação dialética.[42]

As declarações de direitos dos Estados Unidos, juntamente com a Declaração Francesa de 1789, representaram a emancipação histórica do indivíduo perante os grupos sociais aos quais ele sempre se submeteu: a família, o clã, o estamento, as organizações religiosas. Mas, em contrapartida, a perda da proteção familiar, estamental ou religiosa tornou o indivíduo muito mais vulnerável às vicissitudes da vida. A sociedade liberal ofereceu-lhe, em troca, a segurança da legalidade, com a garantia da igualdade de todos perante a lei. Mas essa isonomia cedo se revelou uma pomposa inutilidade para a legião crescente de trabalhadores, compelidos a se empregarem nas empresas capitalistas. Patrões e operários eram considerados, pela majestade da lei, como contratantes perfeitamente iguais em direito, com inteira liberdade para estipular o salário e as demais condições de trabalho. Fora da relação de emprego assalariado, a lei assegurava imparcialidade a todos, ricos e pobres, jovens e velhos, homens

---

(40) WEBER, Max. *Economia e sociedade*. 3. ed. Brasília: Universidade de Brasília, 1994. v. 1, p. 33.
(41) MARTINS, Sergio Pinto. *Direito processual do trabalho*. 17. ed. São Paulo: Atlas, 2001. p. 243.
(42) ELLFMAN, Mario. *Op. cit.*, p. 735.

e mulheres, a possibilidade jurídica de prover livremente a sua subsistência e enfrentar as adversidades da vida, mediante um comportamento disciplinado e o hábito da poupança.⁽⁴³⁾

O resultado dessa atomização social, como não poderia deixar de ser, foi a brutal pauperização das massas proletárias, já na primeira metade do século XIX. Ela acabou, afinal, por suscitar a indignação dos espíritos bem formados e a provocar a indispensável organização da classe trabalhadora. A Constituição Francesa de 1848,⁽⁴⁴⁾ retomando o espírito de certas normas das Constituições de 1791 e 1793, reconheceu algumas exigências econômicas e sociais. Mas a plena afirmação desses novos direitos humanos só veio a ocorrer no século XX, com a Constituição Mexicana de 1917⁽⁴⁵⁾ e a Constituição de Weimar de 1919.⁽⁴⁶⁾

Na evolução do Direito do Trabalho podemos verificar que a fonte mais dinâmica de seu desenvolvimento decorre da negociação direta entre os sindicatos profissionais e os representantes patronais, em que o Estado cumpre papel limitado de controle da legalidade dos referidos pactos. Apesar de suas instituições emergirem do sistema de produção capitalista, o que determina seus limites, trata-se de um ramo do direito que não é resultado das concessões das classes e setores dominantes, mas das conquistas e reivindicações obtidas pelas constantes lutas do operariado.

Para Mozart Victor Russomano,

> através das obrigações contratuais e, sobretudo, das criações normativas que resultam da convenção coletiva, os sindicatos exercem sua mais alta e nobre função. A negociação coletiva assegura a unidade e a força das categorias interessadas e chega à obtenção de melhores, justas e equilibradas condições de trabalho. Através dessas relações coletivas — e daí sua importância admirável — o Direito do Trabalho não apenas assegura, fortemente, o cumprimento das leis, como, igualmente, as suplementa, indo além delas, pois estas nada mais são do que o limite inferior das garantias devidas ao trabalhador.⁽⁴⁷⁾

Neste ponto que se afigura para nós a teoria da pirâmide invertida, ou seja, enquanto que na hierarquia das leis, a Constituição Federal posta-se como *grundnorm* ou norma fundamental, estando, pois, no ápice da pirâmide normativa, ao revés, no que respeita aos direitos dos trabalhadores, a norma

---

(43) COMPARATO, Fábio Konder. *A afirmação histórica dos direitos humanos.* São Paulo: Saraiva, 1999. p. 41.
(44) Cf. capítulo 6.
(45) Cf. capítulo 9.
(46) Cf. capítulo 10.
(47) RUSSOMANO, Mozart Victor. *Princípios gerais de direito sindical.* 2. ed. Rio de Janeiro: Forense, 2002. p. 46.

constitucional se apresenta como o assoalho, o piso mínimo normativo, o patamar mínimo de civilidade, como diriam alguns doutrinadores trabalhistas, a exemplo, do ministro Mauricio Godinho Delgado, podendo ser, isto sim, suplantada em direitos pelas cláusulas normativas advindas dos instrumentos coletivos representados pelos acordos e convenções coletivas de trabalho, fruto da negociação coletiva bem-sucedida.

Na revolução industrial, acelera-se a atividade produtiva, crescem os centros urbanos, e surge a classe operária. Apesar da origem diversa — alguns operários provinham dos antigos artesãos, outros, de migrações camponesas — e da falta de homogeneidade profissional, até mesmo entre os que trabalhavam em ofícios análogos ou na mesma indústria, teve início a proletarização.[48]

É nesse meio social, cada vez mais massificado, que o sindicalismo se desenvolve e conquista sua plenitude. Mas, se podemos considerar que é no proletariado industrial que o sindicalismo encontra o terreno propício para seu desenvolvimento, não é o sindicalismo, em si mesmo, um fenômeno de massificação, dada sua aspiração de conscientizar esse proletariado. Alejandro Gallart Folch, nesse sentido, considera ser a sindicalização do proletariado a passagem da condição de massa para a de classe.[49]

No início da revolução industrial, a imposição de trabalho pelo empregador, a exigência de excessivas jornadas de trabalho, a exploração das mulheres e menores, que constituíam mão de obra barata, os acidentes ocorridos com os trabalhadores no desempenho de suas atividades e a insegurança quanto ao futuro e aos momentos nos quais fisicamente não tivessem condições de trabalhar, foram as constantes da nova era no meio proletário, às quais se podem acrescentar também os baixos salários.[50]

Se o patrão estabelecia as condições de trabalho a serem cumpridas pelos empregados, é porque, principalmente, não havia um direito regulamentando o problema.

Amauri Mascaro Nascimento, citando Mário de La Cueva, observa que:

> o contrato de trabalho podia resultar do livre acordo das partes, mas, na realidade, era o patrão quem fixava as normas, e, como jamais existiu contrato escrito, o empregador podia dar por terminada a relação de emprego à sua vontade ou modificá-la ao seu arbítrio. (...) Às vezes eram impostos contratos verbais a longo prazo, até mesmo

---

(48) MISAILIDIS, Mirta Lerena de. *Os desafios do sindicalismo brasileiro diante das atuais tendências*. São Paulo: LTr, 2001. p. 20-21.
(49) FOLCH, Alejandro Gallart. *El sindicalismo como fenómeno social*. Buenos Aires: Victor P. Zavalla, 1957. p. 48.
(50) NASCIMENTO, Amauri Mascaro. *Curso de direito do trabalho*. 8. ed. atual. São Paulo: Saraiva, 1989. p. 10.

vitalícios; portanto, uma servidão velada, praticada especialmente nas minas nas quais temia-se pela falta de mão de obra.[51]

O Direito do Trabalho constituiu-se em decorrência de lutas, resistências, conflitos e reivindicações da classe dos trabalhadores, em busca de melhores meios de vida no seio da sociedade e de condições de trabalho, inicialmente no chão das fábricas. Aos poucos os trabalhadores foram se conscientizando de seus direitos e configurando-se como uma verdadeira classe operária, com características objetivas e subjetivas próprias e, dentre seus principais instrumentos de luta, encontrava-se o sindicato.

Fábio Konder Comparato, a propósito, esclarece que:

> os direitos humanos de proteção do trabalhador são, portanto, fundamentalmente anticapitalistas, e, por isso mesmo, só puderam prosperar a partir do momento histórico em que os donos do capital foram obrigados a se compor com os trabalhadores. Não é de admirar, assim, que a transformação radical das condições de produção do final do século XX, tornando cada vez mais dispensável a contribuição da força de trabalho e privilegiando o lucro especulativo, tenha enfraquecido gravemente o respeito a esses direitos pelo mundo afora.[52]

A fase de internacionalização dos direitos dos trabalhadores tomou outra dinâmica com a criação da Organização Internacional do Trabalho (OIT), em 1919, e a proteção do trabalhador assalariado passou também a ser objeto de uma regulação convencional entre os diferentes Estados. Até o início da Segunda Guerra Mundial, a OIT havia aprovado nada menos que sessenta e sete convenções internacionais, das quais apenas três não contaram com nenhuma ratificação. Várias delas, porém, foram ratificadas por mais de uma centena de Estados, como a Convenção n. 11, de 1921, sobre o direito de associação e de coalizão dos trabalhadores agrícolas (113 ratificações); a Convenção n. 14, de 1921, sobre descanso semanal nas empresas industriais (112 ratificações); a Convenção n. 19, de 1925, sobre igualdade de tratamento entre trabalhadores estrangeiros e nacionais em matéria de indenização por acidentes de trabalho (113 ratificações); a Convenção n. 26, de 1928, sobre métodos para fixação de salários mínimos (101 ratificações); e a Convenção n. 29, de 1930, sobre o trabalho forçado ou obrigatório (134 ratificações).[53]

Entre a crise de 1929 e logo após a Segunda Guerra Mundial verifica-se, no campo político, uma profunda diferença entre os países com democracia

---
(51) NASCIMENTO, Amauri Mascaro. *Curso de direito do trabalho*. 8. ed. atual. São Paulo: Saraiva, 1989. p. 10.
(52) *Op. cit.*, p. 42.
(53) Todas elas foram promulgadas pelo Brasil pelo Decreto n. 41.721, de 25 de junho de 1957.

representativa e aqueles com regimes totalitários. Nos primeiros, existe uma prevalência da classe dominante, com medidas legislativas que outorgam maior autonomia nas relações de trabalho, além de uma gradual melhoria das condições econômicas e normativas do trabalho assalariado. Nos regimes autoritários — fascismo, comunismo — existe um profundo intervencionismo do Estado nas relações laborais, o que limita o papel dos outros atores sociais.[54]

Nesse período de reconhecimento dos direitos trabalhistas é que surgiu a expressão *Welfare State* que, segundo Flora & Heidenheimer,[55] começou a ser usado na Inglaterra em 1941 pelo arcebispo Temple, no intuito de estimular o patriotismo britânico para enfatizar o contraste com o *Welfare State* nazista. Para esses autores, só depois da publicação do Relatório Beveridge, em 1942, é que o termo se difundiu associado aos benefícios sociais.

Nesse período ocorreu um notável desenvolvimento sindical: o sindicato tomava seus postos na empresa ou fora dela e se generalizavam as políticas sociais a favor dos trabalhadores.

Para Claus Offe,[56]

> historicamente, o *Welfare State* foi o resultado combinado de uma variedade de fatores que se compuseram de modo específico em cada país. Reformismo socialdemocrata, socialismo cristão, elites políticas e econômicas conservadoras, mas ilustradas, e grandes organizações de trabalhadores industriais foram as principais forças que lutaram e concederam esquemas de seguros compulsórios mais e mais abrangentes, legislação de proteção ao trabalho, salários mínimos, expansão das facilidades de saúde e educação e subsídios estatais para moradia, assim como reconhecimento dos sindicatos, como representantes, na economia e na política, dos trabalhadores.

É incontestável que o reconhecimento oficial de direitos dos trabalhadores pelo Estado ou pela autoridade política competente dá muito mais segurança às relações sociais exercendo, ademais, uma função pedagógica no seio da comunidade para fazer prevalecer os grandes valores éticos, os quais, sem esse reconhecimento oficial, tardariam a se impor na vida coletiva.[57]

Mas nada assegura que certos privilégios da minoria dominante não sejam também inseridos no ordenamento jurídico e mesmo na Constituição, sob a

---

(54) MISAILIDIS, Mirta Lerena de. *Os desafios do sindicalismo brasileiro diante das atuais tendências.* São Paulo: LTr, 2001. p. 22.
(55) FLORA, P.; HEIDENHEIMER, A. (orgs.). *The development of welfare states in Europe and America.* Londres: Transaction Books, 1981. p. 34.
(56) OFFE, Claus. *Some contractions of the modern Welfare State.* Massachusetts: The MIT, 1984. p. 148.
(57) COMPARATO, Fábio Konder. *A afirmação histórica dos direitos humanos.* São Paulo: Saraiva, 1999. p. 46.

denominação de direitos fundamentais. Isto nos remete, necessariamente, à busca de um fundamento mais profundo do que o simples reconhecimento estatal para a vigência desses direitos.

A teoria positivista considera, no entanto, essa indagação como despida de sentido, a partir do postulado não demonstrado de que não há direito fora da organização política estatal, ou do concerto dos Estados no plano internacional quando, na verdade, na maioria das vezes, os direitos que protegem as liberdades civis e políticas dos cidadãos se configuram contra a prepotência dos órgãos estatais.[58] Cada vez mais se vai firmando na doutrina e na jurisprudência que, em caso de conflitos de direito, há de prevalecer sempre a regra mais favorável ao sujeito de direito, pois a proteção da dignidade da pessoa humana é a finalidade última e a razão de ser de todo o ordenamento jurídico.[59]

Os direitos dos trabalhadores encontram-se hoje severamente abalados pela hegemonia da chamada política neoliberal, que nada mais é do que um retrocesso ao capitalismo vigorante em meados do século XIX. Criou-se, na verdade, uma situação de exclusão social de populações inteiras, inimaginável para os autores do Manifesto Comunista. Marx e Engels, com efeito, em sua análise do capitalismo, haviam partido do pressuposto de que o capital sempre dependeria do trabalho assalariado, o que daria aos trabalhadores unidos a força necessária para derrotar o capitalismo no embate final da luta de classes. Esse pressuposto revelou-se totalmente falso. No final do século XX verificou-se em todas as partes do mundo que a massa trabalhadora havia se tornado um insumo perfeitamente dispensável no sistema capitalista de produção. "O que se nos depara", escreveu Hannah Arendt logo após a Segunda Guerra Mundial, "é a possibilidade de uma sociedade de trabalhadores sem trabalho, isto é, sem a única atividade que lhes resta." E acrescentou com razão: "Certamente, nada poderia ser pior".[60]

As revoluções do final do século XVIII assentaram, com a abolição dos privilégios estamentais, a igualdade individual perante a lei. Abriu-se, com isso, uma nova divisão da sociedade, fundada não já em estamentos, mas sim em classes: os proprietários e os trabalhadores. Em 1847, aliás, Tocqueville já antevia: "dentro em pouco, a luta política irá estabelecer-se entre homens de posses e homens desprovidos de posses; o grande campo de batalha será a propriedade".[61]

---

(58) COMPARATO, Fábio Konder. *A afirmação histórica dos direitos humanos*, cit., p. 47.
(59) Sobre este ponto, cf. no Brasil os trabalhos de CANÇADO TRINDADE, Antônio Augusto. *Tratado de direito internacional dos direitos humanos*. Porto Alegre: Fabris, 1997, v. 1, p. 434 e ss., e de PIOVESAN, Flávia. *Direitos humanos e o direito constitucional internacional*. São Paulo: Max Limonad, 1996. p. 121 e ss.
(60) ARENDT, Hannah. *A condição humana*. Rio de Janeiro: Forense; Salamandra; São Paulo: Universidade de São Paulo, 1981. p. 13 (a edição norte americana, sob o título *The human condition*, foi publicada em Chicago em 1958).
(61) COMPARATO, Fábio Konder. *A afirmação histórica dos direitos humanos*. São Paulo: Saraiva, 1999. p. 51.

Foi justamente para corrigir e superar o individualismo próprio da civilização burguesa, fundado nas liberdades privadas e na isonomia, que o movimento socialista fez atuar, a partir do século XIX, o princípio da solidariedade como dever jurídico, ainda que inexistente no meio social a fraternidade enquanto virtude cívica.[62]

A solidariedade prende-se à ideia de responsabilidade de todos pela carência ou necessidades de qualquer indivíduo ou grupo social. É a transposição, no plano da sociedade política, da *obligatio in solidum* do direito privado romano. O fundamento ético desse princípio encontra-se na ideia de justiça distributiva (de Aristóteles — ou seja, dar a cada um o que é seu), entendida como a necessária compensação de bens e vantagens entre as classes sociais, com a socialização dos riscos normais da existência humana.[63]

Com o fim da Primeira Guerra Mundial surgiu o reconhecimento, pela ordem jurídica, da liberdade sindical e das normas coletivamente negociadas.[64] Mas o desenvolvimento de um direito do trabalho baseado em contratos coletivos é interrompido no período corporativista, quando o Estado passa a ser o centro de elaboração de normas. Na Europa, após uma guerra mundial, o movimento dos trabalhadores reconquista a autonomia de celebrar contratos coletivos.

A partir do final da Segunda Guerra consolida-se, também, o direito dos trabalhadores participarem nas decisões tomadas pela empresa. O que está na ordem do dia, atualmente, está expresso no *Code de Travail* francês, de 1982: a cidadania na empresa ao lado do princípio da negociação coletiva.[65]

3. CONSIDERAÇÕES SOBRE A EVOLUÇÃO DAS RELAÇÕES COLETIVAS DE TRABALHO E DOS DIREITOS FUNDAMENTAIS DO TRABALHADOR

A história das relações coletivas de trabalho e dos direitos fundamentais do trabalhador seguramente confunde-se com a própria história do Direito do Trabalho.

Para Amauri Mascaro Nascimento,

> nas relações coletivas, os sujeitos são os grupos de trabalhadores e de empregadores, representados, em regra, pelos sindicatos profis-

---

(62) COMPARATO, Fábio Konder. *A afirmação histórica dos direitos humanos*. São Paulo: Saraiva, 1999. p. 51.
(63) *Op. cit.*, p. 52.
(64) JAVILLIER, Jean-Claude. *Droit du travail*. 4. ed. Paris: LGDJ, 1992. p. 14.
(65) RÜDIGER, Dorothee Susanne. *O contrato coletivo no direito privado*: contribuições do direito do trabalho para a teoria geral do contrato. São Paulo: LTr, 1999. p. 18. JAVILLIER, Jean-Claude. *Op. cit.*, p. 14.

sionais e patronais, apresentando-se como relações intersindicais. São coletivas as relações entre sindicatos de trabalhadores e, diretamente, uma empresa, ou mais de uma empresa. Quando o sindicato representa os trabalhadores da empresa perante esta, sem a intermediação do sindicato patronal, estar-se-á diante de uma relação coletiva.[66]

Segundo Mazzoni,

> é a relação jurídica constituída entre dois ou mais grupos respectivos de empregadores e de trabalhadores, sindicalmente representados, ou entre um empresário e um ou vários sindicatos de trabalhadores, para regular as condições de trabalho dos sócios representados e o comportamento dos grupos tendentes a ordenar as relações de trabalho ou os interesses coletivos do grupo.[67]

O interesse que aqui move as partes é de caráter coletivo, "que é o interesse de uma pluralidade de pessoas com vista a um bem apto para satisfazer a uma necessidade comum".[68]

Para Francesco Santoro-Passarelli,

> interesse coletivo é o de uma pluralidade de pessoas por um bem idôneo apto a satisfazer uma necessidade comum. Não é a soma dos interesses individuais, mas a sua combinação. É indivisível, pois se satisfaz, não por muitos bens, aptos a satisfazerem necessidades individuais, mas por um único bem apto a satisfazer a necessidade da coletividade. O interesse coletivo, que não é o interesse geral de toda a coletividade organizada, também se distingue do individual. É por si mesmo um interesse privado.[69]

Amauri Mascaro Nascimento, sob esse tópico, ainda esclarece que:

> as relações coletivas, que Mazzoni vê como uma nova dimensão do Direito, complementam as relações individuais. Desempenham uma função ordenadora das relações individuais. Criam normas gerais e instituem obrigações. São, portanto, integrativas dos ordenamentos jurídicos, enquanto as relações individuais não têm o mesmo escopo constitutivo, embora da autonomia individual possam resultar acordos individuais, fundados no princípio contratual do *pacta sunt*

---

(66) NASCIMENTO, Amauri Mascaro. *Compêndio de direito sindical*. 2. ed. São Paulo: LTr, 2000. p. 31.
(67) MAZZONI, Giuliano. *Manuale de diritto del lavoro*. Milano: Giuffrè, 1977. t. 2, p. 1206.
(68) BAYÓN, Chácon; PEREZ, Botija. *Manual de derecho del trabajo*. 9. ed. Madrid: D. Marcial Pons, 1975. t. 2, p. 679.
(69) SANTORO-PASSARELLI, Francesco. *Noções de direito do trabalho*. São Paulo: Revista dos Tribunais, 1973. p. 11.

servanda. A dimensão constitutiva e normativa das relações coletivas é ampla e genérica, enquanto a das relações individuais é restrita e concreta à esfera do individual. Das relações coletivas podem resultar convenções coletivas de trabalho. Das individuais decorrem contratos individuais de trabalho, ajustes negociais, dos quais resultam cláusulas do contrato individual de trabalho, denominadas, no direito do trabalho, normas e condições de trabalho, denominação que tem a finalidade de realçar o aspecto material, mais do que o formal, do contrato de trabalho. As relações coletivas têm, ainda, finalidade compositiva dos conflitos coletivos. Paradoxalmente, são relações que podem ser de conflito. Delas nasce o conflito, e pode surgir, também, a solução do conflito. Daí a sua fisionomia dupla, conflitiva e pacificadora.[70]

Para Betty W. Justice, os sindicatos, no sentido moderno de ação concertada dos trabalhadores para aumentar seus salários e melhorar as condições de trabalho, puderam se desenvolver apenas em um sistema de troca salário-prestação de serviços. Nesse contexto, os trabalhadores descobriram que poderiam melhorar efetivamente seus salários e condições de trabalho por meio das negociações coletivas com os empregadores. Individualmente, sentiam-se desprovidos de poder e compelidos pela realidade econômica a competir uns contra os outros em termos de salários e condições que eles poderiam aceitar.[71]

Na evolução do Direito Coletivo e na luta pela conquista de seus direitos, os trabalhadores tomavam posição para pleitear os benefícios que lhes eram devidos e, para fortalecer sua ação, muito cooperou o desenvolvimento do espírito sindical. Provocavam-se greves, criavam-se organizações proletárias, travavam-se por vezes choques violentos entre essas massas e as forças policiais, ainda movimentadas pela classe capitalista. Surgiram atos de sabotagem, e tornou-se famosa a luta sob o nome de *cacanny*, ou braços caídos. No campo político, a voz dos trabalhadores já se fazia ouvir em parlamentos, quer por meio de líderes operários, quer pelos políticos que se fizeram porta-vozes de seus anseios.[72]

Segadas Vianna destaca que:

> a Primeira Guerra Mundial (1914-1918) levou às trincheiras milhões de trabalhadores e, pondo-os lado a lado com soldados vindos de outras camadas sociais, fê-los compreender que, para lutar e morrer,

---

(70) NASCIMENTO, Amauri Mascaro. *Compêndio de direito sindical*. 2. ed. São Paulo: LTr, 2000. p. 32.
(71) JUSTICE, Betty W. *Unions, workers and the law*. Washington: Bureau of National Affairs, 1983. p. 1.
(72) VIANNA, Segadas. Antecedentes históricos. *In:* SÜSSEKIND, Arnaldo; MARANHÃO, Delio; VIANNA, José de Segadas; TEIXEIRA FILHO, João de Lima. *Instituições de direito do trabalho*. 18. ed. atual. por Arnaldo Süssekind e Lima Teixeira. São Paulo: LTr, 1999. v. 1, p. 43.

os homens eram todos iguais, e que deveriam, portanto, ser iguais para o direito de viver. Os governos, tangidos pela necessidade de manter a tranquilidade nas retaguardas, faziam concessões à medida que as reivindicações eram apresentadas e reconheciam a importância do trabalho operário para o êxito da luta que se travava nas trincheiras.[73]

Orlando Gomes e Elson Gottschalk esclarecem que:

> não se pode obscurecer o fato histórico de que o Direito do Trabalho surgiu como um direito de caráter social na sua acepção técnica, influenciando, ulteriormente, todas as áreas do pensamento social, político, jurídico e econômico. Fato histórico este que empresta colorido e força às modernas teorias de Estado, que veem na quebra do monopólio jurídico do Estado, na autonomia coletiva dos grupos profissionais, na plurinormatividade dos grupos sociais infraestatais a base de um reconhecimento pelo Estado contemporâneo, desde suas Constituições Políticas, desse direito nascido espontaneamente no seio da sociedade civil através dos grupos que a compõem, e não apenas pela forma de uma "autolimitação de competência" (JELLINEK) ou por efeito de um *jure delegato* (KELSEN).[74]

O Direito das Relações Coletivas do Trabalho, sob o ponto de vista jurídico-sociológico, foi o fator principal, a mola propulsora do Direito do Trabalho, muito embora o reconhecimento pelo Estado da existência desse ramo do Direito tenha começado pela regulamentação do Direito Individual do Trabalho.[75]

Orlando Gomes e Elson Gottschalk[76] também nos informam que:

> não obstante, o Direito Coletivo do Trabalho assegura ao empregado uma proteção real e efetiva, de maneira indireta, na ordem sociológica, e não estritamente jurídica,[77] porquanto permite o agrupamento de grandes massas de trabalhadores nos sindicatos e dá aos mesmos, nas suas relações com os empregadores, a força que deriva do número, da disciplina, da organização técnica e do poder material. Com isso, atenua a inferioridade da condição econômica e coloca o empregado em plano de igualdade com o empregador para a ação

---

(73) VIANNA, Segadas. *Antecedentes históricos*, cit., p. 44.
(74) GOMES, Orlando; GOTTSCHALK, Élson. *Curso de direito do trabalho*. 16. ed. rev. e atual. de acordo com a Constituição de 1988 por Jose Augusto Rodrigues Pinto. Rio de Janeiro: Forense, 2002. p. 3.
(75) *Op. cit.*, p. 4.
(76) *Op. cit.*, p. 498.
(77) DURAND, Paul; VITU, André. *Traite de droit du travail*. Paris: Dalloz, 1956. t. 3, p. 14.

e negociação coletivas. Daí a superioridade deste ramo do Direito, sobre o que se limita a regular o contrato individual de trabalho.

O princípio da liberdade sindical, conforme preconizada pela Convenção n. 87 da Organização Internacional do Trabalho (OIT) constitui a razão de ser deste ramo do Direito, o que denota o atraso e incompatibilidade do Direito Coletivo pátrio com o Direito Coletivo dos países mais avançados economicamente, onde este ramo do direito apresenta franca e notável evolução.

Podemos, ainda, destacar que os corolários da liberdade sindical, no contexto do Direito Coletivo do Trabalho são: O reconhecimento da autonomia privada coletiva (*Autonomie-gedanke*), que se consubstancia no poder de organizar, por suas próprias decisões, as relações de trabalho, sobretudo por meio de convenções coletivas; a organização do Direito Coletivo, segundo as regras da democracia política; seu caráter liberal — a liberdade sindical; e finalmente a independência dos grupos profissionais em face do Estado.[78]

4. O ADVENTO DOS DIREITOS HUMANOS COMO FORMA DE VALORIZAÇÃO DO DIREITO COLETIVO DO TRABALHO

Podemos categoricamente afirmar que o mais universal de todos os direitos é o dos direitos humanos — à liberdade, à vida, à segurança, à saúde, ao trabalho, etc. —, que o homem possui pelo simples fato de ser homem. Da mesma forma que, para a sabedoria, para o conhecimento e para a caridade não existem limites, também não devem existir limites ou exceções para os direitos humanos, e deles são merecedores todos os seres humanos.

Qualquer que seja a posição econômica, social ou legal dos indivíduos, todos merecem esses direitos. Assim, independentemente da origem, raça, credo, cor, religião, profissão, nacionalidade — os direitos humanos, por seu caráter universal, podem e devem ser reclamados por todo indivíduo ou comunidade, já que todos os seres humanos são iguais em relação a eles.

A origem dos direitos individuais do homem remonta ao antigo Egito e Mesopotâmia, no terceiro milênio antes de Cristo, onde já eram previstos alguns mecanismos para proteção individual em relação ao Estado. O Código de Hamurabi (1690 a.C.) é uma das primeiras codificações a consagrar um elenco de direitos comuns a todos os homens, quer sejam eles derivados da vida, propriedade, honra, dignidade, família, quer quando preveem, inclusive, a supremacia das leis relativamente aos governantes.

---

(78) GOMES, Orlando; GOTTSCHALK, Elson. *Op. cit.*, p. 498.

A influência filosófico-religiosa nos direitos do homem pôde ser sentida com a propagação das ideias de Buda, basicamente sobre a igualdade de todos os homens (500 a.C.). Posteriormente, inclusive de forma mais coordenada (porém com uma concepção ainda muito diversa da atual) surgem na Grécia vários estudos sobre a necessidade de igualdade e liberdade do homem, destacando-se as previsões de participação política dos cidadãos (democracia direta de Péricles); a crença na existência de um Direito natural anterior e superior às leis escritas, defendida no pensamento dos sofistas e estoicos (por exemplo, na obra *Antígona* — 441 a.C., onde Sófocles defende a existência de normas não escritas e imutáveis, superiores aos direitos escritos pelo homem). Foi o Direito romano que estabeleceu um complexo mecanismo de interditos visando tutelar os direitos individuais em relação aos arbítrios estatais. A "Lei das Doze Tábuas", porém, pode ser considerada a origem dos textos escritos consagradores da liberdade, da propriedade e da proteção aos direitos do cidadão.[79]

Os conceitos religiosos trazidos pelo Cristianismo, imbuídos na mensagem de igualdade de todos os homens, independentemente de raça, origem, sexo ou credo, influenciou tenazmente a consagração dos direitos fundamentais à dignidade da pessoa humana.

Marilena Chauí destaca que, diferentemente de outras religiões da antiguidade, que eram nacionais e políticas, o Cristianismo nasce como religião de indivíduos que não se definem por seu pertencimento a uma nação ou a um Estado, mas por sua fé num mesmo e único Deus. Em outras palavras, enquanto nas demais religiões antigas, a divindade se relaciona com a comunidade social e politicamente organizada, o Deus cristão relaciona-se diretamente com os indivíduos que nele creem. Isto significa, antes de mais nada, que a vida ética do cristão não será definida por sua relação com a sociedade, mas por sua relação espiritual e interior com Deus.[80]

Ainda segundo a autora, até o Cristianismo, a filosofia moral localizava a conduta ética nas ações e nas atitudes visíveis do agente moral, ainda que tivessem como pressuposto algo que se realizava no interior do agente, em sua vontade racional ou consciente. Eram as condutas visíveis que eram julgadas virtuosas ou viciosas. O Cristianismo, porém, é uma religião da interioridade, que afirma que a vontade e a lei divina não estão escritas nas pedras, nem nos pergaminhos, mas inscritas nos corações dos seres humanos. A primeira relação ética, portanto, se estabelece entre o coração do indivíduo e Deus, entre a alma invisível e a divindade. Como consequência, passou-se a considerar como submetido ao julgamento ético tudo quanto, invisível aos olhos humanos, e

---

(79) MORAES, Alexandre de. *Direitos humanos fundamentais*. 4. ed. São Paulo: Atlas, 2002. p. 25.
(80) CHAUÍ, Marilena. *Convite à filosofia*. São Paulo: Ática, 1994. p. 354 e ss.

visíveis ao espírito de Deus (onisciente, onipresente e onipotente), portanto, tudo quanto acontece em nosso interior.[81]

Nesse sentido, o dever não se refere apenas às ações visíveis, mas também às intenções invisíveis que passam a ser julgadas eticamente. Eis por que um cristão, quando se confessa, obriga-se a confessar pecados, cometidos por atos, palavras e intenções (pensamentos). Sua alma invisível tem o testemunho do olhar de Deus, que a julga. Se compararmos as virtudes definidas pelo Cristianismo com as virtudes aristotélicas, tomando a *Ética a Nicômano*, com sua síntese das virtudes que constituam a aríete (a virtude ou excelência ética), descobrimos que embora as aristotélicas não sejam afastadas, deixam de ser as mais relevantes. Entre as virtudes mais importantes no quadro cristão encontramos as virtudes teologais: a fé, esperança e caridade, que constituem a relação do homem com Deus; e as virtudes cardeais: coragem, justiça, temperança, prudência, que suscitam a relação dos homens entre si.[82]

Sem dúvida que as fortes concepções do Cristianismo propulsionaram a sedimentação e deram força ao reconhecimento dos direitos humanos. A Igreja Católica foi quem contribuiu para enaltecer e aprofundar a necessidade de se colocar em práticas esses princípios fundamentais.

Leão XIII[83] dizia que "a melhoria da condição operária é requerida por motivos de justiça", acrescentando que "a ideia de justiça está em causa em todas as relações sociais e constitui o único princípio capaz de dar à questão operária uma solução verdadeira e conforme com a equidade, pregada pelo Evangelho", donde conclui: "a caridade é a norma fundamental de toda a vida social, e a justiça é uma norma objetiva universal de todas as relações que se travam na sociedade".

O preceito da caridade, que se assemelha à compaixão, isto é, ao amor sobrenatural fundado no amor de Deus em relação aos homens e destes entre si, cujo fundamento se encontra na Epístola de Paulo aos Romanos, capítulo 13, versículo 9: amarás ao teu próximo como a ti mesmo, a nosso ver, o constituinte de 1988 agasalhou-o na Constituição Federal de 1988. Apenas o substituiu por solidariedade, ao estatuir no art. 3º, I, entre os objetivos fundamentais da República Federativa do Brasil: a construção de uma sociedade livre, justa e solidária, fazendo do primado da dignidade da pessoa humana um dos alicerces do texto constitucional.

No processo de construção e de desenvolvimentos dos direitos humanos tivemos importantes antecedentes históricos, advindos de várias declarações

---

(81) CHAUÍ, Marilena. *Convite à filosofia*. São Paulo: Ática, 1994. p. 358.
(82) *Ibidem*, p. 359.
(83) CALVEZ, Jean-Yvez; PERRIN, Jacques. Igreja e sociedade econômica — ensino social dos Papas: de Leão XIII a Pio XII (1878-1958). *Caridade e justiça*. Carta aos bispos da Polônia, 19 mar.1895, Bp. IV, p. 66.

de direitos até a promulgação da Declaração Universal dos Direitos Humanos, de 1948, que transformou-se na matriz suprema dessa conquista histórica.

Torna-se oportuno, nesta etapa, jogarmos uma rápida luz nesse tema, para o que sintetizamos o desenvolvimento de Alexandre de Morais[84] a respeito, como segue: entre os importantes antecedentes históricos das declarações de direitos humanos encontram-se, primeiramente, na Inglaterra, onde podemos citar a *Magna Charta Libertatum*, outorgada por João Sem Terra, em 1215; a *Petition of Right*, de 1628; o *Habeas Corpus Act*, de 1679, o *Bill of Rights*, de 1689, e o *Act of Seattlement*, de 1701. Posteriormente, e com idêntica importância na evolução dos direitos humanos, encontramos a participação da Revolução dos Estados Unidos da América, onde podemos citar os históricos documentos: Declaração de Direitos da Virgínia, de 1776; Declaração de Independência dos Estados Unidos da América, 1776, produzida basicamente por Thomas Jefferson, e a Constituição dos Estados Unidos da América, 1787.

A consagração normativa dos direitos humanos fundamentais coube à França, em 1789, por meio de Assembleia Nacional, quando promulgou a Declaração dos Direitos do Homem e do Cidadão, com 17 artigos. Dentre eles podemos destacar: princípio da igualdade, liberdade, propriedade, segurança, resistência à opressão, associação política, princípio da legalidade, princípio da reserva legal e anterioridade em matéria penal, princípio da presunção de inocência, liberdade religiosa, livre manifestação de pensamento.

A Constituição Francesa de 1791 trouxe novas formas de controle do poder estatal, porém coube à Constituição Francesa de 1793, melhor regulamentação dos direitos humanos fundamentais, cujo preâmbulo assim se apresenta:

> o povo francês, convencido de que o esquecimento e o desprezo dos direitos naturais do homem são as causas das desgraças do mundo, resolveu expor, numa declaração solene, esses direitos sagrados e inalienáveis, a fim de que todos os cidadãos, podendo comparar sem cessar os atos do governo com a finalidade de toda a instituição social, nunca se deixem oprimir ou aviltar pela tirania; a fim de que o povo tenha sempre perante os olhos as bases da sua liberdade e da sua felicidade; o magistrado, a regra dos seus deveres; o legislador, o objeto da sua missão. Por consequência, proclama, na presença do Ser Supremo, a seguinte declaração dos direitos do homem e do cidadão.

A maior efetivação dos direitos humanos fundamentais continuou durante o constitucionalismo liberal do século XIX, tendo como exemplos a Constituição

---

(84) MORAES, Alexandre de. *Direitos humanos fundamentais*. 4. ed. São Paulo: Atlas, 2002. p. 27-33.

Espanhola, de 1812, a Constituição Portuguesa de 1822, a Constituição Belga de 1831 e a Declaração Francesa de 1848.

A Declaração de Direitos da Constituição Francesa de 1848 apresentou uma ampliação em termos de direitos humanos fundamentais, que seria posteriormente definitiva, a partir dos diplomas constitucionais do século XX. Além dos direitos humanos tradicionais, em seu art. 13 previa, como direitos dos cidadãos garantidos pela Constituição, a liberdade do trabalho e da indústria, a assistência aos desempregados, às crianças abandonadas, aos enfermos e aos velhos sem recursos, cujas famílias não os pudessem socorrer.

O início do século XX trouxe diplomas constitucionais essencialmente marcados pelas preocupações sociais, como se percebe por seus principais textos: Constituição Mexicana, de 1917; Constituição de Weimar, 1919; seguida pela primeira Constituição Soviética, 1918; e Carta do Trabalho, da Itália fascista de 1927, utilizada posteriormente por Getúlio Vargas no Brasil, em 1937.

A Constituição de Weimar, que representa um dos marcos da evolução dos direitos coletivos do trabalho, apresentava na sua Seção V, grande ênfase nos direitos socioeconômicos, prevendo a proteção especial em relação ao trabalho, a liberdade de associação para defesa e melhoria das condições de trabalho e de vida (art. 159), a obrigatoriedade de existência de tempo livre para os empregados e operários poderem exercer seus direitos cívicos e funções públicas gratuitas (art. 160), sistema de seguridade social, para conservação da saúde e da capacidade de trabalho, proteção da maternidade e prevenção dos riscos da idade, da invalidez e das vicissitudes da vida (art. 161).

Além desses direitos sociais expressamente previstos, a Constituição de Weimar apresentou um forte espírito de defesa dos direitos dos trabalhadores ao instituir que o Império procuraria obter uma regulamentação internacional da situação jurídica dos trabalhadores que assegurasse ao conjunto da classe operária da humanidade, um mínimo de direitos sociais, e que os operários e empregados seriam chamados a colaborar, em pé de igualdade, com os patrões, na regulamentação dos salários e das condições de trabalho, bem como no desenvolvimento das forças produtivas.[85] Podemos dizer que aqui se encontram fortalecidos os princípios reguladores da negociação coletiva de trabalho.

A Carta de Trabalho de 1927, embora impregnada fortemente pela doutrina do Estado fascista italiano, trouxe um avanço em relação aos direitos sociais dos trabalhadores, prevendo, principalmente: liberdade sindical, magistratura do trabalho, possibilidade de contratos coletivos de trabalho, maior proporcionalidade de retribuição financeira em relação ao trabalho, remuneração especial ao trabalho noturno, garantia do repouso semanal remunerado, previsão de

---

(85) MORAES, Alexandre de. *Direitos humanos fundamentais*. 4. ed. São Paulo: Atlas, 2002. p. 33.

férias após um ano de serviço ininterrupto, indenização em virtude de dispensa arbitrária ou sem justa causa, previsão de previdência, assistência, educação e instrução sociais.[86]

5. Conceito e características dos direitos humanos fundamentais

O conjunto de direitos e garantias da pessoa humana tem por finalidade básica o respeito à sua dignidade, segurança e bem-estar, por meio de sua proteção contra o arbítrio do poder do Estado, demais entidades representativas de poder, incluindo-se aqui os representantes da sociedade civil, bem como o estabelecimento de condições mínimas de vida para o desenvolvimento da personalidade humana.

A Organização das Nações Unidas para a Educação (UNESCO), em sua definição clássica de direitos humanos fundamentais, apresenta, de um lado, uma rede protetora de maneira institucionalizada dos direitos da pessoa humana contra os excessos do poder cometidos pelos órgãos do Estado e, por outro, regras para se estabelecerem condições humanas de vida e desenvolvimento da personalidade humana.[87]

O conceito da expressão direitos humanos pode ser atribuído aos valores ou direitos inatos e imanentes à pessoa humana, pelo simples fato de ter ela nascido com esta qualificação jurídica. São direitos que pertencem à essência ou à natureza intrínseca da pessoa humana, que não são acidentais e suscetíveis de aparecerem e desaparecerem em determinadas circunstâncias. São direitos eternos, inalienáveis, imprescritíveis que se agregam à natureza da pessoa humana, pelo simples fato de ela existir no mundo do direito.

José Afonso da Silva, ao tratar do conceito dos direitos humanos, afirma que:

> os direitos fundamentais do homem constituem a expressão mais adequada a este estudo, porque, além de referir-se a princípios que resumem a concepção do mundo e informam a ideologia política de cada ordenamento jurídico, é reservada para designar, no nível do direito positivo, aquelas prerrogativas e instituições que ele concretiza em garantias de uma convivência digna, livre e igual de todas as pessoas.[88]

---

(86) MORAES, Alexandre de. *Direitos humanos fundamentais*. 4. ed. São Paulo: Atlas, 2002. p. 33-34.
(87) UNESCO. *Les dimensions internationales des droits de l' homme*. 1978. p. 11.
(88) SILVA, Jose Afonso da. *Direito constitucional positivo*. 21. ed. São Paulo: Malheiros, 2002. p. 178.

Ainda mais importante que apenas caracterizar os aspectos intrínsecos dos direitos humanos, para este autor é que não basta, a liberdade formalmente reconhecida, pois a dignidade da pessoa humana, como fundamento do Estado Democrático de Direito, reclama condições mínimas de existência, existência digna conforme os ditames da justiça social como fim da ordem econômica. É de lembrar que constitui um desrespeito à dignidade da pessoa humana um sistema de profundas desigualdades, uma ordem econômica em que inumeráveis homens e mulheres são torturados pela fome, inúmeras crianças vivem na inanição, a ponto de milhares delas morrerem na tenra idade. Não é concebível uma vida com dignidade entre a fome, miséria e a incultura, pois a liberdade humana com frequência se debilita quando o homem cai na extrema necessidade.[89]

Discorrendo sobre o tema, John Rawls desenvolve dois princípios fundamentais de justiça para favorecer os indivíduos, quais sejam: 1) cada pessoa deve ter o direito igual ao mais extenso sistema de liberdades básicas que seja compatível com um sistema de liberdades idêntico para as outras; 2) as desigualdades econômicas e sociais devem ser distribuídas de forma que, simultaneamente: a) proporcionem a maior expectativa de benefícios aos menos favorecidos; b) estejam ligadas a funções e a posições abertas a todos em posição de igualdade equitativa de oportunidades.[90]

No Brasil, a teoria do mínimo existencial criada por John Rawls — representada pela posição equitativa de oportunidades como um conjunto de condições materiais mínimas, como pressuposto não apenas do princípio da diferença, mas também do princípio da liberdade, uma vez que a carência daquele mínimo existencial inviabiliza a utilização pelo homem das liberdades que a ordem jurídica lhe assegura — foi desenvolvida por Ricardo Lobo Teixeira, que entende o mínimo existencial como o "conjunto imprescindível de condições iniciais para o exercício da liberdade".[91]

Pérez Luño apresentou uma definição de direitos humanos que mais se aproximou do conteúdo desenvolvido por vários autores, que assim se dispõe: "conjunto de faculdades e instituições que, em cada momento histórico, concretizam as exigências da dignidade humana, a liberdade e igualdade humanas,

---

(89) SILVA, José Afonso da. *Poder constituinte e poder popular*. São Paulo: Malheiros, 2000. p. 149.
(90) RAWLS, John. *Uma teoria da justiça*. Tradução de Carlos Pinto Correia. Lisboa: Presença, 1993. p. 166.
(91) TORRES, Ricardo Lobo. *Direitos humanos e a tributação*: imunidades e isonomia. Rio de Janeiro: Renovar, 1995. p. 135. O autor distingue o mínimo existencial, a parcela mínima das condições materiais sem a qual o homem não sobrevive aos direitos econômicos e sociais. Aquele, em sua concepção, e direito pré-constitucional, que decorre do direito básico de liberdade, tem validade *erga omnes* e diretamente sindicável. Os direitos econômicos e sociais, por outro lado, fundamentam-se não na ideia de liberdade, mas de justiça social, e dependem da concessão do legislador.

as quais devem ser reconhecidas positivamente pelos ordenamentos jurídicos a nível nacional e internacional".[92]

José Castan Boneñas, por sua vez, define direitos humanos como aqueles direitos fundamentais da pessoa humana, considerada tanto em seu aspecto individual como comunitário, que correspondem a ela em razão de sua própria natureza (de essência ao mesmo tempo corpórea, espiritual e social), e que devem ser reconhecidos e respeitados por todo poder e autoridade, inclusive as normas jurídicas positivas, cedendo, não obstante, em seu exercício, ante as exigências do bem comum.[93]

Mas, se falamos tanto em direitos humanos e dignidade, como podemos afinal, conceituar dignidade da pessoa humana?

A dignidade da pessoa humana pode ser concebida como uma conquista da razão ética e jurídica da humanidade, atribuída a todas as pessoas, como fruto da reação de todos os povos contra as atrocidades cometidas pelo homem contra o próprio homem, que marcaram a experiência do homem na Terra. As experiências errôneas do passado, que culminaram em verdadeiros atentados à pessoa humana, geraram a consciência de que se devia proteger, preservar, a dignidade da pessoa humana, a qualquer custo. É somente entendendo as violações praticadas contra a dignidade humana que podemos tentar defini-la.

É por isso que a própria Constituição da Alemanha Ocidental do pós--guerra, palco de enorme desrespeito ao ser humano na Segunda Guerra Mundial, por meio da experiência nazista, traz estampada no seu artigo de introdução que "a dignidade da pessoa humana é intangível. Respeitá-la e protegê-la é obrigação de todo o poder público".[94]

O autor que, com muita propriedade, desenvolve essa afirmativa é Chaim Perelman, que assim se pronuncia a respeito:

> se é o respeito pela dignidade humana a condição para uma concepção jurídica dos direitos humanos, se se tratar de garantir esse respeito de modo que se ultrapasse o campo do que é efetivamente protegido, cumpre admitir; como corolário, a existência de um sistema de direito com um poder de coação. Nesse sistema, o respeito pelos direitos humanos imporá, a um só tempo, a cada ser humano — tanto no que concerne a si próprio quanto no que concerne aos

---

(92) LUÑO, Perez; CASTRO, J. L. Cascajo; CID, B. Castro; TORRES, C. Gomes. *Los derechos humanos: significación, estatuto jurídico y sistema.* Sevilha: Universidad de Sevilla, 1979. p. 43.
(93) TOBEÑAS, Jose Castan. *Los derechos del hombre.* Madri: Reus, 1976. p. 13.
(94) Art. 1º da Constituição Federal da Alemanha. Tradução do Governo Alemão, publicada pelo Departamento de Imprensa e Informação do Governo Federal, Bonn, Wiesbadener Graphische Betriebe Gmbh, Wiesbaden, 1983. p. 16.

outros homens — e ao poder incumbido de proteger tais direitos, a obrigação de respeitar a dignidade da pessoa. Com efeito, corre-se o risco, se não se impuser esse respeito ao próprio poder, de este, a pretexto de proteger os direitos humanos, tornar-se tirânico e arbitrário. Para evitar esse arbítrio, é, portanto, indispensável limitar os poderes de toda autoridade incumbida de proteger o respeito pela dignidade das pessoas, o que supõe um Estado de direito é a independência do poder judiciário. Uma doutrina dos direitos humanos que ultrapasse o estádio moral ou religioso é, pois, correlativa de um Estado de direito.[95]

Idêntico raciocínio desenvolve Celso Antonio Pacheco Fiorillo,[96] ao afirmar que há um piso vital mínimo imposto pela Constituição Federal de 1988, como garantia da possibilidade de realização histórica e real da dignidade da pessoa humana no meio social. Para esse autor, para começar a respeitar a dignidade da pessoa humana, tem-se que assegurar concretamente os direitos sociais previstos no art. 6º da Constituição que, por sua vez, está atrelado ao *caput* do art. 225 — normas estas que garantem como direitos sociais, a educação, a saúde, o trabalho, o lazer, a segurança, a previdência social, a proteção à maternidade e à infância, a assistência aos desamparados, na forma da Constituição, assim como direito ao meio ambiente equilibrado, essencial à sadia qualidade de vida.[97]

Para Rizzato Nunes, no que estamos de pleno acordo, existem autores que entendem que é a isonomia a principal garantia constitucional, como, efetivamente, ela é importante. Contudo, no atual diploma constitucional, o principal direito fundamental constitucionalmente garantido é o da dignidade da pessoa humana. É ela, a dignidade, o primeiro fundamento de todo o sistema constitucional posto, e o último arcabouço de guarida dos direitos individuais. A isonomia serve, é verdade, para gerar equilíbrio real, porém visando concretizar o direito à dignidade. É a dignidade que dá a direção, o comando a ser considerado primeiramente pelo intérprete.[98]

O autor ainda destaca que, após a soberania, aparece no texto constitucional, a dignidade como fundamento da República Brasileira, como se vê no art. 1º:

---

(95) PERELMAN, Chaim. *Ética e direito*. São Paulo: Martins Fontes, 1999. p. 400.
(96) FIORILLO, Celso Antonio Pacheco. *O direito de antena em face do direito ambiental no Brasil*. São Paulo: Saraiva, 2000. p. 47.
(97) *Ibidem*, p. 48 e ss.
(98) NUNES, Rizzatto. *O princípio constitucional da dignidade da pessoa humana*. São Paulo: Saraiva, 2002. p. 45.

Estatui o art. 1º: A República Federativa do Brasil, formada pela união indissolúvel dos Estados e Municípios e do Distrito Federal, constitui-se em Estado Democrático de Direito e tem como fundamentos:

I — a soberania,

II — a cidadania,

!!I — a dignidade da pessoa humana.

Portanto, o fundamento da dignidade humana pode ser encarado como o princípio nuclear para a interpretação de todos os direitos e garantias conferidos às pessoas, de acordo com o texto constitucional.

É importante ainda destacar que os direitos humanos fundamentais, conjuntamente com as garantias que lhe são inerentes, contrapõem-se à ingerência do Estado nas esferas individuais e coletivas e a eventuais atos arbitrários perpetrados por quaisquer instituições que detenham poder econômico, social ou político. O reconhecimento e a consagração da dignidade humana assumem, nos dias de hoje, projeção planetária, com expressa anuência por parte da maioria dos Estados, seja em nível constitucional, infraconstitucional, seja em nível consuetudinário ou mesmo por meio de tratados e convenções internacionais.

A aplicação desses direitos assume na maioria dos países *status* de norma constitucional em relação aos demais direitos previstos no ordenamento jurídico, apresentando dentre suas características mais importantes, as que passamos a enumerar: imprescritibilidade, irrenunciabilidade, inviolabilidade, inalienabilidade, universalidade, efetividade, interdependência e complementaridade.

Alexandre de Moraes[99] sintetiza da seguinte forma essas características dos direitos humanos fundamentais:

- imprescritibilidade: os direitos humanos fundamentais não se perdem pelo decurso do prazo;

- inalienabilidade: não há possibilidade de transferência dos direitos humanos fundamentais, seja a título gratuito, seja a título oneroso;

- irrenunciabilidade: os direitos humanos fundamentais não podem ser objeto de renúncia. Desta característica surgem discussões importantes na doutrina, como a renúncia ao direito à vida e a eutanásia, o suicídio e o aborto;

---

(99) MORAES, Alexandre de. *Direitos humanos fundamentais*. São Paulo: Atlas, 2002. p. 41.

• inviolabilidade: impossibilidade de desrespeito por determinações infraconstitucionais ou por atos das autoridades públicas, sob pena de responsabilização civil, administrativa e criminal;

• universalidade: a abrangência desses direitos engloba todos os indivíduos, independentemente de sua nacionalidade, sexo, raça, credo ou convicção político-filosófica;

• efetividade: a atuação do Poder Público deve ser para garantir a efetivação dos direitos e garantias previstos, com mecanismos coercitivos para tanto, uma vez que a Constituição Federal não se satisfaz com o simples reconhecimento abstrato;

• interdependência: as várias previsões constitucionais, apesar de autônomas, possuem diversas intersecções para atingirem suas finalidades. Assim, por exemplo, a liberdade de locomoção está intimamente ligada à garantia do *habeas corpus*, bem como prever a prisão somente por flagrante delito ou por ordem da autoridade judicial competente;

• complementaridade: os direitos humanos fundamentais não devem ser interpretados isoladamente, mas sim de forma conjunta com a finalidade de alcance dos objetivos previstos pelo legislador constituinte.

Existe uma corrente doutrinária que defende a tese de que os direitos sociais elencados no art. 6º da Constituição Federal podem ser definidos como integrantes das cláusulas pétreas, insuscetíveis de retirada ou de eliminação do texto constitucional, postando-se ao lado dos demais direitos enunciados no art. 6º, § 4º, da Constituição Federal, sob o manto da teoria do não retrocesso social, da lavra do jurista J. J. Gomes Canotilho.

E na clássica distinção entre os direitos humanos e os direitos humanos fundamentais podemos esclarecer que os primeiros são tidos como gênero e os segundos são considerados espécie. Portanto, os direitos humanos são aqueles direitos inalienáveis, imprescritíveis, impenhoráveis, não oneráveis, enfim, direitos universais e eternos que o ser humano possui pelo simples fato de ter nascido na condição humana, enquanto os direitos humanos fundamentais são espécies do gênero, que em determinado momento de evolução histórica, cultural, econômica, política e social de um povo, este houve por bem selecionar alguns daqueles direitos humanos para eternizá-los em seu texto maior, ou seja, inseri-los em nossa Constituição Federal.

E esse conjunto de direitos humanos divide-se atualmente em dimensões e não mais em gerações, em face de seu conteúdo mais elástico, e pelo fato de que uma dimensão de direitos humanos se integra às demais, formando um tecido uniforme de direitos humanos que passa a constituir algo que se assemelha a uma segunda natureza da pessoa humana.

Temos, então, atualmente cinco dimensões de direitos humanos. As três primeiras dimensões são retiradas da bandeira da revolução francesa de 1789: liberté, egalité e fraternité. Em outras palavras, os direitos de liberdade constituem a primeira geração de direitos humanos, enquanto os direitos de igualdade, na qual se insere o direito do trabalho, a proteção contra discriminações se apresenta como de segunda geração. Por seu turno, os direitos difusos e coletivos aparecem como direitos de solidariedade ou de fraternidade, envolvendo as presentes e futuras gerações de pessoas, como direitos humanos de terceira dimensão.

Os direitos humanos de quarta geração estão representados pelos direitos à paz, à democracia, à informação, à disposição de partes do próprio corpo, enquanto os direitos de quinta dimensão estão relacionados à cibernética, à informática, às redes sociais (*MSN, Facebook*, etc.) e ao dano moral puro, desvinculado do direito material.

6. Internacionalização dos direitos humanos fundamentais e novos direitos individuais e coletivos da pessoa humana. O princípio do não retrocesso social

Nesta linha evolutiva dos direitos da pessoa humana, percebe-se o advento de uma clara transformação: da concepção primitiva de delimitar as áreas em que a vontade individual e coletiva poderiam livremente atuar, com fulcro nos princípios da autonomia privada, individual e coletiva, em que o Estado não poderia interferir, passamos para a aquisição de novos direitos não apenas pela sociedade como um todo, como também de algumas especificidades pela classe trabalhadora.

Não há dúvida de que os direitos do homem constituem uma classe variável e estão em franca mutação, suscetíveis de transformação e de ampliação, dependendo do momento histórico em que se situam. O elenco desses direitos continuará a se modificar permanentemente de acordo com a própria evolução da sociedade, em face de novas invenções, novas tecnologias, novas formas de produção e de gestão da força de trabalho.

A dinâmica da vida social é responsável pelo surgimento de novos direitos e novas obrigações, e uma lei recentemente promulgada já pode nascer sob o estigma do atraso em face da velocidade das mudanças engendradas pelo advento das novas tecnologias da informação, da telemática e da informática.

Da mesma forma, existem povos que ainda lutam pela conquista dos direitos de primeira geração, os direitos de liberdade em face da opressão do Estado ditatorial, quando uma única pessoa — geralmente um ditador — toma o poder, conjuntamente com seu grupo de apaniguados ou asseclas, uma pequena elite política favorecida, e se apropria do patrimônio público que, a rigor, pertence ao povo, transformando-o em patrimônio pessoal ou particular, passando a se beneficiar de todas as benesses do poder, enquanto a população contínua à míngua, na pobreza e na miséria. Geralmente tais países proíbem o acesso a outros direitos fundamentais, como o direito à informação, às redes sociais, para evitar o conhecimento e repreenda internacional diante das barbáries cometidas contra os direitos humanos. Na prática, porém, em casos que tais várias dimensões de direitos humanos são sonegados do povo.

Para Norberto Bobbio, o desenvolvimento dos direitos do homem passou por três fases: em um primeiro momento afirmaram-se os direitos de liberdade, isto é, todos aqueles direitos que tendem a limitar o poder do Estado e a reservar para o indivíduo (ou para os grupos particulares) uma esfera de liberdade em relação a ele; em um segundo momento foram propugnados os políticos, os quais — concebendo a liberdade não apenas negativamente, como não impedimento, mas positivamente, como autonomia — tiveram como consequência a participação cada vez mais ampla, generalizada e frequente dos membros de uma comunidade no poder político (ou liberdade no Estado); finalmente, foram proclamados os direitos sociais, que expressam o amadurecimento de novas exigências — podemos mesmo dizer, de novos valores — como os do bem-estar e da igualdade não apenas formal, mas que poderíamos chamar de liberdade *através* ou *por meio* do Estado.[100]

Modernamente, entre os direitos econômicos e sociais destacam-se o direito ao trabalho, a fixação de um salário mínimo, o estabelecimento de uma duração máxima para o trabalho, o amparo ao desempregado, à proteção a mulher e ao menor, o auxílio em caso de doença, invalidez, a concessão de aposentadoria, a garantia de acesso a educação, o direito de formar sindicatos, de liberdade sindical, o direito de greve, entre outros.

A explosão demográfica, as guerras mundiais, as agressões ao meio ambiente, a competição econômica internacional e o advento da globalização econômica ensejaram o aparecimento de uma nova classe de direitos, mais modernos, que se convencionou rotular de direitos de solidariedade ou de fraternidade, ou seja, os direitos de terceira geração.

Com efeito, tais direitos sucedem no tempo os direitos resultantes das revoluções liberais, do século XVIII, e os direitos decorrentes das agitações

---

(100) BOBBIO, Norberto. *A era dos direitos*. Tradução de Carlos Nelson Coutinho. Rio de Janeiro: Campus, 1992. p. 25.

operárias, do século XIX. Entre eles destacam-se o direito à paz, ao desenvolvimento, ao meio ambiente, ao patrimônio comum da humanidade, à autodeterminação dos povos etc. Tais direitos, mais do que nos ordenamentos jurídicos internos dos Estados desenvolveram-se, sobretudo, no plano do Direito Internacional.[101]

Como dito, os direitos de quarta geração, que dizem respeito à democracia, ao direito à informação e o direito ao pluralismo. De acordo com Paulo Bonavides,

> a democracia positivada enquanto direito da quarta geração, há de ser, de necessidade, uma democracia direta. Materialmente possível graças aos avanços da tecnologia de comunicação, e legitimamente sustentável, graças à informação correta e às aberturas pluralistas do sistema. Desse modo, há de ser também uma democracia isenta já das contaminações da mídia manipuladora, já do hermetismo de exclusão, de índole autocrática e unitarista, familiar aos monopólios do poder.[102]

De acordo com Celso D. de Albuquerque Mello, o tema direitos humanos é a grande ideologia do momento, sendo que a própria expressão "Direitos Humanos" é recente e só penetrou no cotidiano com a carta da Organização das Nações Unidas (ONU), de 1945. Segundo esse autor, na década de 1990, os estados integrantes da comunidade europeia passaram a exigir uma serie de condições que deviam ser atendidas pelos estados surgidos do desmoronamento da URSS e Iugoslávia. Entre essas condições estão a garantia dos direitos das minorias e grupos étnicos e os princípios da Ata de Helsinki (1975). Nesta última, figura o respeito aos direitos do homem e às liberdades fundamentais, neles incluídas a liberdade de pensamento, de consciência, de religião ou de convicção.[103]

Mas, se os direitos humanos atualmente são reconhecidos virtualmente por todos os povos, com poucas exceções, o problema é torná-los efetivos. É por esse fato que Norberto Bobbio pondera que o maior problema dos direitos humanos hoje não é o de fundamentá-los, e sim de protegê-los.[104]

A verdadeira consolidação dos direitos humanos surgiu em meados do século XX, como decorrência da Segunda Guerra Mundial. Seu desenvolvimento pode ser atribuído às monstruosas violações de direitos humanos da era Hitler

---

(101) CANÇADO TRINDADE, Antônio Augusto. *Proteção internacional dos direitos humanos*. São Paulo: Saraiva, 1991. p. 247.
(102) BONAVIDES, Paulo. *Curso de direito constitucional*. São Paulo: Malheiros, 2000. p. 516-526.
(103) MELLO, Celso D. Albuquerque. *Direitos humanos e conflitos armados*. Rio de Janeiro: Renovar, 1997. p. 2.
(104) BOBBIO, Norberto. *Op. cit.*, p. 25.

e à crença de que parte destas violações poderia ser prevenida se existisse um efetivo sistema de proteção internacional de direitos humanos.[105]

A rigor, a barbárie do advento totalitarista representou uma verdadeira ruptura dos mais elementares direitos humanos, por meio da negação do ser humano, como sujeito de direitos no mundo jurídico. Naquele momento histórico deplorável, não havia qualquer respeito à dignidade da pessoa humana, que se tornou uma espécie de joguete nas mãos dos detentores do poder tirânico, simples objetos descartáveis e supérfluos, desprovidos de qualquer fonte de valor. Para Flávia Piovesan, em face dessa ruptura, emerge a necessidade de reconstrução dos direitos humanos, como referencial e paradigma ético que aproxime o direito da moral.[106] Neste cenário, o maior direito passa a ser, adotando a terminologia de Hannah Arendt, o direito a ter direitos, ou seja, o direito a ser sujeito de direitos.[107]

Os direitos do homem são aqueles que estão consagrados nos textos internacionais e legais, não impedindo que novos direitos sejam consagrados no futuro. Uma vez conquistados e adquiridos, os direitos não podem ser retirados, já que são necessários para que o homem realize plenamente a sua personalidade em dado momento histórico. Alguns veem os direitos humanos como produto da própria natureza humana, outros doutrinadores pregam que eles advêm do desenvolvimento da vida social, posto que o homem nunca existiu isoladamente.[108]

Essa linha de pensamento imbuída no princípio do não retrocesso social foi desenvolvida por J. J. Gomes Canotilho, para quem

> a ideia da proibição de retrocesso social também tem sido designada como proibição de contrarrevolução social ou da evolução reacionária. Com isto quer dizer-se que os direitos sociais econômicos (ex.: direitos dos trabalhadores, direito à assistência, direito à educação), uma vez obtido um determinado grau de realização, passam a constituir, simultaneamente, uma garantia institucional e um direito subjetivo.[109]

---

(105) BUERTENTHAL, Thomas. *Internacional human rights*. Minnesota: West, 1988. p. 17.
(106) PIOVESAN, Flávia. *Direitos humanos e direito constitucional internacional*. São Paulo: Max Limonad, 1996. p. 140.
(107) LAFER, Celso. *A reconstrução dos direitos humanos:* um diálogo com o pensamento de Hannah Arendt. São Paulo: Cia. das Letras, 1988. p. 26.
(108) MELLO, Celso D. Albuquerque. *Direitos humanos e conflitos armados*. Rio de Janeiro: Renovar, 1997. p. 5.
(109) CANOTILHO, J. J. Gomes. *Direito constitucional:* teoria da constituição. 3. ed. Coimbra: Almedina, 1998. p. 326. Para o autor a "proibição do retrocesso social" nada pode fazer contra as recessões e crises econômicas (reversibilidade fática), mas o princípio em análise limita a reversibilidade dos direitos adquiridos (ex.: segurança social, subsídio de desemprego, prestações de saúde), em clara violação do princípio da proteção da confiança e da segurança dos cidadãos no âmbito econômico,

Na ordem contemporânea o tema de proteção dos direitos humanos apresenta-se como ponto central não apenas no direito interno, como também e principalmente no direito internacional.

A Organização Internacional do Trabalho (OIT), o Direito Humanitário e a Liga das Nações apresentam-se como os primeiros marcos do processo de internacionalização dos direitos humanos. Para Flávia Piovesan, para que os direitos humanos se internacionalizassem, foi necessário redefinir o âmbito e o alcance do tradicional conceito de soberania estatal, a fim de que se permitisse o advento dos direitos humanos como questão de legítimo interesse internacional, ao mesmo tempo em que também foi necessário redefinir o *status* do indivíduo no cenário internacional, para que se tornasse verdadeiro sujeito de direito internacional.[110]

Cançado Trindade, ao tratar do tema, destaca que

> ao regular novas fórmulas de relação jurídica, imbuído dos imperativos de proteção, o Direito Internacional dos Direitos Humanos vem naturalmente questionar e desafiar certos dogmas do passado, invocados até nossos dias em meio a uma falta de espírito crítico e à persistência em certos círculos, de um positivismo jurídico degenerado. Talvez um dos mais significativos resida no próprio tratamento das relações entre o direito internacional e o direito interno, tradicionalmente enfocados *ad nauseam* à luz da polêmica clássica, estéril e ociosa, entre dualistas e monistas, erigida sobre falsas premissas. Contra essa visão estática insurge o Direito Internacional dos Direitos Humanos, a sustentar que o ser humano é sujeito tanto de direito interno quanto de direito internacional, dotado em ambos de personalidade e capacidade jurídica próprias.[111]

Ainda segundo o mesmo autor:

> no presente domínio de proteção, o direito internacional e o direito interno, longe de operarem de modo estanque ou compartimentalizado, se mostram em constante interação, de modo a assegurar a proteção eficaz do ser humano. Como decorre de disposições expressas dos próprios tratados de direitos humanos, e da abertura do direito constitucional, não mais cabe insistir na primazia das normas

---

social e cultural, e do núcleo essencial da existência mínima inerente ao respeito pela dignidade da pessoa humana.
(110) PIOVESAN, Flávia. *Direitos humanos e o direito constitucional internacional*. São Paulo: Max Limonad, 1996. p. 132-133.
(111) CANÇADO TRINDADE, Antônio Augusto. *Tratado de direito internacional dos direitos humanos*. Porto Alegre: Sergio Antonio Fabris, 1997. v. 1, p. 22.

de direito interno, como na doutrina clássica, porquanto o primado é sempre da norma — de origem internacional ou interna — que melhor proteja os direitos humanos.[112]

Percebe-se, assim, que em se tratando de direitos fundamentais da pessoa humana, ocorre até mesmo uma relativização da soberania estatal, para que tais direitos sejam protegidos em sua máxima eficácia, integrando-se ao ordenamento jurídico interno em posição de proeminência — como norma constitucional — consoante dispõe o art. 5º, § 2º, da Carta Magna de 1988.

Se o Direito Humanitário foi a primeira expressão, no plano internacional, a impor limites à liberdade e à autonomia dos Estados, ainda que na hipótese de conflitos armados, a Liga das Nações, por sua vez, veio reforçar esta mesma concepção, apontando a necessidade de relativização da soberania dos Estados. Criada após a Primeira Guerra Mundial, a Liga das Nações tinha como finalidade promover a cooperação, paz e segurança internacional, condenando agressões externas contra a integridade territorial e independência política dos seus membros. Por meio da Convenção da Liga das Nações Unidas, de 1920, dentre outras coisas, os Estados comprometiam-se a assegurar condições justas e dignas de trabalho para homens, mulheres e crianças.[113]

A Organização Internacional do Trabalho, em paralelo ao Direito Humanitário e à Liga das Nações, contribuiu efetivamente para o processo de internacionalização dos direitos humanos.

Criada em 1919, pelo Tratado de Versalhes, a Organização Internacional do Trabalho tinha por finalidade promover padrões internacionais de condições de trabalho e bem-estar. Atualmente, essa organização já conta com mais de uma centena de Convenções Internacionais promulgadas, a maior parte delas ratificadas pelos Estados-membros, que se comprometem a assegurar um padrão justo e digno nas relações de trabalho.

É certo, dessa forma, afirmar que a criação da Organização Internacional do Trabalho e o advento da Liga das Nações e do Direito Humanitário vieram reforçar não apenas os direitos humanos fundamentais, como também diretamente o próprio Direito Coletivo do Trabalho, haja vista que tais direitos se interpenetram e são interdependentes e indivisíveis. Em outras palavras, os direitos humanos fundamentais poderiam refletir uma figura concêntrica, dentro

---

(112) CANÇADO TRINDADE, Antônio Augusto. *Tratado de direito internacional dos direitos humanos*, cit., p. 22-23.
(113) PIOVESAN, Flávia. *Direitos humanos e o direito constitucional internacional*. São Paulo: Max Limonad, 1996. p. 134. Para a autora, tais dispositivos representavam um limite à concepção de soberania estatal absoluta, na medida em que a Convenção da Liga estabelecia sanções econômicas e militares a serem impostas pela comunidade internacional contra os Estados que violassem suas obrigações. Redefinia-se, desse modo, a noção de soberania absoluta do Estado, que passava a incorporar, em seu conceito, compromissos e obrigações de alcance internacional, no que diz respeito aos direitos humanos.

da qual poderíamos visualizar os direitos coletivos do trabalho, representados pelas relações entre empresários, trabalhadores, sindicatos e o Estado.

Embora tenhamos tido algumas declarações de direitos humanos na França, nos Estados Unidos da América do Norte, devemos conceber que, no plano concreto, a declaração que veio promover a dignidade da pessoa humana foi a Declaração Universal dos Direitos Humanos, de 16 de dezembro de 1948, data em que foi aprovada, de forma unânime, por 48 Estados, com 8 abstenções. A Declaração consolida a afirmação de uma ética universal, ao consagrar um consenso sobre valores de cunho universal a serem seguidos pelos Estados. No preâmbulo encontramos uma eloquente afirmação: "o reconhecimento da dignidade inerente a todos os membros da família humana e de seus direitos iguais e inalienáveis é o fundamento da liberdade, da justiça e da paz no mundo".[114]

A Declaração de 1948 foi a forma jurídica encontrada pela comunidade internacional de eleger os direitos essenciais para a preservação da dignidade do ser humano. Em sua real dimensão, esse documento deve ser visto como um libelo contra toda e qualquer forma de totalitarismo. Seus 30 artigos têm como meta dois pontos essenciais que se complementam mutuamente: incrustar o respeito da dignidade da pessoa humana na consciência da comunidade universal, e evitar o ressurgimento da ideia e da prática da descartabilidade do homem, da mulher e da criança.[115]

No Preâmbulo da Declaração Universal dos Direitos Humanos, de 1948, encontramos, também, a alusão à essencialidade de promover o desenvolvimento de relações amistosas entre as nações, e que os povos das Nações Unidas, reafirmaram, na Carta, sua fé nos direitos humanos fundamentais, na dignidade e no valor da pessoa humana, na igualdade de direitos entre homens e mulheres, e que decidiram promover o progresso social e melhorar condições de vida em uma liberdade mais ampla.

Consoante Amartya Sen, desenvolvimento é o fortalecimento da liberdade de escolha do indivíduo para levar o tipo de vida que lhe é importante. Essas escolhas são denominadas capacidades, e sua abordagem no campo dos direitos humanos relaciona as questões de desenvolvimento à liberdade, que implica o alargamento das escolhas nas esferas civis, políticas, sociais, econômicas e culturais.[116]

---

(114) ATHAYDE, Austregésilo de; IKEDA, Daisaku. *Diálogo direitos humanos no século XXI*. Rio de Janeiro: Record, 2000. p. 89. Segundo os autores, mais da metade dos 30 artigos defendem o direito à liberdade. O art. 1º, que dita a igualdade e a liberdade, e o art. 2º, que proíbe a discriminação, constituem o fundamento e o núcleo dos demais artigos, tendo papel semelhante ao alicerce de uma edificação.
(115) ALMEIDA, Guilherme Assis de. A declaração universal dos direitos humanos de 1948: matriz do direito internacional dos direitos humanos. *In:* ALMEIDA, Guilherme Assis de; PERRONE-MOISÉS, Cláudia (coords.). *Direitos internacionais dos direitos humanos*. São Paulo: Atlas, 2002. p. 14.
(116) SEN, Amartya. *Development as freedom*. New York: Knopf, 1988. p. 87.

Nesse contexto, podemos enfatizar que um dos meios mais efetivos de fortalecer a capacidade das pessoas é facilitar sua participação no processo de tomada e implementação de decisões que afetam o desenvolvimento. Vê-se, desta forma, íntima correlação dos preceitos da Declaração Universal dos Direitos Humanos de 1948 da Organização das Nações Unidas (ONU), com o desenvolvimento dos fundamentos do Direito Coletivo do Trabalho, pois é por intermédio de seus institutos basilares de negociação coletiva que o homem busca a realização de seus anseios individuais e coletivos, ao mesmo tempo em que aprimora seu aperfeiçoamento.

7. A DECLARAÇÃO DE DIREITOS FUNDAMENTAIS DO TRABALHADOR DE 1998 DA ORGANIZAÇÃO INTERNACIONAL DO TRABALHO — OIT

Em 1998, a Organização Internacional do Trabalho divulgou sua declaração de direitos fundamentais do trabalhador, no sentido de evocar todos os Países-Membros a envidar esforços no sentido de fazer valer tais direitos do trabalhador nos seus respectivos territórios.

Transcrevemos abaixo, na íntegra, referida declaração de direitos, a título de ilustração, *in verbis*:

"Declaración de la OIT relativa a los principios y derechos fundamentales en el trabajo 86ª reunión Ginebra, junio de 1998

Considerando que la creación de la OIT procedía de la convicción de que la justicia social es esencial para garantizar una paz universal y permanente;

Considerando que el crecimiento económico es esencial, pero no suficiente, para asegurar la equidad, el progreso social y la erradicación de la pobreza, lo que confirma la necesidad de que la OIT promueva políticas sociales sólidas, la justicia e instituciones democráticas;

Considerando que, por lo tanto, la OIT debe hoy más que nunca movilizar el conjunto de sus medios de acción normativa, de cooperación técnica y de investigación en todos los ámbitos de su competencia, y en particular en los del empleo, la formación profesional y las condiciones de trabajo, a fin de que en el marco de una estrategia global de desarrollo económico y social, las políticas económicas y sociales se refuercen mutuamente con miras a la creación de un desarrollo sostenible de base amplia;

Considerando que la OIT debería prestar especial atención a los problemas de personas con necesidades sociales especiales, en particular los desempleados y los trabajadores migrantes, movilizar y alentar los esfuerzos nacionales, regionales e internacionales encaminados a la solución de sus problemas, y promover políticas eficaces destinadas a la creación de empleo;

Considerando que, con el objeto de mantener el vínculo entre progreso social y crecimiento económico, la garantía de los principios y derechos fundamentales en el trabajo reviste una importancia y un significado especiales al asegurar a los propios interesados la posibilidad de reivindicar libremente y en igualdad de oportunidades una participación justa en las riquezas e cuya creación han contribuido, así como la de desarrollar plenamente su potencial humano;

Considerando que la OIT es la organización internacional con mandato constitucional y el órgano competente para establecer Normas Internacionales del Trabajo y ocuparse de ellas, y que goza de apoyo y reconocimiento universales en la promoción de los derechos fundamentales en el trabajo como expresión de sus principios constitucionales;

Considerando que en una situación de creciente interdependencia económica urge reafirmar la permanencia de los principios y derechos fundamentales inscritos en la Constitución de la Organización, así como promover su aplicación universal;

La Conferencia Internacional del Trabajo,

1. Recuerda:

(a) que al incorporarse libremente a la OIT, todos los Miembros han aceptado los principios y derechos enunciados en su Constitución y en la Declaración de Filadelfia, y se han comprometido a esforzarse por lograr los objetivos generales de la Organización en toda la medida de sus posibilidades y atendiendo a sus condiciones específicas;

(b) que esos principios y derechos han sido expresados y desarrollados en forma de derechos y obligaciones específicos en convenios que han sido reconocidos como fundamentales dentro y fuera de la Organización.

2. Declara que todos los Miembros, aun cuando no hayan ratificado los convenios aludidos, tienen un compromiso que se deriva de su mera pertenencia a la Organización de respetar, promover y hacer realidad, de buena fe y de conformidad con la Constitución, los principios relativos a los derechos fundamentales que son objeto de esos convenios, es decir:

(a) la libertad de asociación y la libertad sindical y el reconocimiento efectivo del derecho de negociación colectiva;

(b) a eliminación de todas las formas de trabajo forzoso u obligatorio;

(c) la abolición efectiva del trabajo infantil; y

(d) la eliminación de la discriminación en materia de empleo y ocupación.

3. Reconoce la obligación de la Organización de ayudar a sus Miembros, en respuesta a las necesidades que hayan establecido y expresado, a alcanzar esos objetivos haciendo pleno uso de sus recursos constitucionales, de funcionamiento y presupuestarios, incluida la movilización de recursos y apoyo externos, así como alentando a otras organizaciones internacionales con las que la OIT ha

establecido relaciones, de conformidad con el artículo 12 de su Constitución, a respaldar esos esfuerzos:

(a) ofreciendo cooperación técnica y servicios de asesoramiento destinados a promover la ratificación y aplicación de los convenios fundamentales;

(b) asistiendo a los Miembros que todavía no están en condiciones de ratificar todos o algunos de esos convenios en sus esfuerzos por respetar, promover y hacer realidad los principios relativos a los derechos fundamentales que son objeto de esos convenios;

(c) ayudando a los Miembros en sus esfuerzos por crear un entorno favorable de desarrollo económico y social.

4. Decide que, para hacer plenamente efectiva la presente Declaración, se pondrá en marcha un seguimiento promocional, que sea creíble y eficaz, con arreglo a las modalidades que se establecen en el anexo que se considerará parte integrante de la Declaración.

5. Subraya que las normas del trabajo no deberían utilizarse con fines comerciales proteccionistas y que nada en la presente Declaración y su seguimiento podrá invocarse ni utilizarse de otro modo con dichos fines; además, no debería en modo alguno ponerse en cuestión la ventaja comparativa de cualquier país sobre la base de la presente Declaración y su seguimiento.

Puesta al día por SN. Aprobada por AC. Última actualización: 15 de julio de 2001."[117]

Por uma simples leitura da declaração supracitada, inferimos que um dos compromissos que a OIT tenta obter dos países-membros é justamente o que se relaciona com a liberdade de associação e a liberdade sindical, bem como o reconhecimento efetivo do direito da negociação coletiva.

8. O TRATAMENTO CONSTITUCIONAL DA DIGNIDADE DA PESSOA HUMANA E O DIREITO COLETIVO DO TRABALHO

Traçado um cenário geral acerca da evolução dos direitos humanos ao longo do tempo, a fundamentação social da dignidade humana e de suas condições materiais mínimas de eficácia, cumpre-nos, neste momento, um aprofundamento no estudo do ordenamento jurídico brasileiro, particularmente do texto constitucional.

---

(117) ORGANIZAÇÃO INTERNACIONAL DO TRABALHO (OIT). Disponível em: <http://www.ilo.org/public/spanish/standards/decl/declaration/text/tindex.htm>. Acesso em: 7.2.2004.

Deste exame poderemos observar a posição predominante ocupada pela dignidade humana no ordenamento máximo do país e seus reflexos nos principais institutos do Direito Coletivo do Trabalho.

O sistema constitucional introduzido pela Constituição Federal de 1988 sobre a dignidade humana é bastante complexo, não apenas pela dispersão no tratamento da matéria ao longo do texto, como também porque a Carta Magna parte do princípio mais fundamental exposto no art. 1º, III — A República Federativa do Brasil (...) tem como fundamentos: (...) III — a dignidade da pessoa humana, utilizando na construção desse quadro temático várias modalidades de normas jurídicas, ou seja, princípios, subprincípios e regras.

No capítulo IV — Dos Direitos Políticos — o constituinte apresentou a noção de dignidade da pessoa humana por meio de vários conteúdos, entre os quais os chamados direitos individuais, políticos, sociais, culturais e econômicos. Para não fugirmos do tema central de nosso trabalho, trataremos apenas dos direitos sociais, que envolvem as condições materiais da dignidade humana.

Um dos principais obstáculos que se afigura no desfrute dos direitos humanos pela sociedade é a desinformação, o desconhecimento, a ignorância decorrentes do baixo grau de escolaridade do povo brasileiro. Em geral, as pessoas não sabem que têm algum direito e, ainda que o saibam, desconhecem como usufruí-lo, ou como fazer para torná-lo exequível, ou ainda como implementá-lo.

Nota-se assim a necessidade contingencial do Estado em fomentar a educação em todos os níveis, não apenas para a classe trabalhadora, como para toda a população brasileira.

As várias formas de tutela coletiva de direitos emanadas da Constituição, por meio das associações em geral (art. 5º, XXI e LXX, b), dos partidos políticos com representação no Congresso Nacional (art. 5º, LXX, a), dos sindicatos (art. 8º, III) e do Ministério Público (art. 129, III) — são tentativas que têm por objetivo a superação do problema da desinformação e buscam a proteção dos direitos constitucionalmente reconhecidos.

A Constituição Federal de 1988 não apenas demarca, no campo jurídico, o processo de democratização de nosso país, ao consolidar a ruptura com o regime autoritário militar instaurado em 1964 (que se caracterizou pela supressão de direitos), como também pode ser concebida como o marco da institucionalização dos direitos humanos fundamentais. Podemos até mesmo afirmar que a partir da Constituição de 1988, os direitos da pessoa humana ganharam notável avanço, constituindo-se em um dos documentos mais abrangentes e pormenorizados sobre os direitos humanos já implementado no Brasil.

A partir de seu preâmbulo, a Constituição de 1988 promove a consolidação de um Estado Democrático de Direito "destinado a assegurar o exercício dos direitos sociais e individuais, a liberdade, a segurança, o bem-estar, o desenvolvimento, a igualdade e a justiça como valores supremos de uma sociedade fraterna, pluralista e sem preconceitos". Para José Joaquim Gomes Canotilho,[118] a juridicidade, a constitucionalidade e os direitos fundamentais são as três dimensões essenciais de um Estado de Direito. Percebe-se, assim, que o texto de 1988 agasalha completamente essas dimensões, ao estatuir, em seus primeiros artigos (arts. 1º e 3º), princípios esses que corroboram os fundamentos e objetivos do Estado Democrático de Direito.

Dentre os fundamentos que afirmam o Estado Democrático de Direito no Brasil, podemos extrair a cidadania e dignidade da pessoa humana (art. 1º, incs. II e III). Depreende-se desse fato a convergência do princípio do Estado Democrático de Direito e dos direitos humanos fundamentais, o que nos leva, certamente, à conclusão de que os direitos humanos constituem elemento basilar para a consecução do princípio democrático, posto que desenvolvem uma função nitidamente democrática.

Nesse contexto, podemos afirmar categoricamente que o valor da dignidade da pessoa humana constitui a essência ou o núcleo basilar e informador de nosso ordenamento jurídico, exercendo um papel axiológico na orientação, na compreensão e na hermenêutica do sistema constitucional.

De acordo com Flávia Piovesan, considerando que toda Constituição há de ser compreendida como uma unidade e como um sistema que privilegia determinados valores sociais, pode-se declarar que a Carta de 1988 elege o valor da dignidade humana como um valor essencial que lhe doa unidade de sentido. Isto é, o valor da dignidade humana informa a ordem constitucional de 1988, imprimindo-lhe uma feição particular.[119]

Ainda de acordo com essa autora, a Constituição de 1988 não se atém apenas em alterar a topografia constitucional tradicional e elevar à cláusula pétrea[120] os direitos e garantias individuais. O texto de 1988 ainda inova, ao alargar a dimensão dos direitos e garantias, não mais se limitando a assegurar direitos individuais. Passa a incorporar a tutela dos direitos coletivos e difusos,

---

(118) CANOTILHO, J. J. Gomes. *Direito constitucional e teoria da constituição*. 3. ed. Coimbra: Almedina, 1998. p. 357.
(119) PIOVESAN, Flávia. A proteção dos direitos humanos no sistema constitucional brasileiro. *Revista da Procuradoria Geral do Estado de São Paulo*, São Paulo, p. 87, jan./dez. 1999. Para a autora, o valor da dignidade da pessoa humana, bem como o valor dos direitos e garantias fundamentais vêm a constituir os princípios constitucionais que incorporam as exigências de justiça e dos valores éticos, conferindo suporte axiológico a todo o sistema jurídico brasileiro.
(120) O art. 60, § 4º informa as cláusulas pétreas da Carta Magna de 1988, que constituem o núcleo duro e intocável da Constituição. Compõem esse núcleo: 1) a forma federativa de Estado; 2) o voto direto, secreto; universal e periódico; 3) a separação de poderes e 4) os direitos e garantias individuais. Cabe ressaltar que a Constituição anterior (de 1967) não fazia qualquer menção à proteção dos direitos e garantias individuais.

aqueles pertinentes a determinada classe ou categoria social e estes pertinentes a todos e a cada um, caracterizados que são pela indefinição objetiva e indivisibilidade de seu objeto.[121] A esse respeito, basta verificar a denominação atribuída ao Capítulo I do Título II da Constituição de 1988 — "Dos direitos e deveres individuais e coletivos".

A tudo isso soma-se o fato de que a Constituição Federal de 1988 instituiu o princípio da aplicabilidade imediata das normas definidoras de direitos e garantias fundamentais, com o objetivo de reforçar a imperatividade das normas relativas a eles, de acordo com o art. 5º, § 1º. Para Luís Roberto Barroso[122] as normas definidoras de direitos investem o jurisdicionado no poder de exigir do Estado — ou de outro eventual destinatário da regra — prestações positivas ou negativas, que proporcionem o desfrute dos bens jurídicos nelas consagrados.

Esse princípio tem por escopo e fundamento o estabelecimento de uma força vinculante na aplicação das normas dos direitos e garantias fundamentais, isto é, tem em seu bojo a finalidade de os tornarem perfeitamente exequíveis e de aplicabilidade imediata pelos poderes legislativo, executivo e judiciário. Para J. J. Gomes Canotilho, o sentido fundamental dessa aplicabilidade direta está em reafirmar que

> os direitos, liberdades e garantias são regras e princípios jurídicos, imediatamente eficazes e atuais, por via direta da Constituição e não através da *auctoritas interpositio* do legislador. Não são simples *norma normarum* mas norma normata, isto é, não são meras normas para a produção de outras normas, mas sim normas diretamente reguladoras de relações jurídico-materiais.[123]

Os direitos individuais e coletivos agasalhados no texto constitucional correspondem aos direitos diretamente ligados ao conceito de pessoa humana e de sua própria personalidade, como, por exemplo: vida, dignidade, honra, liberdade. Já os direitos sociais caracterizam-se como verdadeiras liberdades positivas, de observância obrigatória em um estado social de Direito, tendo por finalidade a melhoria das condições de vida aos hipossuficientes, visando à concretização da igualdade social, que configura um dos fundamentos de nosso Estado Democrático, conforme preleciona o art. 1º, IV.[124]

Percebe-se que a Constituição Federal ao realçar os direitos humanos, coletivos e difusos, acabou por redimensionar o próprio Direito Coletivo do Trabalho, promovendo uma acentuada valorização da organização sindical, da

---

(121) *Op. cit.*, p. 88.
(122) BARROSO, Luís Roberto. *O direito constitucional e a efetividade de suas normas* — limites e possibilidades da constituição brasileira. 2. ed. Rio de Janeiro: Renovar, 1993. p. 228.
(123) CANOTILHO, J. J. Gomes. *Direito constitucional*. 6. ed. Coimbra: Almedina, 1993. p. 578.
(124) MORAES, Alexandre de. *Direitos humanos fundamentais*. 4. ed. São Paulo: Atlas, 2002. p. 43.

negociação coletiva de trabalho, e propiciando o amplo exercício do direito de greve, embora com restrições aceitáveis em um ambiente democrático.

Se bem que já tenha evoluído significativamente, sobretudo nos últimos anos, em face a crise do emprego, o sindicalismo brasileiro ainda está longe de atingir a maturidade e o desenvolvimento ideais, de forma a cumprir sua missão social, que é a busca do bem-estar e da satisfação das necessidades de seus associados.

Ao longo da evolução histórica do sindicalismo brasileiro, o sistema sindical permaneceu virtualmente estático. Mesmo com as mudanças propiciadas pela Constituição de 1988, remanesceram institutos arcaicos e corporativistas, como o primado do monopólio de representação, cognominado unicidade sindical, da contribuição sindical obrigatória, do poder normativo dos Tribunais do Trabalho e do direito de greve restrito e reprimido.

A plena liberdade sindical, sob a égide da Convenção n. 87 da Organização Internacional do Trabalho, a ampla negociação coletiva de trabalho, em todos os níveis, o direito de greve, a organização dos trabalhadores no chão de fábrica ou no local de trabalho constituem os instrumentos jurídicos que devem ser implementados, e de forma derivada ser incorporados às normas aplicáveis aos instrumentos coletivos, de forma a compatibilizar o Direito Coletivo do Trabalho com os fundamentos da dignidade da pessoa humana alicerçados na Constituição Federal de 1988.

A liberdade sindical é reconhecida pela Organização Internacional do Trabalho, bem como pela mais abalizada doutrina, como legítima expressão dos direitos fundamentais da pessoa humana.

Sala e Montesinos, discorrem sobre a relação entre liberdade sindical e liberdades civis, declaram ser óbvio que as liberdades sindicais individuais e coletivas pressupõem a existência das necessárias liberdades civis. Afirmam que o Comitê de Liberdade Sindical da OIT destacou que "um movimento sindical realmente livre e independente somente pode desenvolver-se dentro de um regime que garante os direitos humanos fundamentais".[125]

Afirmam ainda esses juristas que a Resolução referente aos direitos sindicais e suas relações com as liberdades civis, adotada pela Conferência Internacional do Trabalho da OIT, em 1970, dá destaque especial às liberdades civis, definidas pela Declaração Universal dos Direitos do Homem, que são essenciais ao exercício dos direitos sindicais, a saber: a) o direito à liberdade e à segurança da pessoa, bem como à proteção contra as detenções e prisões arbitrárias; b) a liberdade de opinião e de expressão e, em particular, o direito

---

(125) SALA FRANCO, Tomás; ALBIOL MONTESINOS, Ignácio. *Derecho sindical*. 3. ed. Valência: Tirant lo Blanch, 1994. p. 74.

de não ser molestado por suas opiniões é o de buscar, receber e difundir sem consideração de limites, informações e ideias de toda índole, por qualquer que seja o meio de expressão; c) a liberdade de reunião; d) o direito a um juízo equitativo por um Tribunal independente e imparcial; e) o direito à proteção dos bens sindicais.[126]

Para que os institutos do Direito Coletivo do Trabalho sejam efetivamente desenvolvidos e instrumentalizados pelos sindicatos é necessária uma completa reformulação da organização sindical brasileira. A partir deste momento, cremos que o sindicalismo brasileiro poderá reverter seu declínio, em termos de representação coletiva, mitigando os efeitos da descoletivização e caminhando para incorporar novos associados, daí resolvendo os conflitos entre o capital e o trabalho a partir do chão das fábricas e criando melhores e mais justas condições de trabalho para a classe trabalhadora.

Nunca devemos esquecer que cabe aos sindicatos, atuando em uma democracia pluralista, em permanente conexão com outros corpos intermediários (instituições públicas, como o Ministério do Trabalho e Emprego, Ministério Público do Trabalho, Defensoria Pública, partidos políticos, seitas religiosas, ONG, associações civis, entidades filantrópicas e de fomento), uma função vital a desempenhar na sociedade multifacetária dos dias de hoje, com todas as suas contradições e antagonismos. Ou seja, dar uma contribuição decisiva para a justiça social e na medida do possível, servir como um instrumento de equalização de oportunidades para os trabalhadores, por meio de uma participação junto ao Estado, na formulação de suas políticas macroeconômicas.

Nunca é demais mencionar que a Constituição Federal de 1988 engendrou a formação de novos canais de acesso ao sistema de justiça, de modo que os trabalhadores, como parte da sociedade civil organizada passou a ter pleno acesso a várias instituições públicas, e mesmo privadas, no sentido de buscar a concretização de seus direitos.

Neste sentido é essencial que os sindicatos, como um dos canais de acesso ao sistema de justiça, também funcionem como um *locus* genuinamente livre, como estabelece os ditames da Constituição de 1988 e dos valores inerentes à dignidade da pessoa humana, para que os trabalhadores e empregadores dirimam seus conflitos que, na dinâmica da vida econômica e em face das dificuldades crescentes trazidas pelo processo de globalização e de acirrada competição, tendem a se perenizar ao longo da vida social.

---

(126) SALA FRANCO, Tomás; ALBIOL MONTESINOS, Ignácio. *Derecho sindical*, cit., p. 74-75.

Capítulo II

A Negociação Coletiva de Trabalho na Ótica dos Direitos Humanos Fundamentais

1. Autonomia privada coletiva

Considerando que a negociação coletiva tem por base a teoria da autonomia privada coletiva, iniciaremos nossos estudos neste capítulo, pelo desenvolvimento dos aspectos mais relevantes desse instituto jurídico.

1.1. Denominação

Em primeiro plano, devemos investigar a origem ou o significado da palavra autonomia.

Autonomia é uma palavra derivada do grego, que significa direito de se reger por suas próprias leis, indicando a faculdade que possui determinada pessoa ou instituição em traçar as normas de sua conduta, sem que sinta imposições restritivas de ordem estranha. Neste sentido, seja em relação às pessoas, seja em relação às instituições, o vocábulo tem significado todo idêntico ao que expressa independência.[127]

De acordo com Aurélio Buarque de Holanda Ferreira, autonomia significa a faculdade de se governar por si mesmo, ou o direito ou faculdade de se reger por leis próprias ou, ainda, a propriedade pela qual o homem pretende poder escolher as leis que regem sua conduta.[128]

Encontramos várias denominações correlatas à autonomia privada coletiva, dentre as quais podemos citar autonomia sindical, autonomia coletiva sindical e autonomia privada coletiva.

Para Sergio Pinto Martins, autonomia sindical diz respeito à autonomia do sindicato, quanto a sua criação, elaboração de seus estatutos, registro sindical, desnecessidade de intervenção ou interferência estatal, bem como a possibilidade de o sindicato estabelecer normas.[129]

A expressão mais utilizada na doutrina é autonomia privada coletiva, em contraposição à autonomia privada individual. De acordo com Amauri Mascaro Nascimento

> o direito italiano dá ênfase ao princípio da autonomia coletiva privada, abandono da concepção publicística do direito corporativo, do intervencionismo estatal do fascismo nas relações de trabalho, e meta de realização de uma nova ordem, pautada em princípios democráticos, de liberdade sindical.[130]

Já Enzo Roppo afirma que autonomia significa, etimologicamente, poder de modelar por si — e não por imposição externa — as regras da própria conduta; e autonomia privada, ou autonomia contratual, significa liberdade de os sujeitos determinarem com sua vontade, eventualmente aliada à vontade de uma contraparte no "consenso" contratual, o conteúdo das obrigações que pretendem assumir, das modificações que pretendem introduzir no seu patrimônio.[131]

---

(127) SILVA, De Plácido e. *Vocabulário jurídico*. 3. ed. Rio de Janeiro: Forense, 1993. v. III e IV, p. 251.
(128) FERREIRA, Aurélio Buarque de Holanda. *Novo dicionário básico da língua portuguesa*. Rio de Janeiro: Nova Fronteira, 1995. p. 74.
(129) MARTINS, Sergio Pinto. *O pluralismo no direito do trabalho*. São Paulo: Atlas, 2001. p. 117.
(130) NASCIMENTO, Amauri Mascaro. *Compêndio de direito sindical*. 2. ed. São Paulo: LTr, 2000. p. 131.
(131) ROPPO, Enzo. *O contrato*. Coimbra: Almedina, 1988. p. 128.

1.2. Evolução histórica

A autonomia privada individual tem sua origem na revolução francesa, que buscou sua fonte de inspiração na famosa tríade: liberdade, igualdade e fraternidade. É na revolução industrial do século XVIII que encontramos suas primeiras manifestações, nas palavras de Amauri Mascaro Nascimento "como fonte de instauração de vínculos de atributividade que se expressam por meio de atividade negocial dos particulares".[132]

Com efeito, a autonomia privada individual está intrinsecamente ligada à ideia da liberdade para contratar. Então, nada mais natural que ela nascesse e assumisse enorme importância, juntamente com o desenvolvimento dos negócios, nos primórdios da primeira revolução industrial, tornando-se essencial no ordenamento jurídico capitalista e no sistema de livre mercado.

Esses preceitos eram defendidos pelos filósofos do iluminismo, cujas ideias deram legitimidade à revolução francesa, dentre os quais Spinoza e Rousseau, para os quais o fim do Estado era a garantia da liberdade, enquanto para Locke era a garantia da propriedade, que é um direito individual. As mais altas expressões dessas garantias individuais são as declarações dos direitos americanos e franceses, nas quais é solenemente enunciado o princípio de que o Estado é para o indivíduo, e não o indivíduo para o Estado.[133]

Com efeito, a revolução francesa aboliu as corporações de ofício, que tiveram importante papel no desenvolvimento e florescimento do direito comercial na idade média. Ao discorrer sobre essas instituições, Waldemar Ferreira declara que

> negociantes, banqueiros, industriais, artesãos, e quantos se sentiram atraídos por interesses comuns, se organizavam em corporações, sujeitas a rigorosa disciplina, em que residia o segredo de sua força. Tornaram-se poderosas. Investiram-se no direito de regular por si mesmas seu interesse próprio e de seus componentes. Passaram, assim, a exercitar poderes que eram, normalmente, do Estado. Presidiam, por via de seus oficiais, as feiras e mercados, organizando-os e neles mantendo a ordem. Protegiam seus membros no estrangeiro. Prestavam assistência religiosa e caritativa. Tinham patrimônio adquirido com as contribuições dos sócios.[134]

---

(132) NASCIMENTO, Amauri Mascaro. *Curso de direito do trabalho*. 17. ed. rev. e atual. São Paulo: Saraiva, 2001. p. 822.
(133) BOBBIO, Norberto. *Estado, governo, sociedade*: para uma teoria geral da política. 5. reimp. Tradução de Marco Aurélio Nogueira. Rio de Janeiro: Paz e Terra, 1995. p. 64-65.
(134) FERREIRA, Waldemar. *Tratado de direito comercial*: o estatuto histórico e dogmático do direito comercial. São Paulo: Saraiva, 1960. v. I, p. 40.

De acordo com Fábio Ulhoa Coelho, com a revolução francesa, a burguesia ascendeu à classe dominante e concluiu o processo de fortalecimento do Estado moderno, com a extinção das corporações de ofício e o surgimento de um direito unificado para a sociedade, sob a égide do princípio revolucionário da igualdade. Não desapareceu, entretanto, a disciplina autônoma da profissão dessa classe social, que apenas deixou de se originar, formalmente, de uma entidade corporativa para ser produzida pelo Estado. O direito comercial passou, então, a buscar sua identificação na natureza do ato jurídico praticado, e não no sujeito que o pratica.[135]

Já o operador econômico do capitalismo, na verdade, necessita ser livre não só na fixação, a seu arbítrio, dos termos concretos da operação realizada, mas também e — sobretudo — na decisão de efetuar ou não uma certa operação, na escolha de sua efetivação com esta ou aquela contraparte, no decidir realizar um determinado gênero de operação em vez de outro. Tudo isso tem a sua tradução jurídica: no conceito de autonomia privada compreende-se, de fato, tradicionalmente, além do poder de determinar o conteúdo do contrato, também o poder de escolher livremente contratar ou não contratar; escolher com quem contratar, recusando, por hipótese, ofertas provenientes de determinadas pessoas; enfim, decidir em que tipo contratual enquadrar a operação que se pretende, privilegiando um ou outro dos tipos legais codificados, ou mesmo concluir contratos que não pertençam aos tipos que têm uma disciplina particular.[136]

Com o desenvolvimento do capitalismo, o contrato tornou-se o principal instrumento de regulação das relações jurídicas entre os particulares. O contrato era a consolidação da autonomia privada.[137]

Orlando Gomes destaca que o liberalismo econômico, a ideia basilar de que todos são iguais perante a lei e devem ser igualmente tratados, e a concepção de que o mercado de capitais e o mercado de trabalho devem funcionar livremente em condições, todavia, que favoreça a dominação de uma classe sobre a economia considerada em seu conjunto, permitiram fazer do contrato o instrumento jurídico por excelência da vida econômica.[138]

Contudo, o trabalho humano ganhou contornos e desdobramentos peculiares no relacionamento entre o empregado e empregador, com a ocorrência da Revolução Industrial.

Sendo fato econômico, por excelência, a revolução industrial respondeu por profundas mudanças no modo de equacionar a eterna relação entre

---

(135) COELHO, Fábio Ulhoa. *Manual de direito comercial*. 9. ed. rev. e atual. São Paulo: Saraiva, 1997. p. 4.
(136) ROPPO, Enzo. *O contrato*. Coimbra: Almedina, 1988. p. 132-133.
(137) MARTINS, Sérgio Pinto. *O pluralismo no direito do trabalho*. São Paulo: Atlas, 2001. p. 116.
(138) GOMES, Orlando. *Contratos*. 12. ed. Rio de Janeiro: Forense, 1991. p. 7.

os mais e os menos capazes socialmente, porque alterou o conteúdo das relações jurídicas de trabalho e das relações sociais entre trabalhadores e patrões. Acima de tudo, criou condições para o deslocamento de um velho eixo de equilíbrio.[139]

Essa fase histórica também proporcionou uma troca de postura dos que eram mandados, diante de seus dominadores, e isso rachou decisivamente, na área das relações de trabalho, a estrutura estabelecida do direito civil.[140] Verifica-se que o patrão era o proprietário e detentor das máquinas e dos meios de produção tendo, assim, o poder de direção em relação ao trabalhador. Isso já denotava a desigualdade a que estava submetido o trabalhador, pois este nada possuía, a não ser sua força de trabalho e sua energia física e intelectual para colocar a serviço do capital.

O liberalismo do século XVIII, surgido com a revolução francesa, que pregava um Estado alheio à área econômica e que, quando muito, iria ser árbitro nas questões sociais, suscitou uma tomada de consciência coletiva da classe operária e, como resposta, provocou o surgimento do Direito Coletivo do Trabalho, que veio corrigir as desigualdades econômicas por meio das desigualdades jurídicas.

O liberalismo tinha, e ainda tem, por base, a igualdade abstrata entre os indivíduos que compõem a sociedade. Ao figurar como fundamento do Estado capitalista, a igualdade abstrata exerce a função de ocultamento das relações de exploração no seio da sociedade. Assim, a ação coercitiva do Estado, quando empregada, não é vista como uma atitude em prol de uma dominação, mas sim como a legítima exigência de sujeitos juridicamente iguais que contrataram livremente o que está no direito.[141]

Adam Smith, considerado pela maioria dos autores como o apologista da nascente classe industrial capitalista, declarava que "se o governo se abstiver de intervir nos negócios econômicos, a Ordem Natural poderá atuar".[142]

Mas, nem por isso podemos execrar os ideais da revolução francesa que, se por um lado permitiu uma notável desigualdade social, um tratamento desumano ao trabalhador, (representado inclusive por mulheres e menores), a formação do proletariado, a indignidade das condições de vida dos operários, etc., por outro lado contribuiu para o progresso da história da humanidade. A propósito, Miguel Reale destaca que a revolução francesa afirmou valores,

---

(139) PINTO, José Augusto Rodrigues. *Direito sindical e coletivo do trabalho*. São Paulo: LTr, 1998. p. 23.
(140) *Ibidem*, p. 23.
(141) ANDRADE, Vera Regina Pereira de. *Dogmática jurídica* — esforço de sua configuração e identidade. Porto Alegre: Livraria do Advogado, 1996. p. 121.
(142) SMITH, Adam. *Richesse des nations*. Paris: Canan, 1937. p. 421.

como a autossuficiência dos direitos inatos do homem, a autonomia da vontade como fonte geradora da ordem social e política, e o livre consentimento como fundamentação da convivência social.[143]

O Estado não reconhecia o poder do sindicato de editar normas, vindo a proibir quaisquer formas de coalizão de trabalhadores e mesmo de empregadores, através da Lei Le Chapelier, de 1791. A coalizão, por algum tempo, foi um movimento considerado criminoso. Na França, uma lei de 1849 a qualificava, tanto a patronal como a dos trabalhadores, um delito passível de prisão de seis dias a três meses, diretriz que já era seguida pelo código penal, revogada em 1864. Na Inglaterra, uma lei de 1824 proclamou a liberdade de coalizão. Na Alemanha (1869) e na Itália (1889), as coalizões de trabalhadores deixaram de ser delito.[144]

A partir do reconhecimento e evolução dos sindicatos como legítimos representantes dos trabalhadores, em decorrência de fatores políticos nos sistemas corporativos, eles passaram a exercer atividade delegada do poder público. Eram considerados como órgãos ou corporações do Estado. Surge então o porquê das normas elaboradas pelos sindicatos serem consideradas de direito público. Este sistema prevaleceu na Itália e no Brasil. O Estado detinha absoluto controle dos sindicatos, podendo intervir ou interferir a seu livre alvedrio na vida sindical, ou seja, desde sua constituição e até na nomeação de seus dirigentes.

De forma alternativa, nos regimes políticos em que prevalece a liberdade sindical, o sindicato pode ser criado livremente, editar as normas que julgar necessárias, observando tão somente as de ordem pública estabelecidas pelo Estado ou normas mínimas por ele previstas.

Deste simples desenvolvimento podemos depreender que o Direito, e como ramo deste, o Direito do Trabalho, pauta-se pela dinâmica da vida social e está em constante transformação. Miguel Reale esclarece, com notável lucidez, este aspecto, quando afirma que

> o direito é, antes de mais nada, fato social, realidade psicológica e social em perene transformação, de modo que as normas não subsistem, nem são possíveis, sem a realidade de que resultam como conclusões necessárias que se impõem a todos, tanto aos governantes como aos governados.[145]

---

(143) REALE, Miguel. *Nova fase do direito moderno*. 2. ed. rev. São Paulo: Saraiva, 2001. p. 73 e ss.
(144) NASCIMENTO, Amauri Mascaro. *Compêndio de direito sindical*. 2. ed. São Paulo: LTr, 2000. p. 42.
(145) REALE, Miguel. *O direito como experiência:* introdução à epistemologia jurídica. São Paulo: Saraiva, 1968. p. 102.

1.3. Conceito

Autonomia privada para Pontes de Miranda é o autorregramento da vontade.[146] Para ele, a vontade constitui o suporte fático ao qual as regras jurídicas aludem. Considera, ademais, a vida social fundamentada em interesses aquém da esfera jurídica e esta como "zona colorida em que: a) os fatos se fazem jurídicos; b) relações nascidas independentemente do direito se tornam jurídicas; c) relações jurídicas nascidas, portanto, no direito, se estabelecem".[147] Neste sentido, apenas parte da atividade humana é captada e absorvida pelo direito. Este deixa aos particulares um campo de ação, para o exercício de suas vontades, que não são repelidas pelo direito. Portanto, a autonomia privada nada mais seria do que a possibilidade de os atos dos particulares se tornarem jurídicos, constituindo regras ou normas de conduta ou de comportamento.

Diz Octavio Bueno Magano que a autonomia é o poder de autorregulamentação dos próprios interesses, e sua caracterização supõe, antes de mais nada, um sistema de normas ao qual se submete a própria entidade de onde nasceram. Além disso, é preciso sublinhar que se trata de poder derivado, limitado pelo poder estatal. Nem por isso deixa de ser poder genuíno porque gera *motu próprio*, normas jurídicas, não se resolvendo em mera faculdade de agir.[148]

A autonomia sindical é típica: o seu âmbito encontra-se circunscrito pela ordem estatal, mas de nenhum modo se reduz à mera concreção ou individuação daquela, impondo-se, ao contrário, a conclusão de que a autonomia implica a possibilidade de criação de normas próprias não identificadas com as da ordem estatal. A autonomia deve ser também concebida como subproduto da concepção pluralista da sociedade, fundada na observação de que nesta não existe apenas um, senão vários centros geradores de normas jurídicas.[149]

Nelson Mannrich ensina que autonomia, no âmbito do direito constitucional e da política, significa poder de autogovernar-se e regular os próprios interesses. No direito civil, significa capacidade das partes de se auto-obrigarem mediante manifestação de vontade, através do contrato. Já no direito do trabalho, indica a capacidade de os grupos profissionais de se autorregularem e de disciplinarem seus próprios interesses. Uma das questões centrais para a doutrina é saber se a referida autonomia é delegada ou concessão do Estado, ou se é um poder originário do grupo (...). Assim, autonomia privada coletiva

---

(146) MIRANDA, Pontes de. *Tratado de direito privado*. 3. ed. Rio de Janeiro: Borsoi, 1970. p. 54.
(147) *Idem*.
(148) MAGANO, Octavio Bueno. *Manual de direito do trabalho*: direito coletivo do trabalho. 2. tir. São Paulo: LTr, 1986. v. III, p. 14.
(149) *Idem*.

representa o poder próprio que os grupos profissionais têm de elaborar normas e vincular-se às fontes do direito. Estas, por sua vez, indicam os processos ou meios em virtude dos quais as regras jurídicas se positivam com legítima força obrigatória, ou seja, com vigência e eficácia.[150]

Para Francesco Santoro-Passarelli, a autonomia privada é o poder de os próprios interessados criarem normas jurídicas, ou seja, é o poder de regularem os seus interesses intrínsecos,[151] enquanto Luigi Ferri informa que a autonomia privada é uma manifestação de um poder de criar normas jurídicas, diversas das previstas pelo Estado e, em certos casos, complementando as normas editadas por ele.[152]

Salvatore Pugliatti, por sua vez, destaca que autonomia privada significa "o poder de dar-se um ordenamento".[153] Esse poder (*potestas*) tem uma conotação política, não constituindo simples liberdade na criação de normas. Permite a criação de um ordenamento jurídico privado, que é subordinado e reconhecido pelo Estado. Ainda de acordo com Pugliatti, no seio de uma sociedade há uma pluralidade de ordenamentos jurídicos: o ordenamento estatal que tem uma posição proeminente e tendencialmente monopolística e a comunidade dos privados, composta por corpos sociais, com seus ordenamentos jurídicos próprios e independentes. A manifestação de vontade e o ato negocial são expressões da autonomia privada, destinada ao autorregulamento de interesses próprios dos privados.[154]

No seio da concepção jusnaturalista, a faculdade de os particulares regularem seus próprios interesses, por meio de negócios jurídicos celebrados livremente, aparece como atributo natural dos homens, que a ordem positiva apenas deveria reconhecer e assegurar. A vontade humana, neste contexto, é a fonte dos direitos. Com a evolução das ideias políticas e jurídicas, a partir da era moderna, a possibilidade de autorregulação dos interesses passa a ser entendida, em certa medida, não mais como direito natural, mas, sim, como faculdade outorgada pelo direito positivo. Assim, limita-se o seu exercício aos quadrantes definidos pela ordem jurídica. Largos, durante períodos de liberalização econômica, e estreitos no decorrer de processos de intervenção do

---

(150) MANNRICH, Nelson. A administração pública do trabalho em face da autonomia privada coletiva. *In:* MALLET, Estêvão; ROBORTELLA, Luiz Carlos Amorim (coords.). *Direito e processo do trabalho:* estudos em homenagem a Octavio Bueno Magano. São Paulo: LTr, 1996. p. 545. Segundo o autor: a autonomia não se confunde com soberania. A soberania corresponde ao poder conferido ao Estado de governar e disciplinar juridicamente a vida de um povo de forma soberana e originária, sem interferência de outro poder; a autonomia, numa concepção positiva, a um poder derivado do Estado, vinculando-se às fontes de produção da norma jurídica.
(151) SANTORO-PASSARELLI, Francesco. *Saggi di diritto civile*. Nápoles: Eugenio Jovene, 1961. p. 255.
(152) FERRI, Luigi. *L'autonomia privata*. Milão: Giuffrè, 1959. p. 5.
(153) PUGLIATTI, Salvatore. Autonomia privata. *Enciclopédia del Diritto*, v. IV, Milano: Giuffrè, 1959.
(154) *Ibidem*, p. 348.

Estado capitalista na economia, tais quadrantes estabelecem as balizas dentro das quais atua a vontade dos particulares.[155]

Declara Miguel Reale que se reconhece, em última instância, como uma conquista impostergável da civilização o que, técnica e tradicionalmente, se denomina autonomia da vontade, isto é, o poder que tem cada homem de ser, de agir e de omitir-se nos limites das leis em vigor, tendo por fim alcançar algo de seu interesse — o que, situado no âmbito da relação jurídica, se denomina bem jurídico.[156] O fato é que, por assim terem livremente convencionado, homens e grupos dão nascimento a formas ou modelos jurídicos de ação, que os vinculam à prática dos direitos e deveres avençados. Essas avenças geralmente se aplicam a modelos legais previstos nos códigos ou em leis complementares, mas nada impede que as partes constituam estruturas negociais atípicas, isto é, não correspondentes aos tipos normativos elaborados pelo legislador.[157]

Para Walküre Lopes Ribeiro da Silva,

> nem sempre fica claro o conceito de autonomia privada, que abrange tanto a esfera individual como a coletiva. Via de regra os autores afirmam que o negócio jurídico constitui a expressão da autonomia coletiva e é o quanto basta (...). Podemos afirmar que ao menos no campo da autonomia privada coletiva esta caracteriza um poder originário, seja quanto a suas origens, uma vez que o Estado não o conferiu aos particulares, mas efetuou mero reconhecimento de sua existência, seja quanto a seu exercício, pois são previstos critérios autônomos de representação, procedimento, competência, etc.[158]

Os sujeitos privados são livres para obrigar-se como quiserem. Mas, quando o fazem, obrigam-se verdadeiramente: Aquilo que livremente pactuaram torna-se vínculo rigoroso dos seus comportamentos e, se violam a palavra empenhada, respondem por isso e sujeitam-se a sanções. É o nexo da liberdade contratual — responsabilidade contratual, segundo o qual o "contrato tem força de lei entre as partes".[159]

Depreende-se desses conceitos, que a autonomia privada coletiva pressupõe que o Estado abdica de parte de sua jurisdição e do monopólio de criar normas, em favor dos grupos sociais, dentre eles os sindicatos, as associações,

---

(155) COELHO, Fábio Ulhoa. *Curso de direito comercial*. 2. ed. rev. e atual. São Paulo: Saraiva, 1999. v. 1, p. 9.
(156) REALE, Miguel. *Lições preliminares de direito*. 16. ed. São Paulo: Saraiva, 1988. p. 179.
(157) *Ibidem*, p. 179-180.
(158) Autonomia privada, ordem pública e flexibilização do direito do trabalho. *In:* NASCIMENTO, Amauri Mascaro (coord.). *Anais... Jornal do Congresso Brasileiro de Direito Coletivo do Trabalho*, 9, 1994. LTr, São Paulo, p. 68-69, 23-25 nov. 1994.
(159) ROPPO, Enzo. *O contrato*. Coimbra: Almedina, 1988. p. 128.

os partidos políticos, para que estes tenham a liberdade de auto-organização e de autorregramento de seus próprios interesses.

Para Gino Giugni, a autonomia coletiva assumiu características publicistas em relação à natureza de direito público dos sindicatos e, com o restabelecimento da liberdade sindical, os sindicatos voltaram à esfera do direito privado e a autonomia sindical voltou a ser autonomia privada. Essa forma particular de autonomia privada tem natureza coletiva, porque os sujeitos que a expressam (associações sindicais dos trabalhadores e dos empresários) são portadores do interesse de uma pluralidade de pessoas (associados), por um bem idôneo para satisfazer a necessidade comum de todos (interesse coletivo), e não a necessidade individual de uma ou de algumas pessoas.[160]

Giuliano Mazzoni apresenta a autonomia coletiva como sendo o mesmo direito de liberdade sindical visto pelo aspecto coletivo e organizado: não mais a liberdade individual de associação ou não associação, mas a liberdade do grupo, isto é, a liberdade de associação como tal.[161]

A autonomia coletiva é o poder que o Estado reconhece a determinados indivíduos e grupos sociais, de autorregularem amplamente seus próprios interesses, ou seja, de agir com independência no contexto do ordenamento jurídico,[162] produzindo normas jurídicas próprias.[163] É a faculdade de produzirem o seu ordenamento jurídico por sua própria iniciativa, sem pressão ou coação prévia de qualquer entidade.[164]

Essa liberdade de associação está hoje consagrada e assegurada na Declaração Universal dos Direitos do Homem,[165] inclusive para organizar sindicatos,[166] medindo-se a autonomia coletiva pelo grau de interferência ou de intervenção do Estado na criação dos sindicatos.

Amauri Mascaro Nascimento, fazendo menção das concepções mista e ampla da autonomia coletiva dos particulares, declara que para a primeira, autonomia coletiva dos particulares significa o poder conferido aos representantes institucionais dos grupos sociais de trabalhadores e de empregadores de criar vínculos jurídicos regulamentadores das relações de trabalho, consti-

---

(160) GIUGNI, Gino; CURZIO, Pietro; GIOVANNI, Mario. *Direito sindical*. Tradução de Eiko Lúcia Itioka. São Paulo: LTr, 1991. p. 117.
(161) MAZZONI, Giuliano. *Manuale di diritto del lavoro*. Milano: Giuffrè, 1990. v. II, p. 235.
(162) DONATO, Messias Pereira. Liberdade sindical. *In*: MAGANO, Octavio Bueno (org.). *Curso de direito do trabalho*: estudos em homenagem a Mozart Victor Russomano. São Paulo: Saraiva, 1991. p. 471.
(163) PEDREIRA, Luiz de Pinho. A autonomia coletiva profissional. *In*: ROMITA, Arion Sayão (org.). *Sindicalismo, economia e estado democrático*: estudos. São Paulo: LTr, 1993. p. 39.
(164) GARCÍA ABELLÁN, Juan. *Introducción al derecho sindical*. Madrid: Aguilar, 1961. p. 105.
(165) "Todo homem tem direito à liberdade de reunião e associação pacíficas. Ninguém pode ser obrigado a fazer parte de uma associação" (art. 20).
(166) "Todo homem tem direito a organizar sindicatos e a neles ingressar para a proteção dos seus interesses" (art. 23).

tuindo a negociação coletiva seu procedimento de concretização. De acordo com a segunda concepção, de maior abrangência, a autonomia coletiva dos particulares é o princípio que fundamenta não só a negociação coletiva mas, também, a liberdade sindical e a autotutela dos trabalhadores, sendo sob essa visão tríplice, portanto, a sua dimensão; como poder de instituir normas e condições de trabalho, poder normativo; como liberdade de organizar associações sindicais independentemente de autorização prévia do Estado e, sem interferências deste, nelas ingressas ou delas sair; como permissão para que, pela paralisação do trabalho ou outros atos coletivos legítimos, possam os trabalhadores promover a defesa dos seus direitos ou interesses.[167]

Não podemos olvidar que o direito, além de ser uma estrutura normativa, constitui também uma relação social, intimamente conectada a fatores que interagem, como a forma de produção econômica predominante, as necessidades formuladas pela formação social e o exercício do poder político. Logo, no âmbito do capitalismo avançado, as prioridades são dirigidas aos direitos sociais, aos direitos dos grupos, aos direitos relativos às diferenças étnicas, de defesa das minorias, aos problemas do meio ambiente e de consumo, bem como ao acesso à Justiça. No caso dos países de capitalismo dependente, como o Brasil, as preocupações voltam-se para a defesa dos direitos civis, políticos e socioeconômicos, bem como para o controle de conflitos de todas as espécies que dizem respeito à satisfação de necessidades básicas e de sobrevivência.[168]

Portanto, discorrer sobre autonomia privada coletiva significa partilhar da concepção de que o direito não emerge apenas do Estado, admitindo-se a existência de outros centros de produção normativa, quer na esfera supraestatal (organizações internacionais, como a OIT), quer na esfera infraestatal (grupos associativos, corpos intermediários, organizações comunitárias e movimentos sociais), dentre os quais se situam as organizações de trabalhadores e de empregadores.

Exemplo desse fenômeno é a negociação coletiva de consumo, regulada pela Lei n. 8.078/90, em seu art. 107, *in verbis*:

> *DA CONVENÇÃO COLETIVA DE CONSUMO. Art. 107. As entidades civis de consumidores e as associações de fornecedores ou sindicatos de categoria econômica podem regular, por convenção escrita, relações de consumo que tenham por objeto estabelecer condições relativas ao preço, à qualidade, à quantidade, à garantia e características de produtos e serviços, bem como à reclamação e composição do conflito de consumo.*

---

(167) NASCIMENTO, Amauri Mascaro. *Curso de direito do trabalho.* 17. ed. rev. e atual. São Paulo: Saraiva, 2001. p. 208.
(168) SILVA FILHO, José Carlos Moreira da. *Filosofia jurídica da alteridade:* por uma aproximação entre o pluralismo jurídico e a filosofia da libertação latino-americana. 1. ed. Curitiba: Juruá, 1999. p. 191.

Nesse sentido, segundo Antonio Carlos Wolkmer, a despeito da doutrina oficial que delimita as fontes clássicas do direito, a sociedade surge como sua fonte primária. Dentre os corpos intermediários privilegia-se, não só pela sua abrangência, mas também por suas características peculiares, em especial, a prática de transformar as suas demandas por satisfação de necessidades em afirmação por direitos.[169]

1.4. Autonomia privada coletiva e negociação coletiva

A origem da autonomia privada coletiva coincide com a das negociações coletivas, das quais é pressuposto básico, e é atribuída à fase na qual o Estado era omissivo diante da questão social, diante da sua política liberalista, com o que surgiu a espontânea necessidade de organização dos trabalhadores em torno dos sindicatos. Com a força da greve, os trabalhadores conseguiram levar seus empregadores a concessões periódicas, especialmente de natureza salarial, e a outros tipos de pretensões, hoje as mais generalizadas.[170]

Para Amauri Mascaro Nascimento, formou-se assim um direito do trabalho autônomo que, para alguns, é denominado direito profissional; para outros, como Gurvitch, direito social, na Itália contemporânea merecendo aceitação a teoria da autonomia coletiva dos particulares. Essa teoria é defendida pelos doutrinadores peninsulares, dentre os quais Giugni, em sua obra *Introduzione allo studio dell'autonomia colletiva* (1960); Giovani Tarello, no seu livro *Teorie e ideologie nel diritto sindicale*, Milano, 1972, e outros. O novo modelo de relações coletivas trabalhistas, que a teoria procura explicar, opõe-se ao intervencionismo estatal do período corporativista e considera a atividade dos sindicatos e as convenções coletivas segundo um prisma de direito privado, formando uma ordem jurídica não estatal, conforme o princípio do livre jogo de forças no conflito entre as organizações sindicais.[171]

Desse modo, vemos que se a autonomia individual nasceu sob o signo da liberdade, diante da omissão do Estado Liberal, nos desígnios da revolução francesa, na famosa tríade *laissez faire, laissez passer e laissez-aller*, sua

---

(169) WOLKMER, Antonio Carlos. *Pluralismo jurídico* — fundamentos de uma nova cultura no direito. São Paulo: Alfa-Ômega, 1994. p. 139-149. O autor chama a atenção para o significativo número de doutrinadores contemporâneos (GIERKE; EHRLICH; GURVITCH; SANTI ROMANO) que são unânimes em admitir que amplas parcelas dos "corpos intermediários", com baixo grau de institucionalização, são capazes de elaborar e aplicar suas próprias disposições normativas, dentre as quais: as corporações de classe, associações profissionais, conselhos de fábrica, sindicatos, cooperativas, agremiações esportivas e religiosas, fundações educacionais e culturais, etc.
(170) NASCIMENTO, Amauri Mascaro. *Curso de direito do trabalho*. 17. ed. rev. e atual. São Paulo: Saraiva, 2001. p. 205.
(171) *Idem*.

natureza jurídica era eminentemente privada. Não obstante, em determinado momento da evolução histórica, tivemos a prevalência do corporativismo, particularmente no socialismo, no Leste Europeu, na Itália, e mesmo no Brasil, após o Estado Novo de 1937 até o advento da Constituição Federal de 1988, quando o sindicato era mera extensão do Estado, ocupando uma posição delegada de poder público.

O direito do trabalho contemporâneo, dentre suas múltiplas fontes, tem na autonomia privada coletiva uma de suas mais notáveis fontes de criação de normas jurídicas, compatibilizando-se o direito coletivo do trabalho com a realidade empresarial, dentro de suas peculiaridades, que se materializa pela negociação coletiva.

Diferentemente da liberdade contratual individual, a autonomia privada coletiva é a organização da vontade do grupo como necessidade natural de convivência normativa social.[172] Nos regimes democráticos e pluralistas, com plena liberdade sindical, nos moldes da Convenção n. 87 da Organização Internacional do Trabalho (OIT), a autonomia coletiva é privada. Desde o advento da Constituição de 1988, a autonomia coletiva é privada no Brasil, pois o art. 8º, I, estatui que o Estado não pode interferir na organização sindical, muito embora ainda remanesçam instrumentos corporativistas, incompatíveis com um sistema de plena liberdade sindical.

Mozart Victor Russomano, ao enaltecer o instituto da negociação coletiva, afirma que "as convenções coletivas nasceram e atingiram o apogeu nas nações industrializadas, ou seja, na Europa ocidental e nos Estados Unidos da América do Norte. Ao contrário, na América Latina, na Ásia e na África — continentes, historicamente, de economia agrária e subdesenvolvida — o sistema de negociação coletiva não teve importância, a não ser a partir do momento em que começou a sua industrialização. O primeiro ponto que sublinhamos, portanto, é a estreita vinculação existente entre o desenvolvimento econômico nacional e o sistema de convenções coletivas. E, aqui, tomamos a expressão "desenvolvimento econômico nacional" em sentido estrito, que tem como pressuposto imperativo a industrialização do país. Sem que ocorra esse fenômeno, não existirá, em nenhuma nação, massa operária sindicalizada organizada e resistente, capaz de participar, com êxito, da negociação direta com os empresários".[173]

Continua esse professor declarando que

> o desenvolvimento econômico em sentido globalista tem ponto alto no desenvolvimento industrial dos Estados. Esse desenvolvimento

---

(172) NASCIMENTO, Amauri Mascaro. *Curso de direito do trabalho*. 17. ed. rev. e atual. São Paulo: Saraiva, 2001. p. 209.
(173) RUSSOMANO, Mozart Victor. *Princípios gerais de direito sindical*. 2. ed. Rio de Janeiro: Forense, 2002. p. 145.

industrial favorece o desenvolvimento do sindicalismo. O sindicalismo autêntico, forte, atuante, consciente de seu valor e de suas possibilidades, é a pedra angular da negociação coletiva. A consequência direta e inevitável, quando se instala em qualquer nação um sindicalismo de tais características, é o progressivo abandono das reivindicações junto ao Estado e a formação de amplo sistema de convenções coletivas, adotadas pelas próprias partes interessadas. A segunda consequência, derivada da primeira, é que a negociação coletiva, além de ser característica das sociedades industrializadas, constitui, também, traço marcante na economia das nações democráticas.[174]

A negociação coletiva é hoje considerada o melhor meio para a solução dos conflitos ou problemas que surgem entre o capital e o trabalho. Por meio dela trabalhadores e empresários estabelecem não apenas condições de trabalho e de remuneração, como também todas as demais relações entre si, mediante um procedimento dialético previamente definido, que se deve pautar pelo bom senso, boa-fé, razoabilidade e equilíbrio entre as partes diretamente interessadas.

Apesar de variar de país para país, em decorrência das peculiaridades, tradições e costumes próprios de cada cultura, a negociação coletiva apresenta uma característica virtualmente universal: trata-se de um processo negocial, com notável flexibilidade em seus métodos, cujos interesses transcendem os dos atores diretamente envolvidos — a que visam proteger e agregar direitos — fazendo com que seus efeitos se esterilizem na própria sociedade.

Alfredo J. Ruprecht declara que

> a negociação coletiva baseou-se sempre no princípio de contradição entre as partes intervenientes, mas, na atualidade, esse princípio deixou de ser intocável e outro começou a surgir. Referimo-nos ao princípio da cooperação. É verdade que sempre haverá luta entre os interesses patronais e os dos trabalhadores, mas não se deve esquecer que o funcionamento regular e constante da empresa dá segurança aos trabalhadores que continuam percebendo seus salários.[175]

No Brasil, a estrutura sindical foi moldada durante o Estado novo, durante o governo Getúlio Vargas, que propugnava estabelecer em nosso país, uma réplica do Estado corporativo inspirado no fascismo italiano de Mussolini. Muito embora a legislação contemplasse o instituto da negociação coletiva e disciplinasse a matéria de forma detalhada, sob o título de convenção coletiva,

---

(174) RUSSOMANO, Mozart Victor. *Princípios gerais de direito sindical*, cit., p. 145.
(175) RUPRECHT, Alfredo J. *Relações coletivas de trabalho*. São Paulo: LTr, 1995. p. 261-262.

o regime político prevalecente não ensejava a liberdade de atuação de que o sindicato necessitava. Dessa forma, na época, inexistiam condições políticas e econômicas que fomentassem a negociação coletiva.

Foi somente com o advento da Constituição de 1988, que a estrutura sindical brasileira foi radicalmente alterada: introduziram-se vários aspectos de democracia sindical, com razoável valorização da negociação coletiva, acompanhando um novo estágio de desenvolvimento econômico e industrial do país, mas ao mesmo tempo, paradoxalmente, foram mantidos certos ranços corporativistas que entravavam o pleno desenvolvimento da negociação coletiva, ou seja: o poder normativo da Justiça do Trabalho, a contribuição sindical obrigatória, a unicidade ou monopólio sindical e o regime de categorias.

Portanto, não é difícil concluir-se que, no Brasil, por suas condições peculiares, ainda nos dias de hoje, mais importante do que a negociação coletiva é a lei do Estado, pois esta, como norma de proteção ao trabalho, a um só tempo, supre a insuficiência do sindicalismo brasileiro e mantém as reivindicações operárias no limite das possibilidades nacionais.[176]

Nas nações industrializadas, que viveram intensamente as metamorfoses irreversíveis da indústria manufatureira e da tecnologia, as convenções coletivas de trabalho — outro nome dado ao processo de negociação coletiva — constituíram reivindicação operária, a que, após grandes hesitações, aderiram os empresários. Essa elaboração normativa por via convencional sofreu o impacto da oposição do Estado. Mas, apesar de tudo, suas notórias vantagens fizeram com que, indo além dessa barreira oficial, as convenções continuassem sendo celebradas. Criou-se o costume. E tudo isso, somado ao crescente poderio sindical e à presença dos grupos de trabalhadores nas decisões políticas, nacionais, compeliu o legislador a reconhecer a legitimidade da convenção coletiva.[177]

Mas, não devemos jamais confundir o criador e suas criaturas. Negociação coletiva de trabalho é o processo mediante o qual os seres coletivos de trabalhadores e de empregadores entabulam uma série de discussões, pelo menos 60 dias antes da data base, munidos de uma pauta de reivindicação devidamente autorizada pela assembleia geral dos trabalhadores, que são os titulares do direito material trabalhista, com a finalidade de estabelecer novas condições de trabalho e de remuneração. Se a negociação coletiva é o processo (e não simples procedimento diante de sua enorme complexidade negocial e jurídica), os instrumentos normativos que dela defluem, estes sim são as suas criaturas, no caso de ser frutífera ou bem sucedida, pois passarão a reger a vida das presentes e futuras gerações de trabalhadores da respectiva categoria profissional, pelo menos, enquanto estiver em vigor e em plena eficácia.

---

(176) RUSSOMANO, Mozart Victor. *Princípios gerais de direito sindical*. 2. ed. Rio de Janeiro: Forense, 2002. p. 148.
(177) *Idem*.

Vê-se, dessa forma, que a negociação coletiva nos países de capitalismo avançado, foi fruto de prática costumeira, e, como ensina Mozart Victor Russomano,

> prova disso está no regime vigente na Inglaterra, onde as convenções têm eficácia, não por força de normas cogentes que as reconheçam, nem por estarem insertas no sistema de *common law*, mas, apenas, porque constituem uma espécie de *gentlemen agreement*. E, apesar de não possuírem força obrigatória, tais convenções sempre foram fielmente cumpridas na prática da vida sindical.[178]

Analisando os países da América Latina, entre eles o Brasil, o fenômeno deu-se de maneira inversa.

A pressão para que o Estado e empregadores aceitassem e legitimassem o instituto da negociação coletiva não foi levado a efeito pelas organizações sindicais. De acordo com Russomano,

> os legisladores, percebendo a utilidade social e jurídica do novo instituto, através, sobretudo, da experiência europeia e norte-americana, trataram de adotá-la, nas suas leis e nos seus códigos, colocando, dessa forma, ao alcance dos trabalhadores, aquele poderoso instrumento de reivindicação. Se em sua grande maioria os sindicatos latino-americanos não usaram, durante muito tempo, esse instrumento, foi porque lhes faltava força para manejá-lo, isto é, a força que emana de um *background* sindical suficientemente forte para sustentar os líderes que, de pé sobre o terreno, desafiam o poder patronal. Nas nações industrializadas, em síntese, as convenções coletivas nasceram da prática popular e chegaram à lei, através do costume. Vieram dos fatos para os códigos. Por outras palavras, de baixo para cima. Nas nações subdesenvolvidas, inversamente, as convenções foram consagradas pelo legislador. Oferecidas pela lei aos sindicatos. O instituto, assim, veio dos códigos para os fatos. Ou seja: de cima para baixo.[179]

A negociação coletiva que, nos dias de hoje tem a mesma natureza jurídica, e supostamente deveria ter a mesma eficácia e legitimidade, tanto nos países de capitalismo avançado, como nos países em desenvolvimento, tem nestes últimos o estigma do esforço do legislador para oferecer às organizações sindicais um efetivo instrumento de proteção e de apoio à classe trabalhadora, para fazer valer seus direitos, ao passo que naqueles outros países, mantém

---

(178) RUSSOMANO, Mozart Victor. *Princípios gerais de direito sindical*, cit., p. 148.
(179) *Ibidem*, p. 149.

as marcas de um produto natural, derivado da evolução histórica e política, ditada pelo costume e pela tradição.

2. Conceito de negociação coletiva

Muito embora a nossa Constituição de 1988 reconheça o direito de negociação coletiva aos servidores públicos,[180] consoante os arts. 37, VI, e 7º, XXVI — direitos de sindicalização e greve, e reconhecimento das convenções e acordos coletivos de trabalho — com exceção dos servidores militares e dos servidores ou empregados públicos de alto nível, assim considerados aqueles cujas funções compõem o poder decisório do Estado, estaremos desenvolvendo essa temática, mais adiante, em capítulo próprio ao longo deste trabalho, por ela apresentar peculiaridades, inerentes á sua natureza e às limitações do serviço público, cujo tratamento é diferenciado em relação aos trabalhadores privados.

No âmbito internacional, o instituto da negociação coletiva está regulado pelas Convenções ns. 98 e 154 da Organização Internacional do Trabalho — OIT, ambas ratificadas pelo Brasil. Recentemente o Brasil também ratificou a Convenção n. 151 e a Recomendação n. 159 da OIT, que tratam das relações de trabalho na administração pública.

A Organização Internacional do Trabalho conceitua a negociação coletiva da seguinte forma:

> entende-se por negociação coletiva (ou expressões equivalentes) não só as discussões que culminam num contrato (convenção ou acordo)

---

(180) SILVA, Luiz de Pinho Pedreira da. A negociação coletiva do setor público. *In:* PRADO, Ney (coord.). *Direito sindical brasileiro:* estudos em homenagem ao prof. Arion Sayão Romita. São Paulo: LTr, 1998. p. 257-261. Aduz ainda esse autor: os empregados de empresas públicas e sociedades de economia mista e outras entidades que exploram atividades econômicas sujeitam-se ao § 1º do art. 173 da Constituição Federal de 1988, ao regime jurídico próprio das empresas privadas, inclusive quanto às obrigações trabalhistas e tributárias. Logo, aplica-se aos empregados dessas empresas o direito do trabalho e, consequentemente, ampara-os o art. 7º da Constituição que, entre outros direitos sociais, lhes garante o "reconhecimento das convenções e acordos coletivos de trabalho", inscrito no n. XXVI e, ainda, nos ns. III e XII. Têm, igualmente, direito à negociação coletiva os servidores civis admitidos por meio de contrato de trabalho para prestação de serviços as pessoas jurídicas de direito público ou a fundações instituídas pelo poder público, mas como de direito privado, porquanto se trata de "trabalhadores" a quem se refere e beneficia o citado art. 7º. Em Ação Direta de Inconstitucionalidade ajuizada pelo procurador geral da república perante o Supremo Tribunal Federal n. 492-1, do Distrito Federal, tendo como requerido o Congresso Nacional, arguindo a inconstitucionalidade de disposições da Lei n. 8.112, de 11 de dezembro de 1990, lei do regime jurídico único dos servidores públicos federais, inclusive a da alínea "d" do art. 250, da mesma lei que lhes assegurava o direito à negociação coletiva, com discrepância de um único voto, o do ministro Marco Aurélio, foi declarada a inconstitucionalidade da referida alínea "d" do art. 240, ou seja, que a negociação coletiva é incompatível com o regime estatutário, porque seu escopo básico é a alteração da remuneração, somente possível por lei.

coletivo conforme o define e regulamenta a lei, além disso, todas as formas de tratamento entre empregadores e trabalhadores ou entre seus respectivos representantes, sempre e quando suponham uma negociação no sentido corrente da palavra.[181]

Ainda de acordo com a Organização Internacional do Trabalho

> o direito de negociação coletiva é um prolongamento direto do direito sindical, uma vez que um dos objetivos mais importantes das organizações de empregadores e de trabalhadores é a definição de salários e de outras condições de emprego mediante contratos coletivos em lugar de contratos individuais de trabalho.[182]

A Convenção n. 98, de 1949, sobre o direito sindical e de negociação coletiva, estabelece esse direito no art. 4º, que dispõe o seguinte:

Medidas adequadas às condições nacionais deverão ser adotadas, quando necessário, para estimular e fomentar entre os empregadores e as organizações de empregadores, de uma parte, e as organizações de trabalhadores, de outra, o pleno desenvolvimento e uso de procedimentos de negociação voluntária, com o objetivo de regulamentar, por meio de contratos coletivos, as condições de emprego.[183]

Nos instrumentos da OIT, posteriormente adotados sobre o mesmo assunto, utilizam-se termos semelhantes. A Convenção n. 154 e a Recomendação n. 163, de 1981, sobre a negociação coletiva dispõem, por exemplo, que "as medidas adequadas às condições nacionais deverão ser adotadas para fomentar a negociação coletiva" (art. 5º da Convenção), e que essas medidas "não deverão ser concebidas ou aplicadas de modo a restringir a liberdade de negociação coletiva" (art. 8º da Convenção).[184]

O art. 4º da Convenção n. 98 põe em destaque dois fatores: incumbe aos governos o fomento da negociação coletiva e o procedimento de negociação entre as partes, que devem ser voluntários. Portanto, a principal obrigação é que os governos fomentem e estimulem a negociação coletiva, mas nem os governos nem as partes estão obrigados a concluir contratos coletivos. Nessas bases, têm-se formulado regras para uma série de questões referentes à negociação coletiva.[185]

---

(181) ORGANIZAÇÃO INTERNACIONAL DO TRABALHO (OIT). *La negociación colectiva en países industrializados con economía de mercado*. Genebra: OIT, 1974. p. 7.
(182) ORGANIZAÇÃO INTERNACIONAL DO TRABALHO (OIT). *A liberdade sindical*. Tradução de Edílson Alkmin Cunha. São Paulo: LTr, 1993. p. 95.
(183) *Idem*.
(184) *Idem*.
(185) *Idem*.

A Recomendação n. 163 da OIT declara que o direito de negociação deve ser amplo, assegurado a todas as organizações, em qualquer nível de empresa, estabelecimento, ramo de indústria, região ou até em nível nacional, coordenados esses níveis entre si. Assinala a conveniência da disponibilidade de informações facilitadas entre as partes, para que ambas possam negociar conhecendo a situação uma da outra, também pelo Estado, que dispõe de dados econômicos e sociais globais do país. O mesmo documento sugere que conste das convenções coletivas a previsão de mecanismos que serão adotados pelas partes para a solução das controvérsias que resultarem da sua aplicação, como a mediação e a arbitragem privada.[186]

O comitê de liberdade sindical da OIT tem sempre sustentado que o direito de negociação coletiva das organizações de empregadores e de trabalhadores, com referência às condições de trabalho, é um elemento essencial da liberdade sindical, e que os sindicatos deveriam ter o direito — mediante a negociação coletiva ou por outros meios lícitos — de melhorar as condições de vida e de trabalho daqueles que representam. Além disso, o comitê considera que as autoridades públicas deveriam abster-se de intervir de qualquer forma que possa cercear esse direito ou dificultar seu legítimo exercício: semelhante introdução violaria o princípio de que as organizações de trabalhadores e de empregadores devem ter o direito de organizar suas atividades e formular seu programa de ação com total liberdade. Ademais, o comitê atribui muita importância ao princípio de que tanto os empregadores como os sindicatos devem negociar de boa-fé e fazer esforços para chegarem a um acordo.[187]

Esse comitê da OIT considera não apenas que os sindicatos, mas também federações e confederações, devem ter legitimidade para negociar. Essa legitimação deve ser admitida nos casos de entidades sindicais registradas e não registradas.[188]

São poucos os princípios estabelecidos pelo comitê sobre o procedimento das negociações. O principal ocupa-se do caráter voluntário de que deve revestir-se. Surge então o Informe n. 614, cujo teor é o seguinte: "Nenhuma disposição do art. 4º da Convenção n. 98, obriga um governo a impor, coercitivamente, um sistema de negociações coletivas a uma organização determinada, intervenção governamental que, claramente, alternaria o caráter de tais condições". No mesmo sentido, da espontaneidade do procedimento, é o informe n. 615: "quando um governo, em virtude de sua legislação, reconhece o direito

---

(186) NASCIMENTO, Amauri Mascaro. O debate sobre negociação coletiva. *Revista LTr*, São Paulo, v. 64, n. 9, p. 1115, set. 2000.
(187) ORGANIZAÇÃO INTERNACIONAL DO TRABALHO (OIT). *A liberdade sindical*. Tradução de Edílson Alkmin Cunha. São Paulo: LTr, 1993. p. 96.
(188) NASCIMENTO, Amauri Mascaro. *Op. cit.*, p. 1115.

dos sindicatos de regulamentar as relações de trabalho, não está obrigado a fazer obrigatórias as negociações coletivas".[189]

A Convenção n. 98 da OIT, especialmente seu art. 4º, relativo ao estímulo e fomento da negociação coletiva, aplica-se tanto no setor privado como nas empresas nacionalizadas e nos órgãos públicos; só os funcionários públicos podem ser excluídos de sua aplicação.[190]

Para Sergio Pinto Martins, a negociação coletiva é uma forma de ajuste de interesses entre as partes, que acertam os diferentes entendimentos existentes, visando encontrar uma solução capaz de compor suas posições. Envolve a negociação coletiva um processo que objetiva a realização da convenção ou do acordo coletivo de trabalho. Qualifica-se, assim, pelo resultado. As partes acabam conciliando seus interesses, a fim de resolver o conflito.[191]

Pedro Paulo Teixeira Manus, por sua vez, destaca que "a negociação coletiva destina-se à celebração do instrumento normativo que irá regular os contratos de trabalho de todos os trabalhadores e empregadores submetidos aos limites da representação das partes convenentes ou acordantes".[192]

José Augusto Rodrigues Pinto conceitua negociação coletiva como

> o complexo de entendimentos entre representantes de categorias de trabalhadores e empresas, ou suas representações, para estabelecer condições gerais de trabalho destinadas a regular as relações individuais entre seus integrantes ou solucionar questões que estejam perturbando a execução normal dos contratos.[193]

Consoante João de Lima Teixeira Filho

> a negociação coletiva de trabalho pode ser singelamente definida como o processo democrático de autocomposição de interesses pelos próprios atores sociais, objetivando a fixação de condições de trabalho aplicáveis a uma coletividade de empregados de determinada empresa ou de toda uma categoria econômica e a regulação entre as entidades estipulantes.[194]

---

(189) NASCIMENTO, Amauri Mascaro. *Op. cit.*, p. 1115-1116.
(190) ORGANIZAÇÃO INTERNACIONAL DO TRABALHO (OIT). *A liberdade sindical*. Tradução de Edílson Alkmin Cunha. São Paulo: LTr, 1993. p. 97.
(191) MARTINS, Sergio Pinto. *O pluralismo no direito do trabalho*. São Paulo: Atlas, 2001. p. 127.
(192) MANUS, Pedro Paulo Teixeira. *Negociação coletiva e contrato individual de trabalho*. São Paulo: Atlas, 2001. p. 109.
(193) PINTO, José Augusto Rodrigues. *Direito sindical e coletivo do trabalho*. São Paulo: LTr, 1998. p. 168.
(194) TEIXEIRA FILHO, João de Lima *et al. Instituições de direito do trabalho*. 16. ed. São Paulo: LTr, 1996, v. 2, p. 1131.

Alfred J. Ruprecht entende que

> a negociação coletiva é a que se celebra entre empregadores e trabalhadores ou seus respectivos representantes, de forma individual ou coletiva, com ou sem a intervenção do Estado, para procurar definir condições de trabalho ou regulamentar as relações laborais entre as partes.[195]

Entendem Octavio Bueno Magano e Estêvão Mallet que

> negociação coletiva é o processo tendente à superação do conflito coletivo. Dela devem necessariamente participar os sindicatos dos trabalhadores e dos empregadores (*Constituição*, art. 8º, VI) salvo quando as negociações estiverem voltadas à celebração de acordo coletivo, que, por definição, prescinde da participação do sindicato patronal.[196]

Constitui pressuposto essencial à negociação coletiva a participação insubstituível e mediadora dos corpos intermediários baseada no princípio da subsidiariedade. Segundo esse princípio, o Estado tem apenas função supletiva, só devendo centralizar ou desempenhar aqueles papéis que não possam ser assumidos diretamente pelos cidadãos ou pelos corpos sociais intermédios: os sindicatos, as empresas ou outras instituições que se interpõem entre os cidadãos e o Estado.[197]

A visão triangular do Direito Coletivo do Trabalho proposta por *Mário de La Cueva*[198] elucida bem a importância do direito à negociação coletiva:

> a doutrina poderia ser representada graficamente como um triângulo equilátero, cujos ângulos, todos idênticos em graduação, seriam o sindicato, a negociação e a contratação coletiva e a greve, de tal maneira que nenhuma das três figuras da trilogia poderia faltar porque desapareceria o triângulo. Donde resulta falsa e enganosa a afirmação de que a associação profissional é possível na ausência do direito à negociação e contratação coletivas ou da greve, pois se o Direito do Trabalho assegura a vida dos sindicatos é para que lutem pela realização de seus fins.

---

(195) RUPRECHT, Alfredo J. *Relações coletivas de trabalho*. Tradução de Edílson Alkmin Cunha. São Paulo: LTr, 1995. p. 265.

(196) MAGANO, Octavio Bueno; MALLET, Estêvão. *O direito do trabalho na constituição*. Rio de Janeiro: Forense, 1993. p. 294.

(197) VIANNA, Segadas; TEIXEIRA FILHO, João de Lima. Negociação coletiva de trabalho. In: SÜSSEKIND, Arnaldo; MARANHÃO, Délio; VIANNA, Segadas; TEIXEIRA FILHO, João de Lima. *Instituições de direito do trabalho*. 13. ed. São Paulo: LTr, 1993. p. 1042.

(198) CUEVA, Mário de La. El trabajador público y los convenios colectivos. *Revista Derecho Laboral*, Montevidéo, n. 143, p. 423, jul./sep. 1986.

Para Mozart Victor Russomano

> através das obrigações contratuais e, sobretudo, das criações normativas que resultam da convenção coletiva, os sindicatos exercem sua mais alta e nobre função. A negociação coletiva assegura a unidade e a força das categorias interessadas e chega à obtenção de melhores, justas e equilibradas condições de trabalho. Através dessas relações coletivas — e daí sua importância admirável — o direito do Trabalho não apenas assegura, fortemente, o cumprimento das leis, como, igualmente, as suplementa, indo além delas, pois estas nada mais são do que o limite inferior das garantias devidas ao trabalhador.[199]

Prossegue este doutrinador asseverando, no que estamos concordes, que

> ao mesmo tempo, porém, que se processa o fenômeno de crescente restrição da autonomia da vontade no que concerne aos contratos individuais, abre-se, através da negociação coletiva, larga janela ao Direito do Trabalho. À medida que vai minguando a área da contratação livre entre trabalhadores e empresários, considerados individualmente, aumentam a importância e a intensidade dos convênios coletivos de trabalho. O direito coletivo de trabalho visto desse ângulo, representa visível renascimento da livre contratação trabalhista. As leis, é claro, não podem ser atingidas pela negociação coletiva. Mas, essas leis traçam o limite inferior dos direitos trabalhistas. E se o trabalhador, individualmente, de modo geral, não tem meio para obter melhores condições de trabalho além daqueles que o legislador lhe concede, poderá consegui-las através da pressão de sua entidade sindical.[200]

Vista sob esse foco, a negociação coletiva, além de aumentar o espectro da contratação trabalhista, amplia as possibilidades de obtenção de melhores condições de trabalho e de remuneração para a classe trabalhadora.

Amauri Mascaro Nascimento destaca que

> a negociação coletiva é, como procedimento, mais simplificada do que a lei. Menores são os seus trâmites, comparados com os da legislação, e as suas formalidades, reduzidas, em alguns países, simplesmente, àquelas que os próprios interlocutores sociais estabelecem. Além de mais simples, é mais rápida. A elaboração da lei pode demorar, passa por debates entre partidos políticos, comissões e mais

---

(199) RUSSOMANO, Mozart Victor. *Princípios gerais de direito sindical*. 2. ed. Rio de Janeiro: Forense, 2002. p. 46.
(200) *Ibidem*, p. 51.

de uma casa do Legislativo, uma série de obstáculos nem sempre facilmente transponíveis. A negociação tem maior possibilidade de atender as peculiaridades de cada setor econômico e profissional ou cada empresa para a qual é instituída. A legislação é geral, uniforme, para toda a sociedade. A negociação é específica, para segmentos menores. Permite a autorregulamentação de detalhes que a lei, norma de ordem geral, para toda a sociedade, não pode nem deve reger.[201]

De acordo com Carlos Alberto Etala

a negociação se apresenta como um processo desenvolvido entre as partes — a parte empresarial e a parte obreira — que invocam e defendem interesses distintos, no curso do qual ambas se comunicam e interatuam influenciando-se reciprocamente e como resultado desse desenvolvimento normalmente se logra a elaboração de um produto mutuamente aceito — o convênio coletivo de trabalho — destinado a regular — com eficácia normativa — as condições de trabalho da atividade, profissão, ofício ou categoria de que se trate e eventualmente acordem matérias que atendam às relações entre as associações pactuantes.[202]

Margaret C. Jasper ao conceituar a negociação coletiva, no direito do trabalho norte-americano, ensina que

o seu propósito é promover a paz industrial. A exigência de negociar de boa-fé tem sido interpretada como significando que as partes são obrigadas a se reunir e discutir os termos, mas elas não são compelidas a chegar a um acordo. Na realidade, a negociação coletiva envolve uma luta de poder entre os trabalhadores e a empresa. Armas econômicas são utilizadas antes, durante e após o processo de negociação por ambas as partes para tentar forçar o outro lado a ceder às suas demandas. Ambos os lados devem considerar cuidadosamente suas opções. O sindicato deve considerar se pode dar ao luxo de conduzir seus associados para a greve e submetê-los a um possível locaute. Por outro lado, o empregador deve considerar se pode dar-se ao luxo de uma greve ou locaute.[203]

Prossegue essa autora informando que, na negociação coletiva,

é reconhecido que às partes devem ser dadas grande latitude durante as negociações, sem a interferência do Estado em matérias

---
(201) NASCIMENTO, Amauri Mascaro. *Compêndio de direito sindical*. 2. ed. São Paulo: LTr, 2000. p. 270.
(202) ETALA, Carlos Alberto. *Derecho colectivo del trabajo*. Buenos Aires: Astrea, 2001. p. 271.
(203) JASPER, Margaret C. *Labor law*. New York: Oceana, 1998. p. 19.

substantivas. Não é o papel do Estado regular as armas usadas como parte deste sistema de negociação. Se assim o fosse, o Estado seria capaz de influenciar nos termos substantivos do acordo. Por exemplo, a pressão econômica não é inconsistente com a negociação de boa-fé. Existe um equilíbrio de poder, e não é responsabilidade do Estado equilibrar esse poder. Se uma arma econômica é retirada de um sindicato, o empregador fica mais poderoso, e vice-versa.[204]

Neste aspecto, a negociação coletiva objetiva estabelecer salários, jornada de trabalho, benefícios e condições de emprego, o tipo de trabalho que a unidade negociadora desenvolve e os procedimentos de queixa ou de reivindicação (*grievance procedures*). Assim, um acordo estabelecido por meio da negociação coletiva garante estabilidade de trabalho. Um empregado não pode ser dispensado sem justa causa. Isso contrasta com a doutrina do *at will employment*, por meio da qual o empregado pode ser dispensado por qualquer motivo, exceto aqueles proibidos pela lei, tal como discriminação.[205]

Um acordo por meio da negociação coletiva oferece maior proteção ao empregado porque existem métodos informais de resolução de conflitos disponíveis sem ser necessário levar o assunto diretamente para a justiça. O sindicato, como representante dos empregados, está sob a obrigação de representar os direitos dos empregados. Isto é conhecido como o dever de justa representação (*fair representation*). Se um sindicato quebra essa obrigação, uma ação pode ser impetrada pelo empregado contra essa entidade.[206]

Para Betty W. Justice

> a negociação coletiva (*collective bargaining*) é o processo pelo qual os trabalhadores participam na produção das decisões que afetam suas vidas no trabalho. Através da negociação coletiva, trabalhadores, representados pelo seu sindicato, são capazes de impor restrições à autoridade largamente irrestrita dos empregadores ao produzir decisões envolvendo suas condições de trabalho. O coração da negociação coletiva repousa no fato de que os empregadores devem compartilhar alguns de seus previamente e exclusivos poderes de tomadas de decisão e participar com os empregados na determinação conjunta de salários, jornadas de trabalho e outras condições de emprego.[207]

Gérard Lyon-Caen, ao discorrer sobre o tema na França, destaca que

---

(204) JASPER, Margaret C. *Labor law*. New York: Oceana, 1998. p. 19.
(205) *Ibidem*, p. 20.
(206) *Idem*.
(207) JUSTICE, Betty W. *Unions, workers and the law*. Washington: The Bureau of National Affairs, p. 69.

a negociação coletiva implica um equilíbrio de poderes, que a autoridade estatal deve favorecer. Do contrário, negociação não passará de uma palavra-álibi. Às vezes de modo excessivo — negociação coletiva é oposta a legislação. A negociação coletiva seria a elaboração de normas por outras pessoas que não o poder público — exatamente as pessoas por elas atingidas: os empregadores e os empregados. Assim se difunde a ideia muito simplificadora de autonomia; na realidade, essa autonomia só existe em virtude do consentimento do Estado, por delegação.[208]

O autor francês prossegue afirmando que

> o direito do trabalho moderno só nasce quando a lei favorece a negociação coletiva, quando a torna pelo menos possível, ao levar em consideração o peso dos dois poderes que se defrontam. O exemplo é a lei Wagner de 1935, lei que favorece a negociação. (...) Por outro lado, os próprios princípios do liberalismo econômico preconizam — a exemplo da organização e da proteção dos consumidores — a organização e a proteção daqueles que negociam os salários, se quiser que a negociação coletiva não dissimule a prepotência patronal ou o abuso da posição dominante. É impossível desenvolver a negociação coletiva sem desenvolver o sindicalismo. O poder de negociar deve ser reservado às organizações sindicais representativas, mas com a condição de que esta afirmativa seja bem entendida.[209]

Jean-Claude Javillier entende que a

> negociação coletiva é um dos elementos centrais da dinâmica do direito do trabalho. Empregadores e trabalhadores, representados pelos seus sindicatos, elaboram normas destinadas a reger suas relações. A convenção coletiva de trabalho é um instrumento jurídico muito antigo. No início do século XX, a negociação coletiva se desenvolveu consideravelmente não somente no direito do trabalho, mas também irradiou outros campos do direito (direito da Previdência Social, direito dos seguros, direito do consumo, direito da habitação, etc.). A técnica da convenção coletiva parece como única apta a tratar de questões para as quais uma relação direta e individual

---

(208) LYON-CAEN, Gerard. Tentativa de definição de negociação coletiva. *In:* GONÇALVES, Nair Lemos; ROMITA, Arion Sayão (orgs.). *Curso de direito do trabalho:* homenagem a Evaristo de Moraes Filho. São Paulo: LTr, 1998. p. 151.
(209) *Ibidem,* p. 152 e 156.

entre contratantes parece pouco pertinente. Pelo menos para que sejam realmente considerados os interesses de uma das partes (o assalariado, o consumidor, o locatário, etc.).[210]

Outros doutrinadores entendem que a prática da negociação coletiva deveria ser obrigatória, como forma preventiva de resolução dos conflitos trabalhistas.

Entre eles encontramos Marie-Armelle Souriac, que defende seu ponto de vista da seguinte forma:

> em definitivo, o exercício do direito de greve não faz nascer, por si só, a obrigação de negociar, aquilo que jovens autores lamentam, desejando uma reforma legislativa sobre esse ponto. Não é menos verdade que uma certa prevenção do conflito faz parte dos objetivos perseguidos com a instauração da obrigação anual de negociar. A negociação coletiva regular, institucionalizada, dessa forma encorajada, pode evitar a ocorrência de certos conflitos, que não teriam outro objetivo a não ser fazer que as partes se sentem à mesa de negociação.[211]

Hugo Gueiros Bernardes defende com veemência a plena adoção do sistema de negociação coletiva no Brasil, ao enfatizar que

> é necessária nova mentalidade a respeito de negociação: o dever de negociar precisa ser fortalecido, a partir das próprias sentenças normativas, que não podem deixar de definir a esfera de sua atuação e a da negociação coletiva, dando evidente prevalência à negociação coletiva. (...) No sistema intervencionista brasileiro, há um estreito gargalo (lei e poder normativo) a impedir a vazão das insatisfações sociais e a aumentar a pressão dos interesses insatisfeitos. Não podemos continuar assim: a negociação coletiva, sobre a qual muito temos que aprender é o escoadouro que está faltando para a administração dos conflitos trabalhistas.[212]

Edward Amadeo nos informa que

> o prestígio à negociação coletiva vem se demonstrando em diversas medidas do Ministério do Trabalho. O tom das propostas tem sido a criação de modalidades contratuais, de modo a ampliar o espectro

---

(210) JAVILLIER, Jean-Claude. *Manual de direito do trabalho*. São Paulo: LTr, 1988. p. 233.
(211) SOURIAC, Marie-Armelle. Conflits du travail et négociation collective, quelques aspects. *Droit Social*, n. 7-8, p. 707, juil./aoû. 2001.
(212) BERNARDES, Hugo Gueiros. O desenvolvimento da negociação coletiva no Brasil. *Revista LTr*, São Paulo, v. 54, n. 12, p. 1445, dez. 1990.

de barganha, sempre sob o guarda-chuva da negociação coletiva. O objetivo é facilitar o acordo e a formação de compromissos, esperando-se com isso que as relações entre capital e trabalho tornem-se mais estáveis e sólidas.[213]

Desses conceitos de doutrinadores pátrios e estrangeiros inferimos que a negociação coletiva constitui um sistema fundamental para a solução dos conflitos trabalhistas, em uma sociedade democrática. É necessário, porém, um poder de negociação suficientemente forte para promover o equilíbrio dos poderes: o patronal e o dos sindicatos, sem o que a balança da justiça acabará pendendo para o lado mais forte. Para que isto não ocorra é imperativa a existência de um sindicato forte, independente e representativo para engendrar uma negociação eficaz.

Podemos assim, conceituar negociação coletiva como o processo dialético por meio do qual os trabalhadores e as empresas, ou seus representantes, debatem uma agenda de direitos e obrigações, de forma democrática e transparente, envolvendo as matérias pertinentes à relação trabalho — capital, na busca de um acordo que possibilite o alcance de uma convivência pacífica, em que impere o equilíbrio, a boa-fé e a solidariedade humana.

A negociação coletiva para ser autêntica e legítima, pressupõe a igualdade — quebra-se a antiga desigualdade das partes e a relação de poder e de dominação que prevalece no contrato individual de trabalho — para dar lugar a um novo tipo de dinâmica negocial entre dois sujeitos coletivos: o sindicato, representativo dos interesses de seus associados e o sindicato dos empregadores ou a empresa.

A inovação que a negociação coletiva apresenta como forma de solução de conflitos trabalhistas é por meio da coletivização dos trabalhadores, proporcionando a equalização de poder das partes contratantes e uma espécie de reequilíbrio de forças, que se manifesta nos instrumentos normativos que dela defluem.

A pedra angular da negociação coletiva reside na junção de forças dos trabalhadores, objetivando uma meta em comum para o grupo. O trabalhador isolado é praticamente impotente em face da força, do poder político e econômico do empresário. O valor em jogo deve ser o coletivo, que envolve direitos transindividuais, direitos indivisíveis e pessoas indeterminadas.

Nesse aspecto a negociação coletiva de trabalho assemelha-se aos demais direitos difusos de nosso ordenamento jurídico, como por exemplo, o Código do Consumidor, que se abeberou em vários institutos do Direito Coletivo do Trabalho.

---

(213) AMADEO, Edward. *Sob o guarda-chuva da negociação coletiva*. Disponível em: <http://BuscaLegis.ccj.ufsc.br>, p. 1-2.

Podemos chamar de direitos transindividuais, apoiando-nos na definição de Rodolfo Camargo Mancuso, que assim os qualifica, os interesses que ultrapassam a esfera de atuação dos indivíduos isoladamente considerados, para surpreendê-los em sua dimensão coletiva.[214]

São eles direitos de natureza indivisível, a saber, uma espécie de comunhão, tipificada pelo fato de que a satisfação de um só dos membros da associação de trabalhadores implica, por força, a satisfação de todos os membros, assim como a lesão de um só membro constitui, *ipso facto*, lesão da inteira coletividade.[215]

Da mesma forma, são titulares dos direitos, pessoas indeterminadas ligadas por circunstâncias de fato, ou seja, o direito de apenas um indivíduo abrange, na verdade, toda uma categoria de indivíduos unificados por possuírem um denominador fático qualquer em comum.[216]

Os interesses coletivos dizem respeito ao homem socialmente vinculado, e não ao homem isoladamente considerado. Existe aqui um vínculo jurídico básico, que une os indivíduos pertencentes ao grupo. É o que ocorre nas relações de parentesco, no grupo familiar, na qualidade de integrante de determinada categoria profissional, com a qualidade de membro da corporação funcional profissional, etc.[217]

Elucidativo a respeito da coletivização é o pensamento de Mauro Cappelletti:

> o consumidor isolado, sozinho, não age; se o faz, é um herói; no entanto, se é legitimado a agir não meramente para si, mas pelo grupo inteiro do qual é membro, tal herói será subtraído ao ridículo destino de Dom Quixote, em vã e patética luta contra o moinho de vento. Os heróis de hoje não são mais, pois sim, os cavaleiros errantes da Idade Média, prontos a lutar sozinhos contra o prepotente em favor do fraco e inocente; mas são, mais ainda, os Ralph Nader, são os Martin Luther King, são aqueles, isto sim, que sabem organizar seus planos de luta em grupo em defesa dos interesses difusos, coleti-

---

(214) MANCUSO, Rodolfo Camargo. *Comentários ao código de proteção do consumidor*. São Paulo: Saraiva, 1991. p. 275.
(215) FIORILLO, Celso Antonio Pacheco. *Os sindicatos e a defesa dos interesses difusos no direito processual civil brasileiro*. São Paulo: Revista dos Tribunais, 1995. p. 93.
(216) *Idem*.
(217) BASTOS, Celso. *Curso de direito constitucional*. 20. ed. atual. São Paulo: Saraiva, 1999. p. 252. Informa ainda o autor: "no caso dos interesses difusos, não se nota qualquer vínculo jurídico congregador dos titulares de tais interesses, que basicamente se baseiam numa identidade de situações de fato. Quando nos referimos aos interesses difusos dos usuários de automóveis, por exemplo, abarcamos uma indefinida massa de indivíduos esparsos por todo o país, sem qualquer característica homogênea, mas que praticaram em comum, a compra e venda de um veículo. Assim, caracterizam-se pela natureza extensiva, disseminada ou difusa".

vos, metaindividuais, tornando a submeter as tradicionais estruturas individualísticas de tutela — entre as quais aquelas judiciais — às necessidades novas, típicas da moderna sociedade de massa.[218]

Assim, emerge a importância do instituto da negociação coletiva. Acreditamos que as necessidades da sociedade moderna estão a demandar novas combinações de força, de pesos e contrapesos, de poderes e de controles, e que a formação de novas sociedades intermediárias estão em curso, entre elas, as organizações de trabalhadores — com legitimidade, em um ambiente de pluralidade jurídica, para agir não somente para seus próprios e diretos interesses, mas, também, pelos interesses coletivos do grupo ou da categoria ideologicamente representada.

3. Natureza jurídica da negociação coletiva

Analisar a natureza jurídica da negociação coletiva nada mais é do que determinar de onde ela provém, ou seja, a sua razão de ser, a sua própria essência ou substância ou, ainda, sua compleição que dela não se separa sem que a modifique ou a mostre diferente ou sem os atributos que são de seu caráter. A rigor, todos esses adjetivos estão ligados ao princípio criador ou a inteligência diretora deste instituto.[219]

Natureza jurídica de um instituto, portanto, nada mais é que as suas características imanentes, intrínsecas, peculiares, bem como o seu enquadramento em um dos dois grandes ramos do direito, o público ou o privado.

De acordo com Amauri Mascaro Nascimento, a natureza jurídica das convenções coletivas depende do contexto jurídico-político em que estão inseridas. O corporativo estatal publicizou os sindicatos e o interesse coletivo, fazendo, das convenções coletivas, regulamentos *erga omnes* de eficácia normativa; o liberalismo privatizou os sindicatos e as categorias, fazendo das convenções coletivas contratos de direito comum, aplicáveis aos sócios das associações estipulantes ou, em outra versão, acordos de cavalheiros (*gentlemen agreements*, na Inglaterra) sem natureza normativa ou eficácia jurídica.[220]

Para ele, independentemente da natureza contratual ou regulamentar, a convenção coletiva é uma norma, desde que se dissocie o conceito de norma do conceito de lei ou ato estatal, pois na teoria jurídica moderna, norma não é, unicamente, um ato estatal. Há normas privadas. O contrato é, também,

---

(218) CAPPELLETTI, Mauro. Formações sociais e interesses coletivos diante da justiça civil. *Revista de Processo*, São Paulo, ano 2, n. 5, p. 137-139, 1977.
(219) SILVA, De Plácido e. *Vocabulário jurídico*. 3. ed. Rio de Janeiro: Forense, 1993. v. lll e IV, p. 230-231.
(220) NASCIMENTO, Amauri Mascaro. *Compêndio de direito sindical*. 2. ed. São Paulo: LTr, 2000. p. 279.

norma. Norma individualizada, como ensina Kelsen. De outro lado, o pluralismo jurídico demonstra que há produção do direito positivo não estatal, do qual as convenções coletivas são uma forma.[221]

Para Gérard Lyon-Caen e Jean Pélissier

> foi uma regra no primeiro quarto do século XX se opor duas concepções para explicar a natureza jurídica da negociação coletiva, cada qual com seus defensores: uma defendia sua natureza contratual, ao criar obrigações entre as partes, e outra defendia a natureza de um regulamento de trabalho (*réglement de travail*), de onde emanavam normas que eram impostas aos sujeitos que a ele se submetiam.[222]

Antônio Álvares da Silva afirma que "do mesmo modo que o contrato de trabalho já tivera justificativa por um contrato de direito civil, também a convenção coletiva haveria de explicar-se contratualmente".[223]

Na mesma linha de raciocínio, Márcia Flávia Santini Picarelli declara que

> não há dúvida que a convenção coletiva é um contrato, e, como tal, regido pelas regras do direito civil, isto é, concebido como fonte de normas objetivas emanadas de particulares, o que a identifica como um ato de direito privado. O fundamento de sua existência é a assimilação da autonomia privada, que, em seu caso, é sob a forma coletiva, por serem as partes os sindicatos ou grupos profissionais — autonomia privada coletiva.[224]

Indalécio Gomes Neto ao escrever sobre o tema ponderou que

> não se pode negar a face contratualista da negociação coletiva, pois é um ajuste intersindical, pelo qual os pactuantes também assumem obrigações, como por exemplo, a de não deflagrar greve na vigência da convenção. Todavia, sua natureza jurídica não se esgota no âmbito contratual, pois na convenção coletiva são ajustadas normas para

---

(221) NASCIMENTO, Amauri Mascaro. *Compêndio de direito sindical*. 2. ed. São Paulo: LTr, 2000. p. 279.
(222) LYON-CAEN, Gérard; PÉLISSIER, Jean. *Droit du travail*. 16. ed. Paris: Précis Dalloz, 1992. p. 716.
(223) SILVA, Antônio Álvares da. *Direito coletivo do trabalho*. 1. ed. Rio de Janeiro: Forense, 1979. p. 181.
(224) PICARELLI, Márcia Flávia Santini. *A convenção coletiva de trabalho*. São Paulo: LTr, 1986. p. 69. Para esta autora: "o fato do Estado ter concebido tal instituto como fonte formal de Direito, por razões de conveniência política, não lhe concede a feição de instituição de direito público. As relações jurídicas da convenção coletiva, estabelecidas entre as partes convenentes, são relações coordenadas, ou seja, as partes acham-se no mesmo plano de igualdade jurídica. Enquanto o grande passo dado pelas teorias civilistas foi o de ter concebido o contrato como fonte de normas objetivas, o mesmo pelas teorias publicistas foi o de ter concebido a pluralidade de ordenamentos. A convenção coletiva acha-se, como exemplo, no delta onde deságuam ambas as doutrinas".

reger as atuais e futuras relações individuais do trabalho no âmbito da categoria representada.[225]

Para Arnaldo Süssekind, os instrumentos da negociação coletiva contêm, sem dúvida, cláusulas que configuram sua *normatividade abstrata*, ao lado de outras de índole contratual, que estipulam *obrigações concretas* para as partes. As cláusulas normativas constituem o principal objetivo da negociação coletiva e o núcleo essencial do diploma que a formaliza. Correspondem a fontes formais do direito, incorporando-se aos contratos individuais dos trabalhadores que, durante sua vigência, forem empregados da empresa à qual se aplicar a convenção ou acordo coletivo.[226]

Na lição de Krotoschin, numa convenção coletiva de trabalho,

> os dois aspectos — o normativo e o obrigacional — sempre se encontram unidos, pois não se concebe uma convenção coletiva desse tipo na qual as associações pactuantes não assumam, pelo menos, a obrigação recíproca de executá-la fielmente. Isso está de acordo com a segunda função sociológica da convenção, que consiste em assegurar o estado de paz.[227]

No entendimento de Gino Giugni

> as organizações sindicais — como os partidos políticos — encontravam-se na condição jurídica de associações não reconhecidas, sujeitas unicamente à disciplina extremamente reduzida prevista pelo Código Civil italiano (arts. 36 e seguintes) para este tipo de associação. Quanto aos contratos coletivos que as associações de trabalhadores e de empresários recomeçaram a estipular bem depressa, tratavam-se de atos jurídicos de expressão do poder de autorregulamentação de interesses de sujeitos de Direito Privado: a autonomia reassumia, também, conotações privatistas (...). Hoje, então, com exceção do emprego público que constitui realidade muito diferente, o contrato coletivo chamado de direito comum é o que regula relações individuais de trabalho e relações intersindicais na medida qualitativa e quantitativamente dominante. A natureza jurídica "privatista" deste contrato coletivo é pacífica na jurisprudência e é sustentada pela maior parte dos estudiosos, mesmo que não

---

(225) GOMES NETO, Indalécio. Modalidades da negociação coletiva. *Revista Gênesis,* Curitiba, n. 35, p. 566, 1995.
(226) SÜSSEKIND, Arnaldo. *Direito constitucional do trabalho.* Rio de Janeiro: Renovar, 1999. p. 412.
(227) KROTOSCHIN, Ernesto. *Instituciones del derecho del trabajo.* Buenos Aires: Depalma, 1947. v. I, p. 183.

tenham faltado tentativas de reconstruir a instituição como fonte heterônoma de direito objetivo.⁽²²⁸⁾

Diferentemente, hoje no Brasil, as organizações sindicais são consideradas pessoas jurídicas de direito privado, devidamente reconhecidas pelo Estado, na forma de associações. Assim dispõe o art. 45 do Código Civil Brasileiro:

"Art. 44. São pessoas jurídicas de direito privado: I — as associações."

Orlando Gomes também nos adverte, ao discorrer sobre a negociação coletiva e seu entrelaçamento com o princípio da autonomia da vontade, que esta última

> particulariza-se no direito contratual na liberdade de contratar. Significa o poder dos indivíduos de suscitar, mediante declaração de vontade, efeitos reconhecidos e tutelados pela ordem jurídica. No exercício desse poder, toda pessoa capaz tem aptidão para provocar o nascimento de um direito, ou para obrigar-se.⁽²²⁹⁾

No livre exercício da negociação coletiva, as organizações de trabalhadores e de empresários poderão criar normas jurídicas trabalhistas, que serão inseridas nos contratos individuais de trabalho da categoria. Este tipo de autonomia coletiva manifesta-se por meio dos contratos coletivos, acordos e convenções coletivas, que uma vez legitimados passam a ter efeito *erga omnes*, dentro do princípio do *pacta sund servanda*.

A autonomia privada coletiva tem por finalidade captar o interesse do grupo e não dos associados, singularmente considerados. Há prevalência do coletivo sobre o individual. O interesse é do grupo profissional. Esse interesse fica situado numa linha intermediária entre o interesse coletivo (representado pelo Estado) e o dos indivíduos,⁽²³⁰⁾ sendo que o titular da autonomia é o sindicato ou o grupo.

De acordo com Luigi Ferri, a autonomia privada deve corresponder a uma função social, enquanto a atividade negocial deve perseguir finalidades socialmente apreciáveis.⁽²³¹⁾

Na autonomia privada coletiva, o sindicato não vai criar direito estatal, mas normas jurídicas decorrentes de sua autonomia, que dirão respeito, por exemplo, às condições de trabalho aplicáveis à categoria de empregados e

---

(228) GIUGNI, Gino; CURZIO, Pietro; GIOVANNI, Mario. *Direito sindical*. Tradução de Eiko Lúcia Itioka. São Paulo: LTr, 1991. p. 112.
(229) GOMES, Orlando. *Contratos*. 12. ed. Rio de Janeiro: Forense, 1991. p. 25.
(230) PALERMO, Antonio. *Interessi collettivi e diritto sindacali. Il diritto del lavoro*. Roma: Diritto del Lavoro, 1964. v. 38, p. 110.
(231) FERRI, Luigi. *La autonomía privada*. Madri: Revista de Derecho Privado, 1969. p. 11.

empregadores, às normas previstas no estatuto que regula o funcionamento do sindicato e à conduta dos associados. Na maioria das vezes, são criadas normas não previstas em lei, que acabam complementando as segundas.[232]

Quanto aos aspectos objetivo e subjetivo da autonomia privada coletiva, Giuliano Mazzoni esclarece que, do ponto de vista subjetivo, a autonomia privada coletiva diz respeito a uma coletividade de pessoas que têm um mesmo interesse a ser defendido. O aspecto objetivo da autonomia privada coletiva é o próprio ordenamento sindical ou a particularidade desse ordenamento, que começa com o estatuto do sindicato. A rigor, esse estatuto constitui um ordenamento diferenciado, que fixa as normas de convivência do grupo organizado.[233]

Dessa forma, a negociação coletiva constitui um produto original de evolução do direito, que se renova dia a dia, de acordo com os fatos políticos, sociais, econômicos e culturais de um povo. É plenamente possível, desta forma, a inclusão neste instrumento normativo de cláusulas sociais ou normativas que tenham por objetivo a proteção do trabalhador em face de discriminação no local de trabalho, que regulamentem a dispensa com ou sem justa causa, limitação do poder disciplinar do empregador, higidez no meio ambiente de trabalho, entre inúmeros outros.

Noberto Bobbio destaca, neste particular, que o poder de negociação é

> outra fonte de normas de um ordenamento jurídico, é o poder atribuído aos particulares de regular, mediante atos voluntários, os próprios interesses. Se se coloca em destaque a autonomia privada, entendida como capacidade dos particulares de dar normas a si próprios numa certa esfera de interesses, e se considerarmos os particulares como constituintes de um ordenamento jurídico menor, absorvido pelo ordenamento estatal, essa vasta fonte de normas jurídicas é concebida de preferência como produtora independente de regras de conduta, que são aceitas pelo Estado.[234]

Buscando explicar a natureza jurídica da negociação coletiva, Orlando Gomes, que via neste instituto um cunho nitidamente revolucionário de renovação e rejuvenescimento do direito, caracterizando-se por uma reação enérgica contra os princípios individualistas, oriundos do direito romano, que foi elaborado numa sociedade de base escravagista, ensina que

---

(232) MARTINS, Sergio Pinto. *O pluralismo no direito do trabalho*. São Paulo: Atlas, 2001. p. 121.
(233) MAZZONI, Giuliano. *Relações coletivas de trabalho*. São Paulo: Revista dos Tribunais, 1972. p. 66.
(234) BOBBIO, Norberto. *Teoria do ordenamento jurídico*. 7. ed. Brasília: Universidade de Brasília, 1996. p. 40.

é precisamente nesse ponto que maiores e mais profundas têm sido as divergências. O conceito que se há de formar da instituição depende do ponto de vista em que se coloque o observador, de referência à natureza jurídica do fenômeno. Mas como é essencial dele ter, preliminarmente, uma noção, vamos obtê-la destacando os seus traços característicos.[235]

Observamos que Orlando Gomes ao estudar o fenômeno da negociação coletiva, utilizou a expressão convenção coletiva, ou seja, ao invés de tratar do processo como um todo (a negociação coletiva) focava em um de seus instrumentos normativos — a convenção coletiva. Esse fato pode explicar, por si só, por que o legislador pátrio ao legislar sobre o fenômeno, no ordenamento jurídico ordinário, deu mais destaque à convenção e ao acordo coletivo.

No direito norte-americano encontramos uma delimitação, a nosso ver mais acertada, para a tratativa dessa temática. Os doutrinadores americanos cuidam da negociação coletiva como um processo (*collective bargaining*), ao passo que, ao discorrer sobre seus instrumentos, denominam-nos de acordos bem sucedidos (*collective bargaining agreements*).

Para Orlando Gomes

> o objeto da convenção coletiva é a regulação das condições de trabalho. Seu fim é delimitar o círculo dentro do qual se devem ajustar os contratos individuais de trabalho. Esta característica a distingue, imediatamente, de outras figuras jurídicas que se lhe assemelham. Não se confunde, assim, com o contrato de trabalho, com a locação de serviços, nem o aniquila. Unicamente o disciplina. A natureza das obrigações que ambos engendram é totalmente diversa. O contrato individual de trabalho gera para o patrão ou locatário a obrigação de remunerar os serviços do trabalhador ou locador e, para este, a obrigação de trabalhar. A convenção coletiva de trabalho não engendra nenhuma dessas obrigações. Gera, apenas, uma obrigação negativa para os convenentes: a de não celebrarem nenhum contrato individual de trabalho que contrarie as condições nela estipuladas. É uma delimitação convencional da liberdade de contratar, porque traça limites dentro dos quais deverão os futuros contratantes estipular as cláusulas do contrato de trabalho. Esse caráter normativo da instituição lhe imprime traços inconfundíveis.[236]

---

(235) GOMES, Orlando. *A convenção coletiva de trabalho*. São Paulo: LTr, 1995. p. 12-13.
(236) *Idem*.

De forma brilhante, Orlando Gomes esclarece que

> as condições de trabalho sempre foram ditadas imperiosamente pelos detentores da riqueza social. O regime inaugurado pelo liberalismo assentava teoricamente no princípio da liberdade de contratar. Incumbiram-se os fatos de demonstrar que, no contrato de trabalho, um dos contratantes — o trabalhador — vivendo, por força da entrosagem econômica, em um verdadeiro estado de "menoridade social", não tinha liberdade de discutir as condições de trabalho, submetendo-se, sempre, às imposições patronais.[237]

Prossegue o autor afirmando que

> a convenção coletiva vem remediar essa situação de flagrante disparidade, opondo ao patrão que, por si só, constitui uma coalizão, no dizer de Adam Smith, a coalizão obreira, restaurando, assim, praticamente, o equilíbrio de forças. São duas potências sociais que se encontram para, no mesmo pé de igualdade, estabelecer o seu *modus vivendi*.[238]

Nesse contexto, destaca o aspecto convencional da instituição, ressaltando à primeira vista, que isso tem dado margem a que se acredite em sua preponderância sobre o aspecto normativo, o que firmaria a natureza jurídica da negociação coletiva como sendo contratual, ou seja, é produto de um acordo celebrado entre empregadores e empregados. Não deixa, contudo, de salientar os traços característicos e imprescindíveis que devem nortear a negociação coletiva e seu produto jurídico, a convenção coletiva, que se estriba em três pilares: o normativo, o coletivo e o convencional.[239]

Várias teorias tentam explicar a natureza jurídica da negociação coletiva, e a maioria delas procura enquadrar essa nova figura jurídica dentro dos princípios da teoria contratualista. Em oposição aos contratualistas, situaram-se os defensores das teorias normativistas, segundo os quais, os instrumentos da negociação coletiva não são contratos, mas, sim, fontes criadoras de normas jurídicas.

A título meramente indicativo e esquemático podemos mencionar que entre as teorias contratualistas que constituem uma derivação evidente dos princípios gerais do direito civil, encontramos:

> a) Teoria do mandato: preconiza que o sindicato, quando celebra a convenção coletiva, age em nome de seus associados, através de

---

(237) GOMES, Orlando. *A convenção coletiva de trabalho*. São Paulo: LTr, 1995. p. 18.
(238) *Idem.*
(239) *Ibidem,* p. 18-19.

uma representação jurídica bem definida. Exerce, em outras palavras, o mandato que lhe foi outorgado pelos associados no momento em que estes, aderindo ao sindicato, implicitamente adotaram seus estatutos.[240]

b) Teoria da gestão de negócio: esta teoria criou uma abstração até certo ponto surpreendente: o sindicato, na negociação coletiva, disseram seus defensores, é gestor de negócios de terceiros, ou seja, dos trabalhadores e empresários individualmente considerados. Mas, os requisitos da gestão de negócios são estes: a) o gestor atua em nome de outrem, sem autorização do mesmo; b) os atos praticados pelo gestor devem estar de acordo com a vontade presumível do titular do direito; c) o gestor não tem interesse direto no negócio; d) pelos atos que pratica, o gestor é responsável perante aquele em nome de quem age, bem como perante as pessoas com quem contrata; e) na gestão de negócios, o gestor realiza os atos e o titular do negócio fica alheio à intervenção do gestor.[241] Vemos que isso não acontece na prática das negociações coletivas. O sindicato inicia a negociação autorizada pela assembleia geral dos associados, que volta a reunir-se para ratificar a convenção. Do início até o final da elaboração do convênio coletivo, o sindicato atua com pleno conhecimento de seus associados, por eles autorizado e na dependência da concordância da assembleia geral. A vontade manifesta nessas assembleias — através da maioria dos sindicalizados — não é presumida. Ao contrário, deve ser expressa. A participação dos trabalhadores ou empresários nos trâmites internos da negociação coletiva é ostensiva, permanente e indispensável, de modo a ficarem desfiguradas as características essenciais da gestão de negócios nas convenções coletivas de trabalho.[242]

c) Teoria da estipulação em favor de terceiros: esta teoria diz que o sindicato dos trabalhadores fixa, como estipulante, juntamente com o sindicato de empregadores ou com as empresas, determinadas condições, consubstanciadas nas cláusulas da convenção. Essas cláusulas são estabelecidas em favor de terceiros, ou seja, dos associados do sindicato ou, quando for o caso, da totalidade do grupo profissional ou econômico. A crítica simplista oposta a tal opinião é esta: nas convenções coletivas, nem tudo que o sindicato estipula

---

(240) RUSSOMANO, Mozart Victor. *Princípios gerais de direito sindical*. 2. ed. Rio de Janeiro: Forense, 2002. p. 155.
(241) Código Civil, art. 1.331.
(242) RUSSOMANO, Mozart Victor. *Op. cit.*, 2002. p. 157.

é, necessariamente, em favor de seu associado. Pode ser cláusula que, ao contrário, diminua os salários dos associados, conforme se depreende do art. 7º, VI, da Carta Magna de 1988 (irredutibilidade do salário salvo o disposto em convenção ou acordo coletivo).

d) Teoria do contrato inominado: neste item se englobam duas correntes diferenciadas. A primeira — teoria da personalidade moral fictícia — considera o sindicato, em si, identificado com a pessoa de seus associados, de modo que estes (os associados), são os verdadeiros contratantes. Quanto àqueles que venham a associar-se ao sindicato, considera-se que, pelo simples pedido de inscrição, manifestam aquiescência aos termos da convenção coletiva adotada anteriormente. A segunda corrente, sustentando que a convenção coletiva é contrato *sui generis*, faz a síntese ou combinação entre a teoria do mandado e a teoria da estipulação em favor de terceiros. O sindicato, em síntese, atuaria como mandatário, mas simultaneamente, na negociação coletiva, estipularia em favor de terceiros (associados).[243]

e) Teoria da solidariedade necessária: esta teoria representa, segundo a opinião de alguns juristas, um momento decisivo na história do pensamento jurídico, ou seja, o instante em que a doutrina começou a abandonar a ideia de que era indispensável indicar a natureza jurídica da convenção coletiva de trabalho através das ideias tradicionalmente assentadas pelo direito das obrigações. O primeiro passo, nesse sentido, teria sido dado quando se tratou de libertar o estudo da natureza da convenção coletiva das ideias de vontade individual e de interesse particular. Existindo, por motivos profissionais ou econômicos, o interesse comum ou coletivo que leva à constituição de grupos e, inclusive, determina a formação do sindicato, cria-se, através daquele interesse, uma solidariedade necessária entre trabalhadores ou empresários. A razão de ser da convenção coletiva não residiria, em pacto contratual prévio, celebrado entre associados do sindicato, em nome de seus interesses particulares. Acima dos interesses individuais estariam os interesses coletivos, aqueles submetidos a estes, em nome da solidariedade necessária, onde reside o fundamento da convenção coletiva.[244]

Opondo-se aos contratualistas, os defensores das teorias normativistas destacam que o sindicato tem caráter institucional, ocupando posição pró-

---
(243) RUSSOMANO, Mozart Victor. *Princípios gerais de direito sindical*. 2. ed. Rio de Janeiro: Forense, 2002. p. 158.
(244) *Idem..*

pria e exercendo atribuições *sui generis* no contexto do Estado. De marcada tendência corporativista, esta doutrina — denominada Teoria da Instituição Corporativa — sustenta que através da convenção o sindicato dita verdadeiras leis profissionais, pois esse poder legiferante é perfeitamente natural no Estado fascista. Se admitisse o acerto de seu ponto de partida, esta teoria explicaria a razão pela qual as convenções coletivas, editando leis profissionais, no que possuem de normativo, são obrigatórias, indistintamente, para as maiorias e minorias, para os associados e os não associados do sindicato.[245]

Depreendemos, claramente, dessa assertiva que esta proposta somente seria admissível nos sistemas políticos corporativistas.

No entendimento de Mozart Victor Russomano

> a convenção coletiva — produto que é da negociação coletiva — é instituto *sui generis* e o erro fundamental dos velhos teóricos do direito do trabalho consistiu em querer enquadrá-la nas formas pré-fabricadas do direito civil. Originando-se de realidades inéditas, a convenção coletiva, em si mesma, é figura nova, no sentido de que se distingue, não apenas por sua forma externa, como também por seu conteúdo e seus efeitos, de todos os outros institutos.[246]

Prossegue aquele doutrinador:

> em primeiro lugar, enfrenta-se o problema de saber em nome de que razão doutrinária o sindicato atua, convencionando com outro sindicato ou com empresas a adoção de cláusulas da convenção coletiva. Esse poder de representação radica uma realidade sociológica: a categoria profissional ou econômica, da qual o sindicato é órgão único e porta-voz exclusivo. Dessa vinculação entre a realidade social e o órgão que, de fato e de direito, a exprime, nasce a possibilidade jurídica de estipulação de cláusulas contratuais e, também, de cláusulas normativas, de eficácia geral e abstrata. A legitimidade dessa representação (sem que se precise falar em mandato ou mesmo em representação legal) é sociológica e natural, recolhida pelo direito positivo e por ele chancelada em virtude da necessidade que tem o Estado de disciplinar o comportamento jurídico. Admitida a naturalidade da representação sindical e partindo do exercício normal desse poder representativo, poder-se-á ver, no ato da convenção, a forma de um contrato, tal como o conhece o direito civil.[247]

---

(245) RUSSOMANO, Mozart Victor. *Princípios gerais de direito sindical*, cit., p. 159.
(246) *Ibidem*, p. 162.
(247) *Ibidem*, p. 163.

Russomano conclui seu parecer afirmando que

> a convenção coletiva tem o feitio de um arranjo bilateral de vontades convergentes no sentido de determinado objeto jurídico. Assim, quanto às chamadas cláusulas contratuais, que obrigam as partes convenentes através de compromissos diretos, concretos e pessoais, a única originalidade da negociação coletiva está na representação sindical. Mas, ao lado daquele objeto, que é secundário, a convenção coletiva tem por finalidade principal a formulação de normas de conduta (cláusulas normativas), que serão respeitadas na prática dos contratos individuais de trabalho.[248]

A negociação coletiva, por intermédio de seus produtos jurídicos — entre nós a convenção, o acordo coletivo e o contrato coletivo dos portuários — possibilita a criação de normas, por meio convencional, e seus efeitos são diversos daqueles produzidos pelos demais contratos, regidos sob a égide do direito civil.

Na pluralidade de ordenamentos e na coexistência de todos eles no âmbito do ordenamento jurídico estatal, o produto da negociação coletiva traz algo de totalmente original e heterônomo. De um lado, temos as criações jurídicas unilaterais — a lei, como ato de criação legislativa do Estado e, em outro extremo, como ordenamento jurídico privado, o regulamento de empresa. A negociação coletiva nunca poderia ser unilateral: ela só existe na bilateralidade.

A sua originalidade manifesta-se pela capacidade de delimitar e influenciar os contratos individuais de trabalho, de associados e de não associados, com eficácia *erga omnes*, por meio de seus efeitos normativos, funcionando, além disso, como fator de equilíbrio e de convergência de interesses nas relações de trabalho, inclusive complementando e incorporando novos direitos sociais à legislação trabalhista.

Arnaldo Süssekind assevera que a convenção e o acordo coletivo de trabalho são a um só tempo: a) um ato-regra, de caráter normativo, aplicável às empresas e aos empregados que pertençam ou venham a pertencer aos grupos representados; b) um contrato, no que tange às cláusulas que obrigam, direta ou reciprocamente, as respectivas partes.[249]

Daí podermos concluir este tópico, concordando com Délio Maranhão, que lançando um facho de luz à natureza jurídica de negociação e seus instrumentos — entre os quais a convenção coletiva —, acertadamente asseverar que

---

(248) RUSSOMANO, Mozart Victor. *Princípios gerais de direito sindical*, cit., p. 163.
(249) SÜSSEKIND, Arnaldo. *Direito constitucional do trabalho*. Rio de Janeiro: Renovar, 1999. p. 414.

este duplo aspecto da convenção coletiva leva-nos necessariamente a uma concepção dualista de sua natureza jurídica. O ato jurídico é um só. Mas não é só contrato, nem ato-regra. É, por isso, uma figura *sui generis:* normativa, por um lado, contratual, por outro. Um contrato normativo que não se enquadra nos moldes clássicos do contrato.[250]

Diante de todo o exposto, podemos conceituar a negociação coletiva de trabalho como o processo por meio do qual os seres coletivos, sindicatos profissionais e sindicatos econômicos ou empresas, devidamente autorizados pelas respectivas assembleias gerais, entabulam uma série de discussões, a partir de 60 dias anteriormente à respectiva data base, com o objetivo de fixar novas condições de trabalho e de remuneração para as respectivas categorias.

Portanto, serão os seguintes os desdobramentos da negociação coletiva de trabalho: se bem sucedida, engendrará a formação dos instrumentos coletivos representativos do acordo, convenção ou contrato coletivo (dos portuários); se mal sucedida, poderá acabar na arbitragem, greve ou nos dissídios coletivos de natureza econômica.

Aliás, isto é justamente o que se depreende dos arts. 7º, XXVI, 8º, VI, combinado com o art. 114, § 2º, da Constituição Federal de 1988:

> Art. 7º São direitos dos trabalhadores urbanos e rurais, além de outros que visem a melhoria de sua condição social:
>
> XXVI — reconhecimento das convenções e acordos coletivos de trabalho;
>
> Art. 8º (...)
>
> VI — é obrigatória a participação dos sindicatos nas negociações coletivas de trabalho.
>
> Art. 114. (...)
>
> § 1º Frustrada a negociação coletiva, as partes poderão eleger árbitros.
>
> § 2º Recusando-se qualquer das partes à negociação coletiva ou à arbitragem, é facultado às mesmas, de comum acordo, ajuizar dissídio coletivo de natureza econômica, podendo a Justiça do Trabalho decidir o conflito, respeitadas as disposições mínimas legais de proteção ao trabalho, bem como as convencionadas anteriormente.

---

(250) MARANHÃO, Délio. *Direito do trabalho.* 15. ed. Rio de Janeiro: Getúlio Vargas, 1988. p. 309.

4. Princípios da negociação coletiva

A negociação coletiva, por se tratar de uma relação dialética entre os sujeitos estipulantes, possui determinados princípios que lhe são próprios. Na verdade, esses princípios constituem verdadeiros postulados éticos e vivenciais, delineando o processo negocial, que se vai aperfeiçoando a cada nova rodada de negociação.

Não poderíamos deixar de analisar os princípios próprios do processo da negociação coletiva, pois eles são vistos, pela doutrina, como a viga mestra de um sistema, suas proposições básicas fundamentais, entendidos na visão escorreita de Celso Antônio Bandeira de Mello[251] como

> mandamento nuclear de um sistema, verdadeiro alicerce dele, disposição fundamental que se irradia sobre diferentes normas, compondo-lhes o espírito e servindo de critério para sua exata compreensão e inteligência, exatamente por definir a lógica e a racionalidade do sistema normativo, no que lhe confere a tônica e lhe dá sentido harmônico.

Assim, passamos a analisar os princípios básicos aplicados no processo da negociação coletiva.

4.1. Princípio da compulsoriedade negocial

Uma das funções transcendentais dos interlocutores sociais é participar dos debates e discussões em assuntos que digam respeito aos reais interesses da coletividade que representam, com a finalidade de se chegar a uma solução amigável e, se possível, consensual.

Esse princípio tem por fundamento a necessidade imperativa, ou mesmo obrigatória, de que as partes integrantes no processo da negociação coletiva não a rechacem de plano.

Negar-se a negociar, sob qualquer tipo de subterfúgio, significa negar a existência dos próprios sujeitos coletivos e colocar por terra esse instituto — a negociação coletiva — exatamente no momento em que a Constituição de 1988 a erigiu a direito constitucional, e o constituinte a colocou à disposição dos sindicatos para regerem, de *per si*, seus próprios interesses imanentes às relações de trabalho com suas contrapartes empresariais.

---

(251) MELLO, Celso Antônio Bandeira de. *Curso de direito administrativo*. 8. ed. São Paulo: Malheiros, 1997. p. 573.

João de Lima Teixeira Filho afirma que

> a constituição vigente foi a primeira a tratar da negociação coletiva em seus múltiplos aspectos: a) como espécie do gênero 'solução pacífica das controvérsias' para alcançar a 'harmonia social e comprometida' (Preâmbulo); b) quanto a seus atores (art. 8º, VI); c) reconhecendo a autonomia privada coletiva; d) como mecanismo exclusivo para a flexibilização de direitos (art. 7º, VI, XIII e XIV); e d) aludindo às formas de heterocomposição, quando fracassado o diálogo direto (art. 114, §§ 1º e 2º). Tão inigualável quantidade de comandos sobre o tema, sistematicamente interpretados, leva o operador do Direito e os agentes coletivos a captar a sinalização emitida pelo legislador constituinte no sentido de valorizar a negociação coletiva na determinação das condições de trabalho e exercitá-la como forma democrática de entendimento harmônico e comprometido.[252]

O citado autor ainda esclarece que

> é certo que a Constituição Federal prevê o dissídio coletivo, "recusando-se qualquer das partes à negociação ou à arbitragem" (art. 114, § 2º). Sucede que a recusa pressupõe uma negociação tentada. Não se recusa o que inexiste. Também recusada pode ser a continuidade da negociação por um incidente nela verificado, em qualquer de suas fases. Afinal, o processo de entendimento não tem de, necessariamente, desaguar em acordo. Esse é o ideal a ser perseguido, e, para tanto, não se pode abortar mera tentativa do diálogo social. Configurada essa hipótese, cumpre ao sindicato recorrer à greve. Nem mesmo é possível instar a Justiça do Trabalho a proferir sentença normativa. Faltaria preencher uma das condições específicas da ação coletiva: tentativas reais de negociação coletiva.[253]

Esse princípio suscita que as partes, movidas pela responsabilidade, se não por sanções pecuniárias (multas aos recalcitrantes), são levadas a exaurir o processo negocial, se for o caso, trancando-se a portas fechadas durante 24 a 48 horas ininterruptas, até chegarem a um acordo. Não se pode permitir que os sujeitos estipulantes busquem, na primeira oportunidade, o caminho mais fácil, como acontece em nosso país: a remessa do impasse à Justiça do Trabalho.

Países com tradição em negociação coletiva, como os Estados Unidos da América, nunca cogitam remeter um impasse dessa natureza a um Tribunal do

---

(252) TEIXEIRA FILHO, João de Lima. Princípios da negociação coletiva. *In:* SILVESTRE, Rita Maria; NASCIMENTO, Amauri Mascaro (coords.). *Os novos paradigmas do direito do trabalho:* homenagem a Valentin Carrion. São Paulo: Saraiva, 2001. p. 123.
(253) *Ibidem,* p. 123-124.

Trabalho, para que se estabeleça o que as partes devem fazer. Quando muito, o caso é submetido à arbitragem ou mediação.[254]

Cabe à justiça assegurar o cumprimento de leis, interpretar normas jurídicas, regular as relações e o comportamento dos indivíduos na sociedade e não decidir sobre negócios que devem ser resolvidos pelos próprios interessados.

Entendemos que compete ao Ministério Público do Trabalho uma maior dinâmica e participação na negociação coletiva de trabalho, nos moldes do que ocorre com as controvérsias coletivas nos Estados Unidos da América, seja por meio da mediação ou da arbitragem, esta, aliás, prevista no art. 83, IV, da Lei Complementar n. 75/93, na medida em que este órgão federal cabe a defesa dos direitos difusos, coletivos e individuais homogêneos indisponíveis dos trabalhadores, *in verbis*:

> Art. 83. Compete ao Ministério Público do Trabalho o exercício das seguintes atribuições junto aos órgãos da Justiça do Trabalho:
>
> IV — propor as ações cabíveis para declaração de nulidade de cláusula de contrato, acordo coletivo ou convenção coletiva que viole as liberdades individuais ou coletivas ou os direitos individuais indisponíveis dos trabalhadores;
>
> XI — atuar como árbitro, se assim for solicitado pelas partes, nos dissídios de competência da Justiça do Trabalho;
>
> V — exercer outras atribuições que lhe forem conferidas por lei, desde que compatíveis com sua finalidade.

Ora, se o *Parquet* trabalhista detém legitimidade para desconstituir cláusulas de acordo ou convenção coletiva, administrativamente, por meio de celebração de TAC — termo de ajuste de conduta — com os seres coletivos, de modo inverso, como seus membros possuem o *expertise* jurídico e são vocacionados para a tutela de direitos difusos e coletivos, da mesma forma, detém legitimidade para auxiliarem na formação das cláusulas normativas e obrigacionais do instrumento coletivo que irá reger a vida dos trabalhadores.

É cediço que a função do Ministério Público do Trabalho, em sede de negociação coletiva, se inicia exatamente quando o Ministério do Trabalho e Emprego exaure suas atribuições, geralmente as mesas redondas. Como os auditores fiscais do trabalho não detêm de competência para movimentar a máquina judiciária, este papel é atribuído aos procuradores do trabalho no deslinde das controvérsias de índole coletiva.

---

(254) PASTORE, José. As lições de uma megagreve. Greve na GM mostra quão desnecessária é a intervenção da justiça em conflito de natureza econômica. *O Estado de S. Paulo*, São Paulo, p. B2, 4 ago. 1998.

4.2. Princípio do contraditório

Tal princípio constitui um dos principais elementos da negociação coletiva, ou seja, é da dialética inerente a esse processo que as partes chegarão a um acordo de interesses.

José Augusto Rodrigues Pinto, neste particular, assevera que este é o ponto de partida necessário, pois o diálogo tem que decorrer sempre da contradição de pretensões e teses que se busca harmonizar. A negociação coletiva sem contraditório de pretensões constitutivas de um contencioso a eliminar padece de um vazio absoluto de objeto.[255]

O contraditório é parte integrante do diálogo social, especialmente quando travado entre interesses quase sempre antagônicos, que emergem nas relações de trabalho, mesmo que haja convergência em alguns tópicos de interesse mútuo, como o desejo de harmonização, de paz, de perenidade das atividades da empresa, etc.

4.3. Princípio da boa-fé

Este princípio aplica-se a todos os contratos, de forma geral. Sua consequência é adequar a conduta a um tipo social médio: "bom trabalhador" e, no direito comercial, o "bom homem de negócio" (*standard of reasonable man*), condutas médias que implicam um agir correto, sem desvios. É agir de boa-fé.[256]

O Novo Código Civil de 2002 passou a agasalhar o princípio da boa-fé no art. 113, *in verbis*:

"Os negócios jurídicos devem ser interpretados conforme a boa-fé e os usos do lugar de sua celebração."

A rigor, trata-se de um princípio ético, para que haja uma convivência pacífica e frutífera entre as partes no curso da negociação, dentro do espírito de uma justiça aristotélica, ou seja, "o dar a cada um o que é seu". Assim, podemos dizer que boa-fé objetiva constitui o agir com lealdade, retidão, honestidade, na ótica "daquilo que é seu é seu e o que é do outro é do outro".

Hugo Gueiros Bernardes esclarece muito bem este ponto, ao sustentar que

> os princípios a serem investigados hão de ter importância maior no plano ético, do que propriamente no plano jurídico. Isto porque a

---

(255) PINTO, José Augusto Rodrigues. *Direito sindical e coletivo do trabalho*. São Paulo: LTr, 1998. p. 172.
(256) RUPRECHT, Alfredo J. *Os princípios do direito do trabalho*. São Paulo: LTr, 1995. p. 86.

> negociação coletiva, ao contrário da legislação, produz composição de interesses em um conflito não normatizado pela lei, e, em tais circunstâncias, as partes negociadoras para alcançarem acordo entre si, se devem mutuamente um comportamento ético adequado à vontade de conciliar e não de confrontar, como seria conatural ao conflito. É precisamente dessa exigência de um espírito de transação que se constrói a ética da negociação e, em consequência, se torna possível propor alguns princípios norteadores da conduta das partes em conflito com vistas à composição de interesses em clima de lealdade.[257]

Forero Rodriguez considera que

> a boa-fé significa que as pessoas devem celebrar seus negócios, cumprir suas obrigações e, em geral, ter com os demais uma conduta leal, e que a lealdade no direito desdobra-se em duas direções: primeiramente, toda pessoa tem o dever de ter com as demais uma conduta leal, uma conduta ajustada às exigências do decoro social; em segundo lugar, cada qual tem o direito de esperar dos demais essa mesma lealdade. Trata-se de uma lealdade (ou boa-fé ativa), se consideramos a maneira de agir para com os demais e de uma lealdade passiva, se considerarmos o direito que tem cada qual de confiar em que os demais ajam conosco com decoro.[258]

Para João de Lima Teixeira Filho, a existência da boa-fé resulta até de presunção *juris tantum*. A boa-fé na negociação coletiva deve estar presente não só na fase de confecção do assenso, pela concentração de esforços para a conclusão com êxito da negociação, mas também na fase de fiel execução do que for pactuado.[259]

No direito laboral norte-americano, o dever de negociar de boa-fé acha-se consubstanciado na seção 8a e 8b da NLRA (*National Labour Relations Act*), que assim estabelece:

> ambos o empregador e o sindicato certificado (*certified union*) são requeridos a negociar de boa-fé.[260] A seção 8(b) do mesmo Ato

---

(257) BERNARDES, Hugo Gueiros. Princípios da negociação coletiva. *In:* TEIXEIRA FILHO, João de Lima (coord.). *Relações coletivas de trabalho* — estudo em homenagem ao ministro Arnaldo Süssekind. São Paulo: LTr, 1989. p. 358.
(258) RODRIGUEZ, Forero. La buena o mala fé patronal. *Juslaboralismo en Iberoamérica*: libro homenaje al Dr. Víctor M. Álvarez. Caracas: Academia de Ciencias Políticas y Sociales, 1990. p. 390.
(259) TEIXEIRA FILHO, João de Lima. Negociação coletiva de trabalho. TEIXEIRA FILHO, João de Lima. Negociação coletiva de trabalho. *In:* TEIXEIRA FILHO, João de Lima et al. *Instituições de direito do trabalho*. 18. ed. São Paulo: LTr, 1999. v. 2, p. 1176.
(260) JASPER, Margaret C. *Labor law*. New York: Oceana, 1998. p. 19.

ainda estatui que: será considerada uma prática desleal de trabalho para uma organização de trabalhadores... recusar a negociar coletivamente com o empregador, desde que ela é a representante dos empregados.[261]

A rigor, o dever de negociar de boa-fé é uma obrigação mútua entre os sindicatos e os empregadores. O objetivo é promover a paz industrial. A exigência de negociar de boa-fé significa que as partes são obrigadas a se reunir e a discutir os termos do acordo, embora eles não sejam obrigados a chegar a um acordo.[262]

Betty W. Justice declara que

> para promover a negociação coletiva, requer-se um padrão de conduta demonstrando a boa-fé — uma mente aberta e um desejo de tentar encontrar um chão comum. Boa-fé é o padrão de conduta por meio do qual as partes devem trazer para a negociação, a fim de se protegerem contra uma penalidade de recusa (*charge of refusal*) a negociar com a outra parte na negociação.[263]

Na verdade, no direito laboral norte-americano, coube ao NLRB (*National Labor Relations Board*) e ao Judiciário, ao longo dos anos, a responsabilidade de dar substância aos termos da boa-fé na negociação coletiva, à qual estão submetidos os empregadores e os sindicatos, cujo rol pode ser assim resumido: a) tentativa de ajustar diferenças e alcançar bons termos para ambas as partes; b) as contrapropostas devem ser oferecidas quando aquela da outra parte for rejeitada; c) a posição da parte, em cada termo do contrato, deve estar clara, não se permitindo constantes mudanças; d) não é permitido comportamento evasivo durante as negociações, e deve existir boa vontade entre os contratantes para ajudar e incorporar ao contrato termos oralmente acertados. A pedra angular da política nacional do trabalho é a negociação coletiva de boa-fé, o que não significa que as partes devam alcançar um acordo. Os acordos são encorajados, porém o NLRB não tem o poder de ordenar às partes que incorporem sua proposta no mesmo.[264]

Cotejando este princípio com os institutos do direito processual civil, observamos que ele guarda alguma analogia com o art. 14 do Código de Processo Civil brasileiro, que trata da litigância de má-fé no processo, e assim estabelece:

---

(261) JASPER, Margaret C. *Labor law*. New York: Oceana, 1998. p. 19.
(262) *Idem*.
(263) JUSTICE, Betty W. *Unions, workers and the law*. Washington: Bureau of National, 1983. p. 75.
(264) GUGEL, Maria Aparecida. Abordagem de alguns aspectos do sistema legal trabalhista dos Estados Unidos da América do Norte na área do direito coletivo do trabalho. NATIONAL LABOR RELATIONS BOARD. *Revista do Ministério Público do Trabalho*, Brasília, n. 8, p. 71-72, set. 1994.

Compete às partes e aos seus procuradores: I — expor os fatos em Juízo conforme a verdade; II — proceder com lealdade e boa-fé; III — não formular pretensões, nem alegar defesa, cientes de que são destituídas de fundamento; IV — não produzir provas, nem praticar atos inúteis ou desnecessários à declaração ou defesa do direito.

4.4. Princípio da igualdade

Diferentemente do que ocorre no contrato individual de trabalho, onde a supremacia econômica do empregador tem de ser mitigada pela desigualdade jurídica a favor do obreiro, com base no princípio de proteção, na negociação coletiva, os dois polos contratantes situam-se no mesmo nível de igualdade de poder e de persuasão.

Deparam-se na negociação coletiva dois sujeitos coletivos: os sindicatos de empregados e a patronal, ou empresa, que não deixa de constituir um ser coletivo. Geralmente é dotada de pelo menos dois sócios, tem diretoria, várias mentes pensantes, assessoria econômica, jurídica etc.

Na seara do Direito Coletivo do Trabalho não há lugar para o princípio da proteção e sua tríplice vertente (subprincípio da norma mais favorável, da condição mais benéfica e do *in dubio pro operario*), nem dos demais princípios do direito individual, pois que regido por princípios, normas e instituições próprias e peculiares.

Os negociadores profissionais são indispensáveis na cesta básica dos empresários, principalmente quando chega a hora de encarar uma negociação coletiva. Seus méritos: sabem quando a outra parte está blefando, têm paciência para enfrentar reuniões que avançam pela madrugada, analisam todas as hipóteses colocadas na mesa e têm poder para decidir acordos trabalhistas. Vieram à tona com a proposta de reduzir salário e jornada e com as discussões para flexibilizar o contrato de trabalho. No desmonte do Estado paternalista, são eles que põem a mão na massa.[265]

Nos dias de hoje, os sindicatos de empregados também se utilizam largamente de pessoal técnico e especializado no processo da negociação coletiva, para lhes dar sustentação e apoio jurídico de alto nível na formatação dos convênios coletivos.

Em artigo recente, Martin Wolf demonstra a dificuldade em se estabelecer uma forma de igualdade nas relações entre o capital e trabalho:

---

[265] BARELLI, Suzana. Eles vivem de negociação. *Folha de S. Paulo*, São Paulo, Caderno Dinheiro, p. 11, 18 jan. 1998.

a questão mais espinhosa sobre o capitalismo é de que maneira as empresas podem ser controladas. Trata de uma questão para a qual ninguém tem a resposta correta. A onda de escândalos nos Estados Unidos da América sugere que a resposta adotada durante os anos 90 foi, pelo menos sob alguns aspectos, a errada. A resposta padrão é que o controle final deve ser dos acionistas, porque cabe a eles o risco. Esse é um argumento poderoso, mas não onipotente. Se é difícil redigir contratos de emprego adequados, sociedades fechadas podem funcionar melhor do que sociedades sobre controle de acionistas. O mesmo vale para as chamadas empresas sob controle dos grupos de interesse.[266]

No entendimento de José Augusto Rodrigues Pinto,

a igualdade dos negociadores é possivelmente o aspecto mais delicado na fixação dos preceitos fundamentais da negociação, porquanto esta se desenrola entre dois polos separados pela hierarquia da empresa e pela subordinação jurídica da relação individual de emprego. Fundamental, portanto, para a frutificação do diálogo entre os negociadores, que a hierarquia e a subordinação jurídica sejam circunstancialmente **derrogadas pela evidente incompatibilidade**.[267]

4.5. Direito de informação

A organização de trabalhadores tem o direito de que haja transparência nas informações oferecidas pelos empregadores, para que formule a pauta de negociações que dará início ao processo da negociação coletiva de trabalho. Essas informações dizem respeito às reais condições econômico-financeiras da empresa ou do setor de atividade econômica, consistindo em balanços patrimoniais, balancetes recentes, demonstrativos de resultados (lucros e perdas), relação mensal de faturamento, fluxo de caixa e outros indicadores de desempenho empresarial.

Se o empregador adotar uma posição defensiva na divulgação dessas informações, rotulando-as de secretas, é muito provável que a negociação coletiva não prospere. De outra parte, o sindicato de trabalhadores não se pode dar ao luxo de, a pretexto da negociação coletiva, exigir dos empregadores informações confidenciais ou planos estratégicos, que de nada acrescentariam

---

(266) WOLF, Martin. Um plano de resgate para o capitalismo. *Folha de S. Paulo,* São Paulo, p. B-4, 7 jul. 2002.
(267) PINTO, José Augusto Rodrigues. *Direito sindical e coletivo do trabalho.* São Paulo: LTr, 1998. p. 173.

ao processo negocial. Essas exigências certamente devem se pautar no bom senso das partes estipulantes.

De acordo com João de Lima Teixeira Lima

> todos os cuidados devem ser tomados para que o direito de informação não sirva de instrumento que, de alguma maneira, frustre o entendimento direto. De qualquer modo, o certo é que a informação deve guardar pertinência com as matérias postas em negociação.[268]

A transparência e acuidade das informações são essenciais para captar e consolidar a boa intenção e lealdade das partes, num momento em que grassa grande desconfiança em relação aos números divulgados pelas empresas, não apenas no Brasil, como especialmente nos países de capitalismo avançado. Casos típicos foram os resultados econômico-financeiros camuflados apresentados pela Enron, Worldcom, Xerox e Merck, nos Estados Unidos.[269]

Sem contabilidade confiável, auditoria independente e com reputação e idoneidade de procedimentos, novas ampliações na assimetria de informações poderão destruir o objeto intrínseco da negociação coletiva de trabalho.

4.6. Princípio da razoabilidade

A negociação coletiva é um processo caracterizado pelo poder e racionalidade. Por meio do exercício do poder econômico e da discussão racional, as partes são capazes de diminuir suas diferenças e chegar a um acordo sobre o elenco de matérias ou reivindicações que regerão o local de trabalho.[270]

Entretanto, para se chegar a um acordo, é necessário que a pauta de reivindicações do sindicato de trabalhadores seja razoável, isto é, exequível. Em outras palavras: após sopesar a real situação econômico-financeira do empregador, seu patrimônio, seus resultados, suas perspectivas presentes e futuras, é preciso que se chegue à conclusão de que as reivindicações são plenamente possíveis de serem atendidas, sem uma sobrecarga desmesurada economicamente da parte do empregador. Nota-se que o princípio da razoabilidade acha-se intrinsecamente ligado ao direito de informação.

---

(268) TEIXEIRA FILHO, João de Lima. Negociação coletiva de trabalho. *In:* TEIXEIRA FILHO, João de Lima *et al. Instituições de direito do trabalho.* 18. ed. São Paulo: LTr, 1999. v. 2, p. 1176.
(269) DÁVILA, Sérgio. Merck bate novo recorde de fraude nos EUA. *Folha de S. Paulo,* São Paulo, Caderno Dinheiro, p. B1, 7 jul. 2002.
(270) RAY, Douglas E.; SHARPE, Calvin William; STRASSFELD, Robert N. *Understanding labor law.* New York: Matthew Bender, 1999. p. 198.

A razoabilidade das pretensões traz a lume, a presença específica de um princípio geral do direito, cuja essência, nas palavras de Plá Rodriguez, é que nas suas relações jurídicas "o ser humano procede e deve proceder conforme a razão".[271]

Compromete a eficácia do processo negocial a formulação de pleitos que não tenham a mínima condição de serem atendidos, assim como a apresentação de contraproposta, pela empresa, muito aquém das suas reais possibilidades de dar a justa recompensa aos trabalhadores na negociação coletiva. Não podem as partes construir um fosso intransponível, fruto de posições extremadas, e querer transformar a negociação coletiva em panaceia.[272]

Esse princípio pode ficar comprometido se as empresas adotarem uma postura unilateral de maximização de valor para os acionistas, por meio de atividades agressivas de reestruturação, redução de custos, reengenharia, sob o enfoque de que a palavra final deve ser sempre dos empresários, porque a eles cabe o risco do empreendimento. Tal posicionamento, pela falta de bom senso, certamente conduzirá a um entrave no desfecho da negociação coletiva.

O princípio da razoabilidade foi erigido a princípio constitucional com o advento da Emenda Constitucional n. 45/04, que o inseriu no inciso LXXVIII, do art. 5º, do texto maior, *in verbis*:

> "LXXVIII — a todos, no âmbito judicial e administrativo, são assegurados a razoável duração do processo e os meios que garantam a celeridade de sua tramitação. (Inciso acrescentado pela Emenda Constitucional n. 45, de 8.12.2004, DOU 31.12.2004)."

4.7. Princípio da paz social

Mesmo que à primeira vista, este princípio pareça ser um elemento de segundo plano na negociação coletiva, será, na verdade, o objetivo mais depurado a que seu êxito poderá levar. Por isso, a paz social deve ser olhada não apenas sob esse aspecto culminante, mas como um fator de trégua dos interlocutores para a boa discussão de seu conflito.[273]

Néstor de Buen assevera que "o contrato coletivo de trabalho é instrumento de equilíbrio e, no fundo, de paz social. É conquistado com a guerra, na

---

(271) RODRIGUEZ, Américo Plá. *Princípios de direito do trabalho*. São Paulo: LTr, 1978. p. 245.
(272) TEIXEIRA FILHO, João de Lima. Negociação coletiva de trabalho. *In:* TEIXEIRA FILHO, João de Lima *et al*. *Instituições de direito do trabalho*. 18. ed. São Paulo: LTr, 1999. v. 2, p. 1176.
(273) PINTO, José Augusto Rodrigues. *Direito sindical e coletivo do trabalho*. São Paulo: LTr, 1998. p. 174.

qual desempenha importante papel o exercício possível do direito de greve. Mas, uma vez celebrado, e durante sua vigência, tem o caráter de um trato de paz".[274]

Essa regra, contudo, não é absoluta. Ocorrendo fatos supervenientes que venham a alterar o equilíbrio contratual, provocando uma onerosidade excessiva a uma das partes da convenção ou acordo coletivo, geralmente aos empregados, sob o fulcro da cláusula *rebus sic stantibus* (teoria da imprevisão dos contratos), a parte lesada poderá denunciar o pacto previamente celebrado, exigindo a sua revisão e o retorno ao *status quo ante bellum*, ou seja, à situação de equilíbrio anterior.

Aplica-se a cláusula *rebus sic stantibus*, de modo a eximir as partes de cumprirem o que tiver sido avençado, apenas quando houver justificado motivo, decorrente de prejuízos comprovados ou alteração substancial das condições acordadas, que possam proporcionar o enriquecimento sem causa de uma das partes, em detrimento exclusivo da outra.

4.8. Princípio da colaboração

Nos dias de hoje, vemos que alguns institutos do direito do trabalho vão aos poucos se deslocando para o direito civil, que passa a abrigar todos os tipos de contratos de prestação de serviços, envolvendo trabalhadores por conta própria e assalariados flexíveis, muitas vezes até mesmo ex-funcionários formais que assumem essa nova representação no mundo do trabalho.

Nessa nova configuração do emprego e do trabalho, passam a ser imprescindíveis para a revitalização do direito do trabalho, os princípios da cooperação e da solidariedade entre os atores sociais: empregados, empregadores e sindicatos. Afinal todos nós estamos entrelaçados no mesmo tecido social. Embora nossos olhos não vejam e nossas faculdades físicas não apalpem, prejudicar um significa prejudicar todos, da mesma forma que auxiliar um significa auxiliar a todos.[275]

Para Alfredo J. Ruprecht, capital e trabalho vêm-se enfrentando. Os sindicatos de trabalhadores — perseguidos, reconhecidos e protegidos sucessivamente — costumam ver no empresário um adversário, um inimigo. A luta de classes é tremenda, mas dela nascem situações e ideias que, postas em prática, aumentam a solidariedade. Assim, de um sindicalismo francamente de

---

(274) BUEN, Néstor de; COSMÓPOLIS, Mario Pasco (coord.). *Los sindicatos en Iberoamérica*. Lima: Aele, 1988. p. 183.
(275) SANTOS, Enoque Ribeiro dos. *O direito do trabalho e o desemprego*. São Paulo: LTr, 1999. p. 277.

confrontação se está chegando a um sindicalismo de colaboração. As convenções coletivas de trabalho são uma das formas de demonstração desse fato. Nelas se estabelecem de comum acordo (colaboração) condições de trabalho, solução de contendas operário-patronais, política trabalhista seguida pelas empresas, formação profissional, gestões comuns na empresa etc. E, quando essas convenções atingem um caráter amplo — regional, estadual, nacional e já se começa a descortinar o internacional —, a colaboração alcança um desenvolvimento muito importante.[276]

Cooperar significa "trabalhar em comum, ajudar, auxiliar",[277] disposição de ânimo de que não podem abrir mão aqueles que pretendem solucionar um contraditório.[278]

Hugo Gueiros Bernardes[279] fornece-nos uma síntese dos princípios da negociação coletiva, classificando-os em quatro grupos, que julgamos oportuno sintetizar: 1) princípios relativos à boa-fé ou lealdade; 2) os referentes ao procedimento; 3) os relativos ao direito de greve; 4) aqueles concernentes à responsabilidade das partes.

Toda negociação coletiva deve partir de um pressuposto básico: o de que as partes se comprometem a negociar de boa-fé e a proceder com lealdade em todos os seus entendimentos, assim como na execução do que vier a ser acordado. Este é um princípio fundamental, que gera inúmeros desdobramentos: a) o dever formal de negociar: as partes se obrigam a examinar as propostas recíprocas e a formular contrapropostas convergentes, substitutivas, modificativas ou supressivas, de maneira que a rejeição de uma determinada proposta deve levar à discussão dos motivos que justificam a recusa, motivos esses que a parte se obriga a explicitar. No dever formal de negociar encontram-se as seguintes diretivas: obrigatoriedade de reuniões periódicas, prazo mínimo de duração das negociações e de cada discussão, fundamentação de cada proposta ou contraproposta etc.; b) as partes precisam pôr-se de acordo, antecipadamente, sobre a finalidade e o alcance da negociação, que deve envolver interesses relacionados com a fixação de normas de condições de trabalho, incremento da produtividade e a harmonia nas relações de trabalho; c) o conglobamento — entendido como uma norma técnica que não admite a invocação de prejuízo como objeção a uma dada cláusula, sem o exame do

---

(276) RUPRECHT, Alfredo J. *Os princípios do direito do trabalho*. São Paulo: LTr, 1995. p. 99.
(277) FERREIRA, Aurélio Buarque de Holanda. *Dicionário Aurélio básico da língua portuguesa*. São Paulo: Nova Fronteira, 1995. p. 177.
(278) PINTO, José Augusto Rodrigues. *Direito sindical e coletivo de trabalho*. São Paulo: LTr, 1998. p. 173.
(279) BERNARDES, Hugo Gueiros. Princípios da negociação coletiva. *In*: TEIXEIRA FILHO, João de Lima (coord.). *Relações coletivas de trabalho — estudo em homenagem ao ministro Arnaldo Süsssekind*. São Paulo: LTr, 1989. p. 357-358.

conjunto da negociação. O objetivo é que as partes desenvolvam uma garantia de unidade de negociação, não se desviando do conjunto das discussões, nem repetindo argumentos.[280]

No grupo de princípios relativos ao procedimento da negociação coletiva, o autor reconhece a necessidade de fixação de regras mínimas, entre as quais enumera: a) o dever de paz, entendido como a abstenção do uso de medidas de força, como a greve, durante um período determinado; b) antecedência em relação à data-base, para evitar convocações súbitas, ao fim do prazo; c) exaustão da pauta, obrigando-se as partes a examinar e responder a cada item ou cláusula; d) credenciamento dos representantes das partes na negociação, a fim de evitar perda de tempo em debates com pessoas não autorizadas a apresentar e aceitar propostas; e) garantia formal de cumprimento de todos os compromissos assumidos; f) dever de influência, por meio do qual as partes se comprometem a influir sobre os seus liderados para garantir a efetividade do que for ajustado, não somente para obedecer às regras acordadas, mas também para fazer cessar quaisquer atitudes contrárias; g) dever de adequação, em que as partes se comprometem a proceder com racionalidade, adequando suas pretensões e respostas às possibilidades reais da economia como um todo e de cada empreendimento em particular; h) dever de informação, segundo o qual as partes se prestarão reciprocamente às informações necessárias à justificação de suas propostas e respostas, o que interessa, sobretudo, aos empregados, que assim podem obter dados a respeito da situação econômica, financeira e comercial das empresas.[281]

Os princípios relativos ao direito de greve explicitados pelo referido autor foram assim enumerados: a) indispensabilidade da conciliação prévia, para evitar a greve desleal, assim entendida aquela que se faz sem uma tentativa anterior de negociação; b) proporcionalidade, concebida como uma noção que envolve o uso do recurso de forma proporcional aos seus fins, para que o dano à empresa e ao interesse público não seja maior do que o objetivo econômico ou social a alcançar; c) *ultima ratio*, ou a concepção de greve como uma medida extrema, o último recurso dos trabalhadores, a ser utilizado somente depois da tentativa de conciliação, a mediação ou a arbitragem; d) efeito suspensivo da greve sobre a execução dos contratos de trabalho, com a não obrigatoriedade de pagamento de salários durante o período de paralisação; e) dever de salvaguarda, significando que as partes devem prescrever regras de condenação dos abusos e de prevenção dos prejuízos ao interesse público; f) limitação das greves de solidariedade, que devem ser apenas simbólicas, movimentos

---

(280) BERNARDES, Hugo Gueiros. Princípios da negociação coletiva. *In:* TEIXEIRA FILHO, João de Lima (coord.). *Relações coletivas de trabalho* — estudo em homenagem ao ministro Arnaldo Süsssekind. São Paulo: LTr, 1989. p. 358-359.
(281) *Ibidem*. p. 359-363.

com intensidade muito menor, para não ter caráter abusivo ou desproporcional; g) limitação do objeto dos piquetes, que devem se limitar a persuadir os trabalhadores quanto à greve e seus motivos, pela disseminação pacífica das informações, ficando vedadas as ações agressivas ou intimidatórias.[282]

Com relação ao princípio da responsabilidade das partes, o autor assevera a necessidade da especificação geral do dever das partes de zelar pelo respeito aos princípios e normas da negociação, e a fixação da responsabilidade patrimonial das entidades de trabalhadores e empregadores, por meio de sanções — multa ou pagamento dos salários do período da greve, para o empregador; multa ou proibição temporária de fazer greve, para os trabalhadores.[283]

5. Funções da negociação coletiva

A importância da negociação coletiva, agora erigida ao patamar constitucional em nosso país, uma vez inserida no § 2º do art. 114 da Constituição Federal de 1988, faz-se presente não apenas em países de capitalismo avançado, com economia estável, mas sobretudo, em países emergentes, como o Brasil, onde prevalece uma conjuntura econômica e financeira volátil, com acentuadas oscilações na taxa cambial, na taxa de juros e na inflação, o que provoca a perda real do valor dos salários, e mais se acentua a necessidade de entendimentos que restaurem ou preservem a paz e o equilíbrio social.

Se não há pacificação nas relações de trabalho, sejam públicas ou privadas, ocorre um tumulto nas condições econômicas e sociais, que reflete diretamente na produção de bens e serviços do país.

Exemplo disso são os recentes movimentos de trabalhadores dos serviços públicos de transportes de alguns estados brasileiros, após negociação coletiva de trabalho frustrada, que levaram à virtual paralisação dos serviços públicos de transporte coletivo de passageiros e, virtualmente, à estagnação econômica nos períodos de conflito.

Isto porque as greves deflagradas no serviço público, diferentes do que ocorre no setor privado, acabam afetando muito mais os usuários destes serviços, a população trabalhadora, do que os empregadores, em muitos casos, empresas ligadas ao setor público. Mas isto é um assunto para o capítulo que tratamos da negociação coletiva no setor público, mais adiante neste trabalho.

Oscar Ermida Uriarte esclarece-nos a respeito da importância e da função da negociação coletiva, ao declarar que

---
(282) BERNARDES, Hugo Gueiros. *Princípios da negociação coletiva*, cit., p. 363-369.
(283) *Ibidem*, p. 370.

o direito coletivo do trabalho tem uma estrutura triangular, na qual elementos essenciais são o sindicato, a negociação coletiva e a greve. A inexistência ou imperfeição de qualquer destes três pilares determina o mau funcionamento do direito coletivo do trabalho e, consequentemente, o cumprimento insuficiente ou o descumprimento da função de autotutela.[284]

Para João de Lima Teixeira Filho, apesar de a principal fonte de produção do direito do trabalho no Brasil ser a lei, a negociação coletiva passa a desempenhar crescente papel de aprimoramento dos institutos contidos na CLT e de criação de condições de trabalho no vácuo da lei. Há, neste último caso, uma tendência de propagação da vantagem obtida por categoria mais expressiva para aquela com menor poder de pressão por meio da convenção coletiva, que é de categoria, da sentença normativa, quando frustrada a autocomposição, ou mesmo de lei.[285]

A finalidade da negociação coletiva é conseguir melhores condições de trabalho para a classe trabalhadora e, principalmente, manter os empregos, pois estes constituem a causa principal da luta das associações de trabalhadores, não apenas para o trabalhador individualmente, como para a coletividade. O emprego é o núcleo, o bem jurídico principal da relação de trabalho, do qual as condições de trabalho e de remuneração são derivativos ou bens jurídicos acessórios, pois não subsistem sem a causa principal.

Quando bem sucedido, o processo de negociação coletiva se concretiza em instrumentos jurídicos — acordo coletivo, convenção coletiva e contrato coletivo — fontes formais de direito, cujo conteúdo tem aplicação cogente sobre os contratos individuais de trabalho, pelo menos durante a vigência de um daqueles instrumentos. Da negociação coletiva podem ainda resultar obrigações para as próprias partes (sindicatos ou empresas) no caso das cláusulas punitivas, com a imposição de multas, bem como as que implicam em receitas do sindicato profissional, como no caso das contribuições confederativa e assistencial.

Não obstante a importância e a necessidade da negociação coletiva nos países de capitalismo avançado, no Brasil esse instituto encontra-se ainda em fase de desenvolvimento. De acordo com José Francisco Siqueira Neto, a fragilidade das negociações coletivas no Brasil pode ser explicada como consequência de um sistema sindical corporativista decorrente de uma sociedade autoritária em sua essência.[286]

---

(284) URIARTE, Oscar Ermida. *Apuntes sobre la huelga*. Montevideo: FCU, 1983. p. 7.
(285) TEIXEIRA FILHO, João de Lima. Negociação coletiva de trabalho. *In:* TEIXEIRA FILHO, João de Lima *et al*. *Instituições de direito do trabalho*. 18. ed. São Paulo: LTr, 1999. v. 2, p. 1177.
(286) SIQUEIRA NETO, José Francisco. *Contrato coletivo de trabalho*. São Paulo: LTr, 1991. p. 20.

João de Lima Teixeira Filho afirma que

> o modelo sindical brasileiro, de inspiração mussoliniana, é bastante inflexível, na medida em que é imposta a (1) unicidade representativa, os sindicatos são seccionados (2) base territorial e, dentro destas (3), por categorias. Estas por sua vez, fracionam-se em categorias (a) preponderantes, (b) diferenciadas e (c) profissionais de nível superior. Este atomizado cenário de representação de trabalhadores, que se vinculam ao sindicato pelo simples fato de pertencerem a uma categoria, não por manifestação de vontade, constitui elemento dificultador ao desenvolvimento da negociação coletiva. Raramente os empregados de uma empresa são representados por um único sindicato. A regra é que as empresas tenham em seus quadros motoristas, ascensoristas, advogados, engenheiros, entre outros, os quais possuem representação diferenciada, qualquer que seja a atividade preponderante da empresa.[287]

Complementa o citado doutrinador, afirmando que

> isso dificulta o afinamento de posições pelo lado dos trabalhadores, tão mais díspares quão maior seja o número de sindicatos, e também pelo lado do empregador, que se defronta com interesses que não são uniformes. E se a negociação coletiva tem lugar sem a presença de todos os sindicatos representativos daquelas três categorias de trabalhadores, as condições de trabalho não se aplicam uniformemente a todos os empregados, eis que o efeito normativo do instrumento que as consubstancia exaure-se no âmbito da categoria acordante.[288]

Octavio Bueno Magano[289] em várias oportunidades enaltece a importância da negociação coletiva, preconizando sua maior utilização nas relações coletivas de trabalho em nosso país. Diz ele:

> a convenção coletiva tem-se mostrado instrumento de flexibilidade, incomparavelmente superior aos mecanismos de tutela. Adapta-se melhor aos particularismos regionais e, sobretudo, às peculiaridades dos grupos profissionais, cada vez mais segmentados. Generalizou-se, por outro lado, a utilização da contratação coletiva não apenas para alterar *in melius* condições de trabalho, o que corresponde

---

(287) TEIXEIRA FILHO, João de Lima *et al*. *Instituições de direito do trabalho*. 16. ed. São Paulo: LTr, 1996. v. 2, p. 1127.
(288) *Ibidem*, p. 1127-1128.
(289) MAGANO, Octavio Bueno. Tutela e autocomposição. Convenção coletiva mostra-se um instrumento de flexibilidade superior. *O Estado de S. Paulo*, São Paulo, Caderno de Economia, p. B2, 29 jun. 1998.

à sua função tradicional, mas também *in pejus*, o que exterioriza prática recente.

É em função dos fatos que obstaculizam o pleno evolver da negociação coletiva, que urge uma reforma nos institutos de nosso direito coletivo, de cuja matéria trataremos, em capítulo próprio.

A negociação coletiva possui várias funções, que passamos a enumerar.

5.1. Função jurídica

a) Função normativa. Consiste na criação de normas aplicáveis aos contratos individuais de trabalho, em alguns casos, até mesmo *in pejus*, como se infere do art. 7º, VI, da Constituição Federal de 1988. Por intermédio da negociação coletiva podem ser criadas normas e regras, direitos e obrigações ainda não previstos em lei. Na verdade, a negociação coletiva atua no espaço vazio deixado pela lei, podendo vir a complementá-la, no futuro, como geralmente ocorre.

Como sabemos, as principais cláusulas emanadas da negociação coletiva bem sucedida são as cláusulas normativas e as cláusulas obrigacionais. As primeiras — normativas — dizem respeito às condições de trabalho e de remuneração da classe obreira, tendo como exemplo, o reajuste salarial negociado e aplicado *erga omnes* a todos os integrantes da categoria, o adicional de horas extras, vale transporte, vale alimentação, cesta básica, adicionais de plano de saúde, aposentadoria, etc.

É neste sentido a Súmula n. 277 do Colendo TST:

N. 277 — CONVENÇÃO COLETIVA DE TRABALHO OU ACORDO COLETIVO DE TRABALHO. EFICÁCIA. ULTRATIVIDADE (Redação Alterada na Sessão do Tribunal Pleno realizada em 14.9.2012)

As cláusulas normativas dos acordos coletivos ou convenções coletivas integram os contratos individuais de trabalho e somente poderão ser modificadas ou suprimidas mediante negociação coletiva de trabalho. (Redação dada pela Resolução TST n. 185, de 14.9.2012, DJe TST de 26.9.2012, rep. DJe TST de 27.9.2012 e DJe TST de 28.9.2012).

b) Função obrigacional. As cláusulas obrigacionais dos instrumentos jurídicos provenientes da negociação coletiva — a convenção, o acordo coletivo e o contrato coletivo — determinam direitos e obrigações para os sindicatos convenentes, impondo penalidades em caso de descumprimento do convênio coletivo.

Portanto, as cláusulas obrigacionais dizem respeito apenas aos sindicatos ou seres coletivos convenentes, ou seja, aos signatários do instrumento normativo. São exemplos destas cláusulas, a cláusula de paz social e a cláusula compromissória, que pode levar a instauração futura, de comum acordo, de uma convenção arbitral, regulada pela Lei n. 9.307/96, para dirimir eventual controvérsia resultante do cumprimento do instrumento normativo, por meio de uma sentença arbitral.

Da mesma forma, o acordo ou convenção coletiva de trabalho pode conter cláusulas que conduzam as partes à mediação ou mesmo submissão do conflito coletivo à arbitragem no Ministério Público do Trabalho, caso em que, o membro do *Parquet* Laboral ao qual foi distribuído o processo administrativo deverá, após as diligências de praxe (representação, procedimento preliminar, inquérito civil, apreciação prévia, audiência, coleta de provas etc., tudo de acordo com a Resolução n. 69/07 do CSMPT, que disciplina, no âmbito do MPT, a instauração e tramitação do inquérito civil) prolatar uma sentença arbitral, nos mesmos moldes de uma sentença judicial, ou seja, que contenha relatório, fundamentação e dispositivo. No entanto, por se tratar de uma sentença arbitral, mesmo que tenha a natureza jurídica de título executivo judicial, conforme art. 475-N do Código de Processo Civil, não transitará em julgado no sentido material, apenas formal.

Oportuno destacar também que as cláusulas sociais, como o próprio nome diz, são as relacionadas a todos os aspectos sociais da negociação, tanto podendo se enquadrar, conforme sua natureza, em cláusulas normativas ou obrigacionais.

> c) Função compositiva. A negociação coletiva bem sucedida culmina em um acordo de vontades, instrumentalizado pelo convênio coletivo subscrito pelas partes, que objetiva superar os conflitos e antagonismos entre elas, em busca do equilíbrio e harmonização social.

Desta forma, por meio da função compositiva, a negociação coletiva de trabalho pode suscitar a criação do acordo coletivo, da convenção coletiva de trabalho e ainda do contrato coletivo de trabalho, de acordo com a nova Lei dos Portos (Lei n. 12.815/13), de acordo como art. 33, *in verbis:*

Art. 33. Compete ao órgão de gestão de mão de obra do trabalho portuário avulso:

I — aplicar, quando couber, normas disciplinares previstas em lei, **contrato, convenção ou acordo coletivo de trabalho,** no caso de transgressão disciplinar, as seguintes penalidades:

a) repreensão verbal ou por escrito;

b) suspensão do registro pelo período de 10 (dez) a 30 (trinta) dias; ou

c) cancelamento do registro;

II — promover:

a) a formação profissional do trabalhador portuário e do trabalhador portuário avulso, adequando-a aos modernos processos de movimentação de carga e de operação de aparelhos e equipamentos portuários;

b) o treinamento multifuncional do trabalhador portuário e do trabalhador portuário avulso; e

c) a criação de programas de realocação e de cancelamento do registro, sem ônus para o trabalhador;

III — arrecadar e repassar aos beneficiários contribuições destinadas a incentivar o cancelamento do registro e a aposentadoria voluntária;

IV — arrecadar as contribuições destinadas ao custeio do órgão;

V — zelar pelas normas de saúde, higiene e segurança no trabalho portuário avulso; e

VI — submeter à administração do porto propostas para aprimoramento da operação portuária e valorização econômica do porto". (grifo nosso).

E, ainda os arts. 34 e seguintes da mesma Lei, aduzem ao contrato coletivo dos portuários:

"Art. 36. A gestão da mão de obra do trabalho portuário avulso deve observar as normas do **contrato, convenção ou acordo coletivo de trabalho**. (grifo nosso)

Art. 37. Deve ser constituída, no âmbito do órgão de gestão de mão de obra, comissão paritária para solucionar litígios decorrentes da aplicação do disposto nos arts. 32, 33 e 35.

§ 1º Em caso de impasse, as partes devem recorrer à arbitragem de ofertas finais.

§ 2º Firmado o compromisso arbitral, não será admitida a desistência de qualquer das partes.

§ 3º Os árbitros devem ser escolhidos de comum acordo entre as partes, e o laudo arbitral proferido para solução da pendência constitui título executivo extrajudicial.

§ 4º As ações relativas aos créditos decorrentes da relação de trabalho avulso prescrevem em 5 (cinco) anos até o limite de 2 (dois) anos após o cancelamento do registro ou do cadastro no órgão gestor de mão de obra".

(...)

Art. 42. A seleção e o registro do trabalhador portuário avulso serão feitos pelo órgão de gestão de mão de obra avulsa, de acordo com as normas estabelecidas em contrato, convenção ou acordo coletivo de trabalho.

Art. 43. *A remuneração, a definição das funções, a composição dos ternos, a multifuncionalidade e as demais condições do trabalho avulso* **serão objeto de negociação entre as entidades representativas dos trabalhadores portuários avulsos e dos operadores portuários.** (grifo nosso)

Parágrafo único. A negociação prevista no *caput* contemplará a garantia de renda mínima inserida no item 2 do art. 2º da Convenção n. 137 da Organização Internacional do Trabalho — OIT.

Art. 44. *É facultada aos titulares de instalações portuárias sujeitas a regime de autorização a contratação de trabalhadores a prazo indeterminado, observado o disposto no contrato, convenção ou acordo coletivo de trabalho."*

5.2. Função política

Para Max Weber, política é a arte ou técnica do exercício do poder, que, enquanto "poder" significa toda a probabilidade de impor a própria vontade numa relação social, mesmo contra resistências, seja qual for o fundamento dessa probabilidade.[290] Assim, podemos dizer que a negociação coletiva é um processo, por meio do qual as partes convenentes exercitam o poder por intermédio do diálogo social, buscando resolver as divergências e chegar a um acordo.

Para Amauri Mascaro Nascimento, a negociação coletiva tem uma função política enquanto forma de diálogo entre grupos sociais em uma sociedade democrática, cuja estrutura valoriza a ação dos interlocutores sociais, confiando-lhes poderes para que, no interesse geral, superem as suas divergências. Não é do interesse do governo a luta permanente entre as classes sociais, de modo que a adoção de mecanismos adequados para evitar o atrito é do interesse da sociedade. A instabilidade política pode, ainda, recrudescer os conflitos trabalhistas, quando o movimento sindical é voltado para a realização de um projeto político-partidário, de tal forma que, sendo a negociação um instrumento de estabilidade nas relações entre os trabalhadores e as empresas, a sua utilização passa a ter um sentido que ultrapassa a esfera restrita das partes interessadas, interessando a toda a sociedade política.[291]

---

(290) WEBER, Max. *Economia e sociedade*. 3. ed. Tradução da 5. ed. por Régis Barbosa; Karen Elsabe Barbosa. Brasília: Universidade de Brasília, 1994. v. 1, p. 34.
(291) NASCIMENTO, Amauri Mascaro. *Teoria geral do direito do trabalho*. São Paulo: LTr, 1998. p. 138.

Em alguns países da Europa, os sindicatos ainda hoje se organizam de forma extremamente centralizada, com relevante influência no processo político nacional.

5.3. Função econômica

A negociação coletiva tem uma função econômica, pois esta é na maioria das vezes, a principal reivindicação dos trabalhadores, que lutam principalmente por aumento de salários e de benefícios, bem como melhores condições de trabalho.

Por isso é que o índice de reajuste do salário dos trabalhadores da categoria profissional é a notícia mais esperada do ano e o componente mais importante do ato negocial. Constitui o primeiro item a ser superado na negociação coletiva, pois pode obstar o desenvolvimento de todo o processo negocial. Em geral, as demais cláusulas, embora importantes, são de natureza complementar e periféricas.

Importante ressaltar que esta importância se verifica tanto em relação ao setor privado, como público. O setor privado é regido geralmente pelas datas-bases das categorias (bancários, por exemplo, a data base é setembro de cada ano), enquanto o setor público é regulado pelo art. 37, X, e art. 39, § 4º, da Constituição Federal.

Enquanto os reajustamentos salariais anuais do setor privado ocorrem por meio da negociação coletiva bem sucedida, constante das cláusulas normativas, que passam a ter vigência já no primeiro dia do mês da data base, o aumento salarial dos servidores públicos ocorre após a promulgação da lei, sua votação no órgão parlamentar respectivo (Câmara dos vereadores, Assembleia Estadual ou Congresso Nacional) e sanção do titular respectivo do Poder Executivo.

Amauri Mascaro Nascimento destaca que essa função serve, também, para atendimento de um objetivo econômico em uma economia em prosperidade, ou para cumprir uma função ordenadora em uma economia em crise. Pode ser uma forma tanto de elevação como de redução dos custos do trabalho, dependendo de como é utilizada, bem como de ampliação ou redução de empregos, na conformidade de cada circunstância. Pode promover a melhoria da condição social do trabalhador e para esse fim inegavelmente é um instrumento adequado em relação às possibilidades de cada empresa ou de cada setor da economia, permitindo, sem maiores traumas, o atendimento das reivindicações operárias perante o capital.[292]

---

(292) NASCIMENTO, Amauri Mascaro. *Teoria geral do direito do trabalho*. São Paulo: LTr, 1998. p. 138-139.

Antonio Baylos enfatiza a função da negociação coletiva, como protagonista do estabelecimento das rendas do trabalho e custos salariais, destacando sua conexão com outras variáveis econômicas, como a inflação e produtividade. Para ele, a negociação coletiva é um verdadeiro instrumento de gestão da empresa, cabendo ao sindicato partilhar, como natural complemento de sua função de contra poder, procurando diminuir a desigualdade entre empregador e trabalhador.[293]

Devemos realçar a íntima conexão que existe entre o direito do trabalho, a economia e a política: vivem juntos, como irmãos siameses; um não pode viver ou existir sem o outro. São partes integrantes, um do outro, inseparáveis, um necessitando do outro para sua perenização. O direito sem a economia e sem a política passa a não ter razão de existir, pois não teria nada a regular. A economia sem o direito passaria a existir em um clima de insegurança política, que poderia levar a uma situação de caos social.

5.4. Função social

A função social desempenhada pela negociação coletiva apresenta segundo Pasço Cosmópolis, as seguintes características: a) é um meio de conciliação dos conflitos sociais, pela harmonização e equilíbrio entre os dois principais fatores da proteção; b) iguala as partes e, por isso, é uma forma de inter-relação entre elas e de participação dos trabalhadores na administração. A negociação coletiva requer boa-fé das partes, exigindo que se comuniquem e negociem, que suas propostas sejam compatíveis com as contrapropostas e que ambas desenvolvam todo esforço razoável para chegar a um acordo; c) é uma fonte dinâmica do direito trabalhista; d) evita ou modera a competição desleal entre as empresas, impondo-lhes os mesmos custos sociais.[294]

Para Pierre Bourdieu, o programa neoliberal retira a sua força social da força político-econômica daqueles a cujo interesse ele dá voz — acionistas, operadores financeiros, industriais, políticos conservadores etc. — e tende globalmente a favorecer a ruptura entre a economia e as realidades sociais. Se podemos preservar alguma esperança razoável é porque ainda existem, nas instituições estatais e também nas ações dos agentes, essas forças que se desdobram, sob o pretexto da simples defesa de uma ordem desaparecida e aos privilégios a ela correspondentes, para resistir à prova e inventar ou construir

---

(293) BAYLOS, Antonio. La nueva posición de la negociación colectiva en la regulación de las relaciones de trabajo españolas. *Contextos — Revista Crítica de Derecho Social*, Buenos Aires: Editores del Puerto, n. 1, 1997.
(294) COSMÓPOLIS, Pasço. *Negociación colectiva*. Lima, 1977. p. 5. (Cf. RUPRECHT, Alfredo J. *Relações coletivas de trabalho*, p. 264).

uma ordem social que não tenha como lei única a busca do interesse egoísta ou a paixão individual pelo lucro, mas que também abra espaço a coletividades voltadas à busca racional de fins coletivamente elaborados e aprovados.[295]

Continua, ainda, esse autor asseverando que

> entre essas coletividades, associações, sindicatos e partidos, um lugar especial é ocupado pelo Estado, capaz de controlar e delimitar eficazmente os lucros obtidos nos mercados financeiros e, sobretudo, de conter a ação destruidora que estes últimos exercem sobre o mercado de trabalho, organizando, com a ajuda dos sindicatos, a elaboração e a defesa do interesse público, que, quer queira ou não, nunca deixará de ser considerado, mesmo ao preço de um erro de cálculo matemático, como a forma suprema da realização humana.[296]

No mundo moderno e democrático atual, já não faz mais sentido a "não participação" dos grupos nos interesses que lhes dizem respeito. A negociação coletiva, em qualquer nível, seja centralizada (em esfera nacional) ou descentralizada (em empresas), na busca de uma harmonização e equilíbrio entre os grupos — empresas e trabalhadores — demanda a efetiva participação deles.

5.5. Função participativa

Entendemos que a negociação coletiva é uma forma de participação, seja ela realizada no âmbito da empresa, ou nos demais níveis de negociação: municipal, regional, estadual ou nacional.

Essa forma de aproximação entre as partes varia em cada circunstância: pode ocorrer um amplo nível de aproximação, se a negociação for no âmbito empresarial, por exemplo, até uma aproximação superficial, se a negociação for imposta de cima para baixo, necessitando de diálogo.

Consoante Luiz Carlos Amorim Robortella

> a participação transforma o sindicato em centro de irradiação de um poder sindical, ao lado do poder político e econômico. Essa forma de concertação social se desenvolve em todo o mundo, a ponto praticamente de não mais se admitir a regulação das relações de trabalho sem a participação dos grupos. Na realidade, tal participação instaura uma espécie de neocorporativismo, com o sindicato procu-

---

(295) BOURDIEU, Pierre. A máquina infernal. O neoliberalismo em choque. *Folha de S. Paulo*, São Paulo, Caderno Mais, p. 5-7, 22 jul. 2002.
(296) *Ibidem*, p. 7.

rando reconquistar, na esfera política, o poder perdido na economia de mercado.[297]

Aduz ainda esse autor, que

> há tendência de deslocamento da negociação coletiva também para o interior da empresa, por propiciar maior flexibilidade, facilidade de comunicação e de informações. No meio-termo estão as negociações por ramo de atividade ou profissão. Em síntese, assiste-se a uma crescente flexibilidade na negociação coletiva, com articulação de distintos níveis, seja, nacional, setorial e de empresa.[298]

Entendemos que somente com a participação efetiva das partes no processo da negociação coletiva assegurar-se-á a coexistência não conflituosa dos parceiros sociais, pelo menos durante o interregno do convênio, em um cenário de democracia sindical, impulsionando a conveniência de partes tão díspares, desde que estas se submetam a um núcleo mínimo inderrogável de direitos, normas e de princípios trabalhistas.

Há longa data defendemos a negociação coletiva de trabalho por empresa, em um processo democrático, tal como ocorre nos Estados Unidos da América, sob a égide do princípio da pluralidade sindical. Bastaria que a empresa tivesse um quadro superior a 20 trabalhadores, e com o auxílio e supervisão do sindicato da respectiva categoria profissional, ou mesmo um sindicato próprio, filiado ou não ao sindicato da categoria, poderia eleger uma comissão para representar os trabalhadores na negociação diretamente com a diretoria da empresa.

Neste caso, estaríamos a privilegiar as condições peculiares de cada empresa, estabelecimento ou mesmo empregador; porte da empresa (micro, pequena, média ou grande), sua real situação econômico-financeira, capacidade de pagamento e mercado em que opera, o que facilitaria não apenas a um maior comprometimento de todos os envolvidos no processo negocial, como também uma redução nos níveis de conflituosidade e de efetiva colaboração e aderência ao acordado.

5.6. Função pedagógica

Esta função tem por fundamento o fato de que a cada ano, por ocasião da data base das categorias, no caso brasileiro, as partes devem proceder a uma

---

(297) ROBORTELLA, Luiz Carlos Amorim. O conceito moderno de negociação coletiva. *In*: PRADO, Ney (coord.). *Direito sindical brasileiro*. São Paulo: LTr, 1998. p. 243.
(298) *Idem*.

nova rodada de negociação coletiva, com a finalidade de produzir um novo convênio, se ao longo de seu termo não sobrevierem fatos imprevisíveis, que venham a alterar o equilíbrio contratual.

O simples fato de a negociação coletiva ser um processo repetitivo, ao longo do tempo e do espaço, suscita que as partes — os sujeitos estipulantes — em um processo dialético e de democracia social, aprendam com a experiência, e aperfeiçoem suas técnicas de abordagem e de discussão, bem como de incorporação de novos conhecimentos, uma vez que são geralmente assistidos por especialistas — advogados, sociólogos, matemáticos etc.

6. A NEGOCIAÇÃO COLETIVA NO CONTEXTO DA CONSTITUIÇÃO FEDERAL DE 1988

No ordenamento jurídico brasileiro, a Constituição Federal de 1988 foi a primeira a tratar claramente da negociação coletiva, no art. 8º, VI, que assim estatui: "é obrigatória a participação dos sindicatos nas negociações coletivas de trabalho".

As Constituições anteriores apenas legitimavam a negociação coletiva, no momento em que reconheciam as convenções ou contratos coletivos de trabalho. Na legislação ordinária, encontramos a regulamentação desta matéria no art. 616 e seus §§ 1º, 3º e 4º da Consolidação das Leis do Trabalho — CLT.

O art. 616 estatui que "os sindicatos representativos de categorias econômicas ou profissionais e as empresas, inclusive as que não tenham representação sindical, quando provocados, não podem recusar-se à negociação coletiva". No § 1º encontramos: "verificando-se recusa à negociação coletiva, cabe aos Sindicatos ou empresas interessadas dar ciência do fato, conforme o caso, ao Departamento Nacional do Trabalho ou aos órgãos regionais do Ministério do Trabalho, para convocação compulsória dos Sindicatos ou empresas recalcitrantes". O § 2º estatui: "no caso de persistir a recusa à negociação coletiva, pelo Departamento Nacional do Trabalho ou órgãos regionais do Ministério do Trabalho, ou se malograr a negociação entabulada, é facultada aos Sindicatos ou empresas interessadas a instauração de dissídio coletivo". O § 3º diz "havendo convenção, acordo ou sentença normativa em vigor, o dissídio coletivo deverá ser instaurado dentro dos sessenta dias anteriores ao respectivo termo final, para que o novo instrumento possa ter vigência no dia imediato a esse termo"; enquanto o § 4º estabelece que "nenhum processo de dissídio coletivo de natureza econômica será admitido sem antes se esgotarem as medidas relativas à formalização da Convenção ou Acordo correspondente".

Percebe-se que ocorre como que uma inversão de valores no tratamento do instituto da negociação coletiva pela CLT. Ela dedica apenas o art. 616 a esse instituto, enquanto que os instrumentos que dela defluem — a convenção e o acordo coletivo — recebem um tratamento mais aprofundado, ou seja, são-lhes dedicados vários artigos: o de 611 ao 625.

Octavio Bueno Magano[299] assinala a diferença entre negociação coletiva e convenção coletiva da seguinte forma: "trata-se de termos que não se podem confundir, significando a convenção coletiva a estipulação de condições de trabalho e a negociação coletiva o processo conducente à mesma estipulação".

A evolução da legislação brasileira sobre as negociações coletivas teve como ponto de partida o Decreto n. 21.761, de 23.8.1932. Logo a seguir, a Constituição Federal de 1934, trata da negociação coletiva no art. 121 § 1º, "j". A Constituição Federal de 1937, art. 137, "a", estende os efeitos dos contratos coletivos a sócios e não sócios dos sindicatos estipulantes e fica um conteúdo obrigatório mínimo para os mesmos.

Logo a seguir, tivemos o Decreto-lei n. 1.237, de 2.5.1939, art. 28, "d", que organiza a Justiça do Trabalho e investe o Conselho Nacional do Trabalho de poderes para estender a toda a categoria, nos casos previstos em lei, os contratos coletivos de trabalho.

A Consolidação das Leis do Trabalho (CLT) de 1943 regulou, de modo mais amplo, a convenção coletiva de trabalho, como instrumento normativo de efeito *erga omnes* sobre toda a categoria representada pelo sindicato único. Logo a seguir, tivemos a Constituição Federal de 1946, art. 157, XIII, que manteve o reconhecimento das convenções coletivas de trabalho e inseriu a Justiça do Trabalho como órgão do Poder Judiciário, investindo-a de poderes normativos para, nos dissídios coletivos, estabelecer normas e condições de trabalho (art. 123, § 2º).

O Decreto-lei n. 229, de 28.2.1967, criou o nível de negociação coletiva até então inexistente no Brasil: os acordos coletivos entre sindicato da categoria e uma ou mais empresas.

Finalmente, a Constituição Federal de 1988 veio valorizar o instituto da negociação coletiva, atribuindo-lhe a função de administrar crises na empresa, ao admitir a redução dos salários por acordos e convenções coletivas e condicionar a proposítura de dissídios coletivos à prévia tentativa de negociação (art. 114).[300]

---

(299) MAGANO, Octavio Bueno. *Manual de direito do trabalho:* direito coletivo do trabalho. 2. tir. São Paulo: LTr, 1986. v. lll, p. 144.
(300) NASCIMENTO, Amauri Mascaro. O debate sobre negociação coletiva. *Revista LTr*, São Paulo, v. 64, n. 9, p. 1105, set. 2000.

O estímulo do texto constitucional de 1988 à negociação coletiva está representado na obrigação dos sindicatos de participar das negociações coletivas de trabalho (art. 8º, VI). Ademais, o § 1º do art. 114 também preleciona a preferência pela negociação coletiva que, uma vez frustrada, permite que as partes recorram à eleição de árbitros para o deslinde da controvérsia.

Para Orlando Teixeira da Costa

> a negociação como pressuposto formal necessário da convenção coletiva de trabalho foi explicitada pelo mencionado diploma legal, ao proibir a recusa à negociação coletiva por parte dos sindicatos profissionais, das empresas ou das associações sindicais representativas da sua categoria econômica. Esta imposição, embora de caráter legal, pode não ser observada pelas entidades destinatárias do preceito. Neste caso, diz ainda a lei, que órgão nacional ou órgão regional do Ministério do Trabalho as convocará compulsoriamente para a mesa de negociação. Tal procedimento acaba de ser reforçado pela Constituição de 1988, ao eleger a solução pacífica das controvérsias, como meio de conseguir a harmonia social, na ordem interna, conforme consta do seu Preâmbulo.[301]

A Constituição de 1988 elegeu expressamente a negociação coletiva como procedimento capaz de resolver as "controvérsias decorrentes da relação de trabalho", tanto que apenas uma vez tentada é que, nas hipóteses de conflitos coletivos, poderão ser ajuizadas as ações perante a Justiça do Trabalho.[302]

A atual Constituição Federal ainda prevê que certos direitos fundamentais do trabalhador, como a redução de salários, a compensação ou redução da jornada de trabalho e sua duração, quando o trabalho for realizado em turnos ininterruptos de revezamento, poderão ser negociados, conforme se depreende do art. 7º, VI, XIII e XIV.

A Constituição Federal de 1988, no seu art. 11, estabelece que nas empresas com mais de duzentos empregados, é assegurada a eleição de um representante destes com a finalidade exclusiva de promover-lhes o entendimento direto com os empregadores. Por entendimento direto podemos entender como um processo de negociação coletiva.

Não obstante o fomento proporcionado pela Constituição de 1988 ao instituto da negociação coletiva, como arcabouço legal e constitucional colocado à disposição dos atores sociais para solucionar suas controvérsias nas relações de trabalho, perseguindo a harmonia e a pacificação social, o certo é

---

(301) COSTA, Orlando Teixeira da. *Direito coletivo do trabalho e crise econômica*. São Paulo: LTr, 1991. p. 158.
(302) *Idem*.

que existem alguns entraves institucionais que obstaculizam o pleno desenvolvimento desta importante técnica no nosso direito laboral.

Um dos mais sérios obstáculos ao pleno desenvolvimento da negociação entre nós deve-se ao poder normativo atribuído à Justiça do Trabalho. A mera existência desse poder secular, já arraigado nas mentes dos atores sociais desde os idos de 1940, não estimula como deveria ser o entendimento direto e prolongamento, exaustivo entre os interlocutores sociais até a exaustão, como nos ensina a experiência do direito laboral norte-americano e alemão. Em face das primeiras dificuldades, ao invés de aprofundar o processo negocial, as partes preferem remeter a lide ao pronunciamento judicial do Estado.

Embora o § 4º do art. 616 da CLT estabeleça que "nenhum processo de dissídio coletivo de natureza econômica será admitido sem antes se esgotarem as medidas relativas à formalização da Convenção ou Acordo correspondente", sob a atual Constituição, nas palavras de Orlando Teixeira da Costa "a tolerância inibitória da negociação prévia já se insinua pela aceitação complacente de uma mera declaração que afirme ter havido negociação, sem qualquer prova concreta de que ela tenha, de fato, sido realizada".[303]

Para Ives Gandra Martins Filho, entre os pontos inconvenientes do poder normativo da Justiça do Trabalho situa-se o enfraquecimento da liberdade negocial, pois a existência de cortes laborais com poder de impor normas e condições de trabalho quando surjam dissídios coletivos entre patrões e empregados, faz com que estes recorram facilmente ao Estado, diante da menor dificuldade na negociação direta, deixando de se exercitarem na capacidade de autocomposição do conflito.[304]

Prossegue ainda esse autor asseverando que o poder normativo é incompatível com a democracia pluralista e representativa. O modelo corporativista de intervenção estatal na solução dos conflitos coletivos é próprio dos Estados totalitários e não democráticos — uma vez que atenta contra a liberdade negocial, adota solução impositiva e impede o desenvolvimento de uma atividade sindical autêntica e livre. Ademais, é maior o índice de descumprimento da norma coletiva, pois não sendo ela fruto da vontade e consentimento das partes, mas imposição estatal, muitas vezes distanciada da realidade econômica e capacidade financeira das empresas, gera maior índice de dissídios individuais para vê-la observada.[305]

Idêntica posição manifesta Octavio Bueno Magano:

> é manifesto que a Justiça do Trabalho, investida no poder normativo, erige-se em estorvo à negociação coletiva. Faz com que empresários

---
(303) COSTA, Orlando Teixeira da. *Op. cit.*, p. 159.
(304) MARTINS FILHO, Ives Gandra. *Processo coletivo do trabalho.* São Paulo: LTr, 1994. p. 35-36.
(305) *Idem*.

> e dirigentes sindicais frequentemente a baldem, para não assumirem a responsabilidade da celebração de acordos criticáveis pelos pares respectivos.(306)

Ao contrário, Tarso Fernando Genro já entende que o poder normativo não apresenta nenhum inconveniente ao pleno evolver da negociação coletiva, ao afirmar que

> a sociedade brasileira é atravessada radicalmente pela desigualdade: de classe e intraclasse. Num pequeno polo desenvolvido da sociedade está uma classe trabalhadora orgânica e forte, com capacidade de barganha, e em outro, uma classe industrial rica e não menos forte. E o restante da classe trabalhadora é inorgânica, fraca, sem capacidade de barganha. Retirar o Estado desta relação global pela supressão do poder normativo da Justiça do Trabalho é distensionar a relação dos trabalhadores com o Estado, logo excluir o Estado de sua função diretiva. Isso não significa, em nossa opinião, proibir ou desestimular a negociação coletiva e a autocomposição, mas significa permitir que, pelo poder normativo, as próprias conquistas categoriais tenham oportunidade de universalizar-se, e a própria autocomposição encontra o limite do interesse público, obstando o corporativismo e o cartorialismo, inclusive o corporativismo obreiro do colarinho branco.(307)

Ousamos discordar do autor acima, posicionando-nos de maneira totalmente inversa, ou seja: o poder normativo, ao invés de ajudar o trabalhador, acaba prejudicando-o, pois além de não estimular a construção de um sindicalismo forte e autêntico, que se aperfeiçoa com a prática democrática, possibilita a manutenção de um poder corporativo que obsta o desenvolvimento da negociação coletiva.

A se perenizar a presente configuração de modelo das relações coletivas de trabalho no Brasil, sem qualquer modificação estrutural, estaríamos dando total guarida a uma situação paradigmática, bem emoldurada por Evaristo de Moraes Filho, quando diz

> habituou-se o trabalhador a tudo esperar do Estado, num regime paternalista que se instaurou a partir de 1930, ou sob forma de leis e regulamentos, ou de sentenças normativas da Justiça do Trabalho, em dissídios coletivos. Os empregadores, por sua vez, na expectativa

---

(306) MAGANO, Octavio Bueno. Tutela e autocomposição. Convenção coletiva mostra-se um instrumento de flexibilidade superior. *O Estado de S. Paulo*, São Paulo, Caderno Economia, p. B2, 22 mar. 2002.
(307) GENRO, Tarso Fernando. Em defesa do poder normativo e reforma do estado. *Revista LTr*, São Paulo, v. 56, n. 4, p. 414, 1992.

de tais medidas governamentais raramente se inclinam por medidas voluntárias e espontâneas, que lhes possam onerar a produção e lhes dificultar a concorrência. O diálogo não é o forte na vida da relação empresa-sindicato-empregado.[308]

São notórias as vantagens da negociação coletiva em relação à prestação jurisdicional do Estado, por meio da sentença normativa. Entre essas vantagens podemos enumerar: celeridade na elaboração de seus instrumentos jurídicos; maior adaptabilidade e maleabilidade ao caso concreto; propensão a uma maior estabilidade de condições de trabalho — a chamada paz social; melhor compatibilidade às necessidades e exigências da produção e do mercado; criação de regras e novos direitos e obrigações específicas; estabelecimento de métodos próprios para a solução das controvérsias (mediação, conciliação, arbitragem de ofertas finais); maior grau de solidariedade e integração entre os trabalhadores e empregadores e, por fim, mas não por último, o fortalecimento dos sindicatos e de outras formas de organização dos trabalhadores no local de trabalho.

Adicionalmente, a universalização de direitos derivados dos instrumentos voluntários de criação dos grupos particulares — os sujeitos estipulantes — que são incorporados pelas demais categorias de trabalhadores pode ser igual ou muito maior do que os criados por meio do poder normativo dos tribunais, devido ao fato de que as partes melhor que os juízes, conhecem as peculiaridades, as condições econômico-financeiras das empresas e suas reais condições de atender a certas reivindicações.

A tão esperada revitalização do sindicalismo nacional, que poderá decorrer da reforma dos alicerces da organização sindical brasileira, com a adoção do pluralismo sindical, da plena liberdade de ação sindical, em todos os níveis, com o livre exercício do direito de greve, inclusive pelos servidores públicos estatutários, que de longa data defendemos, inclusive em capítulo de livro de nossa lavra[309] e com ações concretas de fomento da negociação coletiva pelo Estado, cremos que o poder normativo poderá ser modificado, para que cumpra seu papel tão somente no atendimento das lides coletivas de natureza jurídica.

Vários outros doutrinadores destacam, ainda, os entraves ao pleno evolver da negociação coletiva no Brasil. Entre eles, podemos destacar Hermes Afonso Tupinambá Neto, para quem "a norma constitucional não facilitou a negociação coletiva, nem a arbitragem, posto que não as tornou sequer obrigatórias

---

(308) MORAES FILHO, Evaristo de. *Temas atuais de trabalho e previdência*. São Paulo: LTr, 1976. p. 131.
(309) SANTOS, Enoque Ribeiro dos; SILVA, Juliana Lemos da. *O direito de greve do servidor público estatutário como norma de eficácia contida*: temas modernos de direito do trabalho. Leme: BH, 2006. v. I, p. 253.

e muito menos estabeleceu qualquer sanção ou penalidade para quem se recusasse a deles participar".[310]

Idêntico é o posicionamento de Arnaldo Süssekind, quando destaca que

> é inquestionável que, no Brasil, o sistema legal vigente facilita, de forma inconveniente, a instauração do processo judicial de dissídio coletivo. Apesar das limitações em boa hora estabelecidas na Instrução Normativa n. 4, de 1993, do Tribunal Superior do Trabalho, certo é que o art. 114 da Constituição e a legislação por ela recepcionada não fomentam a autocomposição dos conflitos coletivos de trabalho.[311]

Outros autores já têm diferentes pontos de vista. Entre eles, Pedro Vidal declara que "a fórmula apresentada pela Constituição revela-se versátil, sábia, realista e pragmática, conjugando ideais com exigências práticas, tradições com o progresso e interesses setoriais com o interesse social",[312] enquanto Arion Sayão Romita[313] confirma que existe uma clara contradição entre o parágrafo primeiro e o segundo do art. 114 da Constituição Federal de 1988, uma vez que existe a preferência pelo método autocompositivo, apesar de conservar o poder normativo da Justiça do Trabalho.

Walküre Lopes Ribeiro da Silva elucida que

> embora desde o final da década de setenta o País já se encaminhasse para a redemocratização, a Constituição de 1988 é o marco essencial da ruptura com o modelo. Porém, o rompimento com o corporativismo não foi total, sobrevivendo no novo texto constitucional duas características centrais: a unicidade sindical e a contribuição sindical obrigatória. A modernização das relações de trabalho no Brasil passa necessariamente pela eliminação dessas duas características, sem o que estarão comprometidas a representatividade dos sindicatos e, consequentemente, a negociação coletiva e a concertação social por eles desenvolvidas, que constituem instrumentos normativos para a pretendida reestruturação da sociedade.[314]

---

(310) TUPINAMBÁ NETO, Hermes Afonso. Negociação coletiva. *In:* FRANCO FILHO, Georgenor de Sousa (coord.). *Direito do trabalho e a nova ordem constitucional.* São Paulo: LTr, 1991. p. 170.
(311) SÜSSEKIND, Arnaldo. A justiça do trabalho 55 anos depois. *Revista LTr,* São Paulo, v. 60, n. 7, p. 882, 1996.
(312) VIDAL NETO, Pedro. *Do poder normativo da justiça do trabalho.* São Paulo: LTr, 1983. p. 266.
(313) ROMITA, Arion Sayão. Dissídio coletivo: significado político e aspectos processuais. *Gênesis — Revista de direito do trabalho,* Curitiba, n. 9, p. 175, 1996.
(314) SILVA, Walküre Lopes Ribeiro da. Autonomia privada coletiva e modernização do direito do trabalho. *In:* NASCIMENTO, Amauri Mascaro (coord.). *Anais.... Congresso Brasileiro de Direito Coletivo do Trabalho,* 9, São Paulo: LTr, p. 69, 1994.

Se a democracia se aprende na prática, por meio de tentativas, erros e acertos, freios e contrapesos, já é chegada a hora de parar de tratar os atores sociais como relativamente incapazes e totalmente dependentes e subservientes do Estado. É necessário aperfeiçoarmos o direito coletivo do trabalho no Brasil, com a adoção de técnicas e princípios modernizadores, em consonância com o direito laboral estrangeiro, preservando, obviamente, nossa experiência histórica e cultural, mas com prevalência da ampla liberdade sindical e do pluralismo sindical, jurídico e político.

Podemos, naturalmente, nos espelhar na experiência do direito alemão. Hanns Brauser destaca que o sistema adotado na Alemanha na década de 1920 até a década de 1930 era a arbitragem obrigatória, o que levava ao enfraquecimento do sindicato, pois se era o Estado quem decidia, não existia razão para o sindicalismo.[315] Se o sindicalismo alemão se fortaleceu a partir do momento em que o Estado permitiu a alteração desse sistema, tudo leva a crer que poderemos ter no Brasil os mesmos efeitos, ou seja, a revitalização do sindicalismo, para cumprir o papel que dele espera a classe trabalhadora.

A história do sindicalismo na Inglaterra nos dá um excelente exemplo, de que não podemos menosprezar a capacidade dos atores sociais em construir algo de novo, no campo do sindicalismo, partindo virtualmente do nada:

> a indústria inglesa de gás apresenta um exemplo notável e extremo da ascensão do sindicalismo. Os trabalhadores do gás eram — em comum com outros considerados convencionalmente como "não capacitados" — considerados como incapazes de um sindicalismo forte e estável; e na verdade, com exceções locais e fugazes, eles nunca haviam formado organizações importantes e duradouras antes de 1889. Durante 17 anos antes dessa data eles não possuíam absolutamente nenhum sindicato identificável. Contudo, quando em 1889 eles exigiram concessões que, sustentava-se de uma maneira geral, elevaria a folha de pagamento da indústria de um terço, suas exigências foram atendidas virtualmente sem luta. Além do mais, os novos sindicatos se mantiveram contra o contra-ataque subsequente. Sobre uma grande parte do país, portanto, a indústria mudou da noite para o dia de totalmente desorganizada numa excepcionalmente sindicalizada; de importantes resultados em sua estrutura e política.

Não obstante todos esses percalços ao livre desenvolvimento da negociação coletiva em nosso país, entendemos que ela virá forçosa e certamente a

---

(315) BRAUSER, Hans. A evolução do sistema de negociação coletiva na Alemanha. *In:* TEIXEIRA, Nelson Gomes. *O futuro do sindicalismo no Brasil.* São Paulo: Pioneira, 1990. p. 96.

partir da modernização do direito coletivo do trabalho, por meio de reformas estruturais, não apenas na organização sindical, como na implantação de uma verdadeira e ampla liberdade sindical, e a eliminação de todos os entraves para a ratificação da Convenção n. 87 da Organização Internacional do Trabalho (OIT), ou seja, eliminação do sistema de sindicado único, das contribuições sindicais obrigatórias, da divisão em categorias e da base territorial mínima do município, e uma limitação do poder normativo da Justiça do Trabalho às controvérsias de natureza jurídica.

Se existiam alguns óbices e preocupações no passado da inexistência de instrumentos e órgãos protetivos aos trabalhadores hipossuficientes, que poderiam ser prejudicados com a eliminação ou mitigação do poder normativo dos Tribunais do Trabalho, atualmente tal incidente encontra-se plenamente superado pela reconfiguração promovida pela Constituição Federal de 1988 (arts. 127 a 129) em relação ao Ministério Público do Trabalho, cuja principal atribuição constitucional é a defesa dos direitos sociais indisponíveis dos trabalhadores.

Hodienarmente, o *Parquet* Laboral pode seguramente assumir virtualmente todas as funções conciliadoras e pacificadoras que são exercidas em nome do poder normativo pelos Tribunais do Trabalho, que atualmente detém este poder originário, já que os magistrados de primeira instância não possuem tal poder.

Em outras palavras, como os membros do Ministério Público do Trabalho detém o *expertise* jurídico para lidar com causas coletivas que tenham por objeto direitos ou interesses difusos, coletivos e individuais homogêneos, com relevância social (art. 6º da Lei Complementar n. 75/93), e detém legitimidade autônoma constitucional vocacionada para a utilização de qualquer instrumento processual para fazer valer tais direitos, à semelhança do *National Labor Relations Board* (BOARD) do direito norte-americano, poderiam assumir o protagonismo na pacificação destes conflitos, a nível administrativo, que poderiam ser resolvidos, em primeiro plano, pela celebração de um TAC — Termo de Ajuste de Conduta dos seres convenentes (sindicatos e empresas), ou mesmo na celebração de contratos (portuários), acordos e convenções coletivas. Isto porque, na esfera administrativa, o membro do *Parquet* é vocacionado para participar de qualquer tipo de negociação que tenha por objeto direitos e interesses metaindividuais.

Somente em caso de restar infrutífera toda e qualquer atuação ministerial e não havendo alternativa a este órgão federal, é que tais conflitos poderiam ser direcionados aos Tribunais do Trabalho, da mesma forma como hoje ocorre com as demais lides coletivas. Afinal, a reconfiguração constitucional do

Parquet Trabalhista e a canalização de algumas de suas funções anteriores a 1988, para a Advocacia Geral da União, tiveram por ensejo exatamente uma maior participação e efetividade de atuação deste órgão, e um gradual esvaziamento do poder normativo pelos órgãos *ad quem* do Judiciário.

Isto porque o juiz do trabalho é vocacionado para resolver lides individuais, enquanto o membro do MPT o é em relação as lides coletivas e nada melhor para a efetividade do processo coletivo do que delimitar muito bem estas atribuições constitucionais, em nome da efetividade do processo e do gradual esvaziamento do número de ações ajuizadas.

Portanto, estamos a sugerir um amplo debate entre os órgãos de direção do Poder Judiciário e do MPT no sentido de estabelecer diretrizes e procedimentos, por meio de eventual resolução administrativa destes órgãos, com o objetivo de delimitar o ajuizamento de dissídios coletivos de natureza econômica e, portanto, o poder normativo dos órgãos originais (TRT e TST) tão somente exaurido o papel pacificador do *Parquet* Trabalhista.

7. Os instrumentos normativos que defluem da negociação coletiva

Nos países de economia avançada, quando um grupo profissional entra em confronto com a empresa, ou com várias empresas, geralmente no local de trabalho, reivindicando melhores condições de remuneração, de salário e de trabalho, a pretensão resistida que a situação gera tende a ser resolvida por meio de procedimentos de transação — ou concessões recíprocas — pelos próprios atores sociais.

A transação negocial estabelecida entre os interlocutores sociais recebe a denominação de negociação coletiva e se concretiza através de instrumentos que recebem as mais variadas denominações, como a de convenção ou contrato coletivo de trabalho, pacto coletivo, protocolo de fim de conflito, concordata de trabalho, regulamento corporativo, contrato de tarifa, convênio de normas de trabalho e salário, além de outras.[316]

A Organização Internacional do Trabalho, principalmente através da Recomendação n. 91, de 1951 e a Convenção n. 154, de 1981, adotou a nomenclatura de "contrato coletivo", expressão anteriormente usada pelo direito nacional, até o advento do Decreto-lei n. 229, de 1967, que modernizou o *nomem juris* do instituto no Brasil, para convenção coletiva de trabalho.[317]

---

(316) COSTA, Orlando Teixeira da. *Direito coletivo do trabalho e crise econômica.* São Paulo: LTr, 1991.
(317) *Ibidem*, p. 149-150.

O pressuposto necessário de toda e qualquer convenção coletiva é a negociação coletiva, pois é ela que torna possível a transação de que decorre o instrumento assim denominado.[318]

Dessa forma, os instrumentos normativos negociados pelos sujeitos estipulantes — sindicatos dos trabalhadores e patronal ou empresas — por meio de solução autocompositiva dos conflitos coletivos de trabalho são produtos jurídicos de uma negociação coletiva concluída com sucesso. Esses produtos ou instrumentos jurídicos que emanam do processo de negociação coletiva no Brasil são a convenção, o acordo coletivo e mais recentemente, o contrato coletivo.

A doutrina nacional emprega a expressão "convenção coletiva de trabalho" para designar tanto a convenção quanto o acordo coletivo. No entanto, é mister destacar a diferença que existe entre esses dois instrumentos normativos.

De acordo com Mozart Victor Russomano, convenção coletiva de trabalho é o convênio entre o sindicato operário e o sindicato patronal correspondente (ou empresas individualmente consideradas), tendo por objeto principal a estipulação de normas a serem respeitadas através dos contratos individuais de trabalho e, por objeto secundário, a criação de direitos e obrigações assumidas pelos convenentes a título próprio.[319]

Carlos Moreira de Luca define convenção coletiva de trabalho e também o acordo coletivo de trabalho, como "o negócio jurídico formal através do qual sindicatos ou outros sujeitos devidamente legitimados compõem conflitos de interesses e de direitos entre grupos profissionais que compreendam empregados e empregadores".[320]

Como vimos, o Decreto-Lei n. 229, de 28.2.1967, veio dar uma nova redação ao título VI da Consolidação das Leis do Trabalho (CLT), que trata das convenções coletivas de trabalho, passando a admitir, ao lado das convenções coletivas (que têm como partes sindicatos) acordos coletivos, celebrados por sindicatos profissionais com um ou vários empregadores (art. 611, § 1º).

Não havendo sindicato, as federações e confederações são sucessivamente legitimadas para a celebração de contratos coletivos (CLT, art. 611, § 2º). O dispositivo refere-se à celebração de convenção coletiva de trabalho, mas o entendimento deve ser no sentido de compreender também os acordos coletivos. Não haveria por que distinguir as hipóteses e, se as entidades de

---

(318) COSTA, Orlando Teixeira da. *Op. cit.*, p. 150.
(319) RUSSOMANO, Mozart Victor. *Princípios gerais de direito sindical*. 2. ed. Rio de Janeiro: Forense, 2002. p. 150.
(320) LUCA, Carlos Moreira de. *Convenção coletiva de trabalho*: um estudo comparado. São Paulo: LTr, 1991. p. 134.

grau superior podem representar grupos de trabalhadores, mesmo havendo sindicato, no caso do art. 617 da CLT, seria aberrante que não pudessem fazê-lo não havendo sindicato.[321]

O art. 617 da CLT ainda prevê que grupos de empregados que pretendam celebrar acordo coletivo provoquem o sindicato para assumir as negociações. Na omissão dele, deverão ser provocadas sucessivamente a federação e a confederação correspondente. Na inércia delas, os empregados diretamente ficam legitimados para a celebração de acordo coletivo.

Portanto, o modelo de negociação coletiva hoje em vigor no Brasil pode dar origem, basicamente, aos seguintes instrumentos jurídicos: a convenção coletiva de trabalho mais ampla, o acordo coletivo de trabalho, com um campo de abrangência mais restrito, e uma inovação que vem sendo propugnada relacionada a um terceiro tipo de convênio: o contrato coletivo de trabalho.[322]

Quanto ao contrato coletivo de trabalho, inexiste ainda uma definição legal para o instituto: as referências existentes estão contidas nas Leis ns. 8.542/92 (acerca da política salarial), 8.630/93 (antiga lei do regime de trabalho nos portos) e atual Lei dos portuários n. 12.815/2013. Essas leis não estabelecem o conceito do contrato coletivo, em nenhum momento, mas ambas o referenciam como um terceiro tipo de convênio, que pode ser engendrado por meio da negociação coletiva.

A nova lei dos portos (Lei n. 12.815/13) além de citar expressamente o termo contrato coletivo, também faz alusão à forma de resolução dos conflitos coletivos por meio da arbitragem de ofertas finais, utilizando o verbo dever, no sentido de obrigatoriedade, e não o verbo poder, o que implicaria em uma simples faculdade dos entes coletivos.

Para Amauri Mascaro Nascimento, o contrato coletivo é "um corpo sem rosto". Aponta ele para quatro aspectos principais sobre este tipo de convênio: a) o âmbito de validade (se nacional, categorial ou supracategorial); b) a legitimação para negociá-lo (se exclusiva dos sindicatos, ou extensiva às federações, confederações ou centrais sindicais); c) o grau de relação entre o contrato coletivo de trabalho e os demais tipos de convênios coletivos (se há prioridade hierárquica entre esses instrumentos); d) o grau de relação entre o contrato coletivo de trabalho e a lei (se há uma hierarquia a ser respeitada).[323]

---

(321) LUCA, Carlos Moreira de. *Op. cit.*, p. 136.
(322) SILVA, Otavio Pinto e. *A contratação coletiva como fonte do direito do trabalho*. São Paulo: LTr, 1998. p. 41.
(323) NASCIMENTO, Amauri Mascaro. Contrato coletivo como alteração do modelo de relações de trabalho. *Revista LTr*, São Paulo, v. 57, n. 2, p. 196, fev. 1993.

Enquanto no direito estrangeiro, o contrato coletivo de trabalho é utilizado para abrigar diversos tipos de convênios entre empregados e empresários, sendo um dos mais comuns o contrato coletivo que emana de uma negociação coletiva, no âmbito empresarial, no Brasil este tipo de convênio é mais comumente utilizado para amparar o fruto de uma negociação, na esfera nacional, como por exemplo, o contrato coletivo dos bancários.

Discorrendo sobre o espaço para aplicação do contrato coletivo no Brasil, Antônio Álvares da Silva afirma que "a chave da questão está na análise da natureza jurídica dos interesses profissionais e econômicos defendidos coletivamente pelos sindicatos".[324] Assim decorrem dois aspectos cruciais: a) interesses localizados das próprias categorias profissionais e econômicas, em função das quais foram constituídos os sindicatos que as representam; b) interesses genéricos dos trabalhadores que não se limitam a categorias parciais, mas referem-se à integralidade do trabalhador, como gênero e não como trabalhador situado em uma profissão, categoria ou empresa.

Dessa forma, o contrato coletivo poderia ser utilizado pelos atores sociais, por meio da negociação coletiva, para preencher os espaços referentes aos interesses gerais dos trabalhadores, na forma de interesses coletivos que extrapolem os limites de categorias ou profissões abrangendo, por exemplo, regras de proteção contra a dispensa dos trabalhadores, salário mínimo, diretrizes para a solução de conflitos individuais e coletivos etc.

John Naisbitt, estudando as megatendências na virada deste milênio, declara que

> as tendências mundiais apontam, predominantemente, para a independência política e autogoverno, por um lado, e para a formação de alianças econômicas, por outro lado. À medida que a economia global se amplia, as partes componentes se tornam menores. Na imensa economia global, existirão nichos de mercados cada vez menores, equilibrando o tribal com o universal. O tribalismo é a crença na fidelidade ao próprio grupo, definido pela etnia, pelo idioma, pela cultura, pela religião ou pela profissão. E essa crença está florescendo.[325]

Vemos, dessa forma, que o sindicato pode ser analogicamente considerado como uma espécie de tribo — união de membros ou grupo social — entrela-

---

(324) SILVA, Antônio Álvares da. *Questões polêmicas de direito do trabalho*. São Paulo: LTr, 1993. v. IV, p. 298-299.
(325) NAISBITT, John. *Paradoxo global*: nações, empresas, indivíduos. Quanto maior a economia mundial, mais poderosos são os seus protagonistas menores. 8. ed. Tradução de Ivo Korytovski. Rio de Janeiro: Campus, 1994. p. 4-17.

çados por objetivos comuns. É, além disso, munido de uma oportunidade de autogoverno, visto como o pilar da democracia, considerando a extraordinária disseminação da democracia no mundo atual.

O contrato coletivo de trabalho poderá ser utilizado como instrumento gradual de descentralização, de modo a tornar a negociação coletiva mais exitosa, mas dotada de uma nova reconfiguração: a partir de uma emenda constitucional poderíamos vir a praticar uma negociação coletiva nas empresas, cujo instrumento normativo seria o contrato coletivo de trabalho, coexistindo com os demais instrumentos, na esfera municipal, regional, estadual ou nacional, em um sistema de pluralidade sindical.

Simultaneamente, poder-se-ia aliar uma centralização política nos órgãos de cúpula sindical — centrais sindicais e confederações — promovendo lentamente, ou em um período de transição negociado, a descentralização sindical na base da pirâmide, ou nos sindicatos de base, dentro dos modernos preceitos da mais ampla liberdade sindical.

A partir do momento em que as centrais sindicais passaram a ter maior proeminência, detendo a titularidade de indicar trabalhadores para os conselhos (CODEFAT, FGTS, INSS, etc.) e a participar efetivamente dos debates de política econômica e social, embora não sendo agentes que participem diretamente das negociações coletivas de trabalho, acabaram por, de certa forma, afastar as confederações de trabalhadores do centro decisório, e com isto as colocar em uma espécie de limbo jurídico.

Além disso, a Lei n. 11.648/08 que reconheceu legalmente as centrais sindicais como entidades de representação de trabalhadores, também lhe atribuiu o direito de receber 10% (dez por cento) dos valores recebidos pelo Governo, a título de contribuição sindical obrigatória. Na verdade, a parte deste imposto que era vertida para a conta especial de emprego do Ministério do Trabalho e Emprego, no aporte de 20%, foi dividida com as centrais sindicais, entre elas: a Central Única dos Trabalhadores (CUT) — a maior delas — com aproximadamente 38% de índice de representatividade; Força Sindical com 14,2%; União Geral dos Trabalhadores; Central dos Trabalhadores e Trabalhadoras do Brasil, Nova Central Sindical dos Trabalhadores e Central Geral dos Trabalhadores do Brasil, essas últimas com aproximadamente 7% de representatividade cada uma delas.

Nas palavras de Antônio Álvares da Silva

> agora, com o deslocamento do eixo organizatório da atividade empresarial, uma nova estratégia deverá ser estabelecida para enfrentamento dos novos problemas que passaram a existir no processo produtivo. A produção individualizada e sem hierarquia da moderna empresa, preparada para um tipo de cliente cada vez mais pessoal,

diversificado e exigente, reclama um novo modelo que refletirá também no modo de organização das relações de trabalho.⁽³²⁶⁾

As negociações coletivas em bloco não satisfarão mais a essa exigência individualizante e necessariamente diversificada. Cada empresa constituirá uma unidade distinta com necessidades próprias para seu corpo de trabalhadores, que só serão correspondidas na medida em que forem enfrentadas com negociações específicas, conduzidas para a solução de problemas localizados.

Entendemos que o local de trabalho, ou a empresa, constitui o *locus* por excelência, da consolidação de uma efetiva solidariedade e união dos trabalhadores. Afinal, é no ambiente da empresa que o trabalhador despende a maior parte de seu tempo diário, até maior do que aquele que passa no convívio familiar, desenvolvendo laços de amizade, de afeto, de solidariedade, e estabelece relacionamentos até mesmo conjugais. Se o sindicalismo por empresa é uma realidade no direito comparado e constitui tendência moderna de aglutinação dos trabalhadores, não vemos motivos em não o recepcionarmos em futuro processo de modernização da organização sindical brasileira.

A rigor, se já vivemos na época em que deve prevalecer a lei das partes, e não mais a lei do patrão ou a lei monocrática do Estado, com a modernização do direito coletivo do trabalho, em nosso país, sob um sistema de pluralidade sindical e de plena liberdade de contratação, o contrato coletivo poderá vir a ser utilizado como um instrumento de flexibilização para a contratação coletiva, em vários níveis de negociação: de empresa, de profissões, de categorias, intercategorial, municipal, regional, estadual, nacional, nos mais altos preceitos da democracia sindical.

8. A NEGOCIAÇÃO COLETIVA NO SETOR PÚBLICO⁽³²⁷⁾

8.1. Introdução

Em face dos recentes desdobramentos das greves de várias categorias de servidores públicos que, por meio dos sindicatos representativos se acamparam em Brasília, no final do ano passado, reivindicando direitos de seus representa-

---

(326) SILVA, Antônio Álvares da. Contratação coletiva. *In:* MALLET, Estêvão; ROBORTELLA, Luiz Carlos Amorim (coords.). *Direito e processo do trabalho:* estudos em homenagem a Octavio Bueno Magano. São Paulo: LTr, 1996. p. 242-243.

(327) O presente capítulo foi escrito pelo autor, em conjunto com o prof. Bernardo Cunha Farina. Advogado. Especialista em Direito do Trabalho e Processo do Trabalho pela UDC (União Dinâmica de Faculdades Cataratas). Mestrando do curso de pós-graduação stricto sensu em sociedade, cultura e fronteiras da UNIOESTE (Universidade Estadual do Oeste do Paraná).

dos, o que culminou com a celebração de acordos coletivos de trabalho com o Estado, por meio do Ministério do Planejamento, e colocou fim ao movimento paredista, com a aceitação do reajuste salarial de 15,8% proposto pelo Executivo, descortinaram-se novos horizontes para o revigoramento do instituto da negociação no setor público.

Em relação à participação do Estado como contratante de trabalhadores, na última década, o setor público se agigantou e, atualmente, sem dúvida, a Administração Pública se apresenta como a maior empregadora. De uma força de trabalho nacional que se aproxima de cem milhões de pessoas, certamente a Administração Pública emprega direta e indiretamente, segundos dados do IBGE, um contingente superior a treze milhões de trabalhadores, por isso sua relevância social e jurídica.

A negociação coletiva de trabalho, considerada uma das formas mais eficazes de pacificação dos conflitos coletivos, instituto moderno do direito coletivo do trabalho, deverá ser fomentada no âmbito da Administração Pública, na medida em que seu alcance transcende os meros interesses individuais dos servidores públicos para atingir toda a sociedade.

E é justamente sobre esta importante temática e enorme desafio que nos propusemos a examinar nas próximas linhas, tendo em vista contribuir, minimamente que seja, para o debate acadêmico e parlamentar no que tange à necessidade de pleno desenvolvimento da negociação coletiva no setor público.

A concepção de que as condições de trabalho no setor público, especialmente no que diz respeito aos subsídios e a manutenção de seu poder nominal, somente poderiam ser fixadas unilateralmente pelo Poder Executivo recua à concepção de Estado como ente englobador da sociedade, autoritário, arbitrário, remonta aos princípios do Direito Administrativo. Ademais, esse quadro não era visto em uma perspectiva de impor limites ao poder do Estado, mas sim num cenário de manutenção de privilégios mediante a criação de um espaço antagônico à atuação do particular e a dos Poderes Legislativo e Judiciário, o que impediu por muito tempo a sindicalização dos servidores públicos.

O direito à liberdade sindical, já consagrado pela Convenção n. 87 da OIT, é direito humano fundamental, portanto preexistente ao direito positivo que somente pode reconhecê-lo ou declarar sua existência, do qual emana os direitos à negociação coletiva e à greve, considerados os pilares do Direito Coletivo, indissociáveis numa relação tridimensional que perderia todo o sentido sem qualquer um desses seus três elementos constitutivos.

Nesta direção, se a Constituição Federal de 1988 garante ao servidor público o direito à livre associação sindical e à greve, o caminho estava aberto ao reconhecimento do direito ao exercício da negociação coletiva no setor público, como corolário lógico, o que a ratificação da Convenção n. 151 da OIT somente veio a chancelar.

Neste quadro social e jurídico, passamos a analisar a complexidade da negociação coletiva de trabalho no setor público brasileiro.

8.2. A SOCIEDADE, O ESTADO E A ADMINISTRAÇÃO PÚBLICA

8.2.1. CONCEITO DE ESTADO E SUA ATUAL RELAÇÃO COM A SOCIEDADE

Em razão do tema do presente artigo ser a negociação coletiva de trabalho no setor público, forçoso é explanar, mesmo que perfunctoriamente, sobre Estado, Administração Pública e Sociedade, evidentes que são as imbricações existentes que muitas vezes chega à sobreposição.

Por ser o Estado uma criação jurídica, artificial, de situação de fato que foi se construindo e modificando-se ao longo da história, sua conformação, compreensão, relação entre seus elementos constitutivos, poderes e seu vínculo com a sociedade, decorrem mais de posição ideológica do observador, que propriamente do direito, ou seja, provêm fundamentalmente de como o jurista vê a democracia, a sociedade, o Estado, e o papel deste naquelas.

Oportuno trazer à consideração que o conceito de sociedade é polissêmico, admitindo diversas acepções e que, de acordo com Norberto Bobbio,[328] durante séculos, a expressão sociedade civil foi usada para designar o conjunto de instituições e de normas que nos dias de hoje constituem exatamente o que se chama de Estado.

Para aquele autor, foi a partir de Marx e Hegel que foi instalada a dicotomia sociedade civil *versus* Estado, mas ele indaga se atualmente a distinção entre sociedade civil e Estado ainda tem alguma razão de ser, pois afirma que ao processo de emancipação da sociedade em relação ao Estado totalitário seguiu-se o processo inverso de reapropriação do Estado à sociedade, dando surgimento ao Estado Social de Direito.

Ainda segundo Bobbio, trata-se "não só do Estado que permeou a sociedade, mas também do Estado permeado pela sociedade". Contudo, alerta que a contraposição entre sociedade civil e Estado ainda persiste, numa convivência contraditória, dialética, não suscetível de conclusão, pois "sociedade

---

(328) BOBBIO, Norberto. *Estado, governo, sociedade*: para uma teoria geral da política. 1. ed. 18. reimp. São Paulo: Paz e Terra, 2012. p. 49 a 52.

e Estado atuam como dois momentos necessários, separados, mas contíguos, distintos, mas interdependentes, do sistema social em sua complexidade e em sua articulação interna".

Conforme se observa, em sua contínua construção e reconstrução histórica, o Estado, seu papel e sua relação com a sociedade vêm se modificando num processo dinâmico imbricado com o pensamento político vigente, desde os Estados totalitários, autocráticos, despóticos, até o Estado Democrático de Direito.

Segundo Lenio Streck[329] e Bolzan de Morais, a Democracia é a sociedade verdadeiramente histórica, aberta ao tempo, às transformações e ao novo, onde indivíduos e grupos organizam-se em associações, em movimentos sociais e populares, trabalhadores de organizam em sindicatos, criando um contrapoder social que limita os poderes institucionais do Estado, além de fundar-se em outros pressupostos essenciais, tais como liberdade de informação e de expressão, autonomia para as associações e eleições livres. Tais pressupostos trazem em germe a soberania popular.[330]

Além disso, para os mesmos autores, a fim de conhecer o Estado Contemporâneo ainda é necessário visualizá-lo a partir de seus elementos constitutivos, numa concepção clássica, quais sejam território, povo e poder com soberania e finalidade, ou seja, seus elementos materiais, formais e teleológicos.

Tal concepção de Estado deixa claro que a sociedade é um de seus elementos constitutivos sem o qual aquele não existe, perde a razão de ser.

Neste sentido, dois de seus pilares fundamentais são: todo o poder emanar do povo, que o exerce diretamente ou por meio do voto; a sociedade ser a destinatária e a razão de ser do Estado, princípios consagrados na Constituição da República Federativa do Brasil, em seu art. 1º.[331]

Neste contexto democrático, seria um equívoco confundir a Administração Pública com o Estado. Aquela é essencial para administrar o Estado, mas não se confunde com este.

Por outro lado, o poder soberano do Estado, aqui entendido em seu conjunto (território, povo e poder com finalidade) é exercido frente a outros Estados, no plano internacional. Já no plano interno do Estado, o poder sobe-

---

(329) STRECK, Lenio Luiz; MORAIS, José Luís Bolzan de. *Ciência política e teoria do estado*. 7. ed. Porto Alegre: Livraria do Advogado, 2012. p. 109 a 111.
(330) RESENDE, Renato de Sousa. *Negociação coletiva de servidor público*. São Paulo: LTr, 2012. p. 38 a 48.
(331) Art. 1º A República Federativa do Brasil, formada pela união indissolúvel dos Estados e Municípios e do Distrito Federal, constitui-se em Estado Democrático de Direito e tem como fundamentos: I — a soberania; II — a cidadania, III — a dignidade da pessoa humana; IV — os valores sociais do trabalho e da livre iniciativa; V — o pluralismo político. Parágrafo único. Todo o poder emana do povo, que o exerce por meio de representantes eleitos ou diretamente, nos termos desta Constituição.

rano é da sociedade, nos termos do art. 1º, e seu parágrafo único e art. 14 da Constituição Federal.

Por conseguinte, não se pode pensar em Estado dissociado do povo soberano sobre este, pois todo poder emana do povo que é um de seus elementos constitutivos essenciais sem o qual o Estado não existe.

Neste particular, importante a opinião de Norberto Bobbio,[332] para quem o papel assumido pelo Estado na atualidade é o de dar respostas às demandas sociais, ou seja, "nos últimos anos, o ponto de vista que acabou por prevalecer na representação do Estado foi o sistêmico", quer dizer, "a função das instituições políticas é a de dar respostas às demandas provenientes do ambiente social".

Saliente-se, ademais, que o Estado Democrático de Direito representa a participação pública no processo de construção da sociedade, por meio do modelo democrático e a vinculação do Estado a uma Constituição como instrumento básico de garantia jurídica. Portanto, a ação estatal deve voltar-se ao cumprimento dos objetivos constitucionais.

Parte-se dessa concepção de Estado no desenvolvimento do presente trabalho, um subsistema do sistema sociopolítico, submisso ao ordenamento jurídico, sujeito de direitos e deveres, que tem como papel primordial dar respostas às demandas provenientes da sociedade. Neste paradigma, toda a sociedade é responsável pela materialidade e eficácia da Constituição, pois todos são sujeitos e canais para sua concretização.

No caso do processo de organização e estruturação do Estado brasileiro, adotou-se a forma de Estado Federativo, com Governo Republicano e o sistema de Governo Presidencialista. Desse modo, na República Federativa do Brasil vigora a indissolubilidade do vínculo federativo entre os Entes Políticos da Federação (União, Estados, Municípios e o Distrito Federal) que possuem competências constitucionalmente estabelecidas, capacidade de auto-organização, capacidade de autogoverno e capacidade legislativa, com Poderes Executivo, Legislativo e Judiciário.[333]

8.2.2. A ADMINISTRAÇÃO PÚBLICA

8.2.2.1. A ORGANIZAÇÃO POLÍTICO-ADMINISTRATIVA BRASILEIRA

A República Federativa do Brasil é composta pela união indissociável dos Estados, do Distrito Federal e dos Municípios, todos autônomos em relação

---

(332) BOBBIO, Norberto. *Estado, governo, sociedade:* para uma teoria geral da política. 1. ed. 18. reimp. São Paulo: Paz e Terra, 2012. p. 169.
(333) ARAÚJO, Luiz Alberto David; NUNES JÚNIOR, Vidal Serrano. *Curso de direito constitucional.* 11. ed. rev. e atual. São Paulo: Saraiva, 2007.

aos demais, nos termos do art. 18 da Constituição. São poderes da União, independentes e harmônicos entre si o Legislativo, o Executivo e o Judiciário, nos termos do art. 2º da Constituição.

Contudo, a tripartição dos poderes não atinge o Município que não possui o Poder Judiciário, mas possui Legislativo e Executivo. Por outro lado, compete privativamente à União legislar sobre direito do trabalho, nos termos do art. 22, I,[334] da Constituição Federal.

A função administrativa é exercida predominantemente Pelo Poder Executivo, mas não exclusivamente, pois o Legislativo e Judiciário também fazem parte da Administração Pública.

A organização político-administrativa é resultado do conjunto formado por "decisão política" e "normas jurídicas", que regem a estrutura do Estado, a competência, a hierarquia, a situação jurídica, as formas de atuação dos órgãos e pessoas no exercício da função administrativa, atuando por meio de seus órgãos, agentes e pessoas jurídicas. Desse modo, os servidores e agentes públicos estão inseridos por toda a estrutura da Administração Pública.

8.2.2.2. A ADMINISTRAÇÃO PÚBLICA DIRETA E A INDIRETA

A Administração Pública Direta e a Indireta, com cada um de seus componentes, serão abordadas de maneira geral, sem aprofundamento, haja vista não ser o objetivo primordial do presente trabalho, mas objetiva apenas possibilitar maior clareza do contexto em que está inserida a negociação coletiva de trabalho no setor público, este sim, o tema central em estudo.

Com o advento do Decreto-lei n. 200/67 Administração Pública federal passou a ser classificada em direta e indireta, além de ter indicado seus componentes.

Tanto o Decreto-lei n. 200/67 quanto a Constituição Federal usam a expressão Administração Indireta no mesmo sentido subjetivo, isto é, para designar o conjunto de pessoas jurídicas, de direito público ou privado, criadas por lei, para desempenhar atividades estatais, seja como serviço público, seja a título de intervenção na atividade econômica.

Assim, nos termos daquele decreto, Administração Direta se constitui dos serviços integrados na estrutura administrativa da Presidência da República e dos Ministérios, no âmbito federal.

---

(334) Art. 22. Compete privativamente à União legislar sobre: I — direito civil, comercial, penal, processual, eleitoral, agrário, marítimo, aeronáutico, espacial e do trabalho.

Administração Indireta passou a integrar todo o conjunto de órgãos que integram os entes federados, com competência para o exercício centralizado das atividades administrativas do Estado, passando a representar o conjunto de entidades que, ligadas à Administração Direta, prestam serviços públicos ou de interesse público. Na realidade, trata-se do próprio Estado realizando algumas de suas funções de forma descentralizada.

O Ato Institucional n. 8, de 1969 atribuiu competência ao Poder Executivo dos Estados, do Distrito Federal e dos Municípios para realizar por decreto a respectiva reforma administrativa, nos termos e diretrizes do Decreto-lei n. 200/67.

Compõem a Administração Pública Indireta as autarquias, as empresas públicas, as sociedades de economia mista e as fundações instituídas pelo poder público (Decreto-lei n. 200/67), além do consórcio público (Lei n. 11.107/06).

As modalidades e natureza jurídica das entidades da Administração Indireta são:[335] autarquias, empresas públicas, fundações públicas, sociedades de economia mista, agências reguladoras e consórcios públicos.

Cabe destacar que com a exigência do regime jurídico único, instituído pelo art. 39 da CRFB,[336] a União, os Estados, o Distrito Federal e os Municípios somente podem contratar servidores regidos pelo regime estatutário para a Administração Pública Direta, autarquias e fundações públicas. Tal obrigatoriedade havia sido extinta com a Emenda Constitucional n. 19/98.[337]

Entretanto, o Supremo Tribunal Federal, em decisão proferida em 2.8.2007 (ADIN n. 2.135-4),[338] concedeu liminar, com efeito *ex nunc*, para suspender a vigência do art. 39, *caput*, da Constituição Federal, em sua redação dada pela Emenda Constitucional n. 19/98. Portanto, voltou a prevalecer o regime jurídico único para contratação de servidores na Administração Pública Direta, autarquias e fundações públicas, no âmbito da União, dos Estados, do Distrito Federal e dos Municípios.

---

(335) DI PIETRO, Maria Sylvia Zanella. *Direito administrativo*. 22. ed. São Paulo: Atlas, 2009. p. 425-426.
(336) Art. 39. A União, os Estados, o Distrito Federal e os Municípios instituirão, no âmbito de sua competência, regime jurídico único e planos de carreira para os servidores da administração pública direta, das autarquias e das fundações públicas. (Cf. ADIN n. 2.135-4)
(337) Art. 5º O art. 39 da Constituição Federal passa a vigorar com a seguinte redação: Art. 39. A União, os Estados, o Distrito Federal e os Municípios instituirão conselho de política de administração e remuneração de pessoal, integrado por servidores designados pelos respectivos Poderes.
(338) Disponível em: <http://www.stf.jus.br/portal/processo/verProcessoAndamento.asp?incidente=11299>. Acesso em: 28.10.2012.

8.2.3. Agentes públicos e a natureza jurídica que os vincula à Administração Pública

Não se pode deixar de destacar com absoluta clareza que o servidor público é um trabalhador, apesar das peculiaridades do serviço público e, como tal possui direitos e deveres conforme o regime jurídico a que estiver subordinado, além de direitos sociais inerentes a todos os trabalhadores.

Todavia, é inegável que as relações entre trabalhadores e Administração Pública possuem problemas específicos que envolvem desde questões legais e econômicas, até sociais e políticas, por vezes, diversas das existentes na iniciativa privada, além da imposição de limitações constitucionais e advindas do Direito Administrativo.

Conforme Maria Sylvia Zanella Di Pietro,[339] a Constituição da República Federativa do Brasil emprega a expressão "servidores públicos" tanto para designar as pessoas que prestam serviços à Administração Pública Direta, autarquias e fundações públicas, quanto à Administração Indireta, o que inclui as empresas públicas, sociedades de economia mista e fundações de direito privado, do que se conclui que a Carta Magna emprega a expressão servidor público em sentido amplo e em sentido restrito.

Além disso, também existem preceitos aplicáveis a outras pessoas que exercem função pública em funções legislativa e jurisdicional, tratadas em capítulos próprios da Constituição Federal, da mesma forma que existem pessoas que exercem função pública sem vínculo empregatício com o Estado.

Decorrência lógica do retro mencionado é a necessidade da adoção de outro vocábulo em sentido ainda mais amplo, que englobe todos os sentidos, problema a partir do qual os doutrinadores passaram a adotar a expressão agente público.

Dessa forma, agente público passou a ser designado pela doutrina, a exemplo de Maria Sylvia Zanella Di Pietro, toda pessoa física que presta serviços à Administração Pública Direta e a todas as pessoas jurídicas da Administração Indireta, com ou sem remuneração. Expressão que se adota no presente trabalho.

Quanto aos militares, parte da doutrina, a exemplo de Maria Sylvia Zanella Di Pietro, entende que após o advento da Emenda Constitucional n. 18, de 1998, estariam englobados genericamente na categoria de agentes públicos, sujeitos a regime jurídico próprio, seja nas Forças Armadas ou nos Estados. A Constituição Federal veda aos militares o direito à sindicalização e à greve, nos

---

(339) DI PIETRO, Maria Sylvia Zanella. *Op. cit.*, p. 509-516.

termos do art. 142, § 3º, IV, razão pela qual não são abrangidos no presente trabalho, pois a negociação coletiva decorre fundamentalmente do direito à sindicalização.

Por conseguinte, perante a atual Constituição da República Federativa do Brasil, pode-se dizer que são quatro as categorias de agentes públicos: agentes políticos; servidores públicos; militares e particulares em colaboração com o Poder Público, que se passa a tratar a seguir:

> Agentes Políticos: não há uniformidade de pensamento entre os doutrinadores em relação à conceituação de agente político. Quando são conceituados em sentido amplo, são os componentes do Governo nos seus primeiros escalões, investidos em cargos, funções, mandatos ou comissões, por nomeação, eleição, designação ou delegação para o exercício de atribuições constitucionais. Nesta categoria, se inclui os Chefes dos Poderes Executivos federal, estadual, municipal, seus auxiliares diretos, os membros do Poder Legislativo, os membros da Magistratura, Ministério Público, Tribunais de Contas, representantes diplomáticos e demais autoridades que atuem com autonomia funcional no desempenho de suas atividades, estranhas aos quadros dos servidores públicos.

Quando os agentes políticos são conceituados em sentido restrito, são tidos exclusivamente como aqueles que exercem típica atividade de governo e exercem mandato para o qual são eleitos, referindo-se apenas aos Chefes dos Poderes Executivos federal, estadual e municipal, Ministros, Secretários de Estado, Senadores, Deputados e Vereadores. Nesta concepção mais restritiva de agentes políticos, a forma de investidura é a eleição, salvo para Ministros e Secretários, que são de livre escolha do chefe do Executivo.

Quanto ao vínculo com o Poder Público, sua natureza é política e não profissional, razão pela qual não serão abrangidos no presente trabalho.

Servidores Públicos: em sentido amplo, os servidores públicos são todas as pessoas físicas que prestam serviços profissionais remunerados à Administração Pública Direta e à Indireta. Compreendem os servidores públicos estatutários, os empregados públicos e os servidores temporários:

> a) os servidores públicos estatutários: o vínculo jurídico é o estatutário e ocupantes de cargos públicos (outrora chamados de funcionários públicos). A relação jurídica que os vincula à Administração Pública é institucional, por meio de contratos de natureza administrativa, cujo estatuto é criado em lei específica em cada uma das unidades da Federação.

b) os empregados públicos: são contratados sob o regime do sistema jurídico trabalhista federal (Consolidação das Leis do Trabalho — CLT, normas constitucionais e infraconstitucionais trabalhistas), ocupantes de empregos públicos. A natureza do vínculo é contratual, sob o regime trabalhista. No entanto, além das normas do sistema jurídico trabalhista, há submissão às normas constitucionais concernentes à exigência de lei para criação de empregos, exigência de concurso público, investidura, vencimentos, dentre outras previstas na Constituição Federal referentes à Administração Pública.

c) os servidores temporários: são aqueles contratados por tempo determinado para atender à necessidade temporária de excepcional interesse público, nos termos do art. 37, IX, da CRFB. Eles exercem função sem estarem vinculados a cargo ou emprego público. No âmbito federal, a contratação temporária de excepcional interesse público está disciplinada pela Lei n. 8.745/93 e suas alterações posteriores, que apontam inúmeras situações, tais como: calamidade pública, emergências em saúde pública, admissão de professor estrangeiro, demarcações de terra etc.

Entretanto, apesar de todas as especificidades do setor, nada altera a realidade de que o servidor público engaja-se num processo político dinâmico, no qual o que era considerado inegociável pode tornar-se negociável, o que era considerado discricionário pode deixar de ser. Nesta dinâmica sociojurídica, cada vez mais se aproximam princípios do direito do trabalho com princípios de direito administrativo e, até mesmo, as normas que regem as relações de emprego dos trabalhadores da esfera particular se aproximam dos trabalhadores da esfera pública.[340]

8.3. Negociação coletiva de trabalho

8.3.1. Autonomia privada coletiva

Importante abordar a autonomia privada coletiva antes de adentrar ao tema da negociação coletiva de trabalho, pois esta decorre daquela. Ademais, conforme já alertava este autor,[341] a denominação correta do instituto é "negociação coletiva de trabalho", haja vista que também temos em nosso

---

(340) STOLL, Luciana Bullamah. *Negociação coletiva no setor público*. São Paulo: LTr, 2007. p. 46.
(341) SANTOS, Enoque Ribeiro dos. *O microssistema de tutela coletiva*: parceirização trabalhista. São Paulo: LTr, 2012. p. 183.

ordenamento jurídico a negociação coletiva de consumo", regulamentada no art. 107 da Lei n. 8.078/90[342] Código de Defesa do Consumidor (CDC).

Inicialmente, surgiu a autonomia privada individual, reconhecida pelo Estado, principalmente a partir da Revolução Francesa. Tratava-se da capacidade de autorregramento das vontades dos indivíduos, por meio de contrato privado no qual prevalece o princípio *pacta sunt servanda*. É o poder de autorregulamentação, poder de autogovernar os próprios interesses e pressupõem a existência de um sistema de normas que o reconhece.

Neste caso, o ordenamento jurídico reconhece aos particulares o poder de se conferirem normas e, ao mesmo tempo, reconhece tais normas, de modo que todo o ordenamento jurídico está aparelhado para conferir-lhes eficácia e validade.

Conforme esclareceu este autor,[343] após a Revolução Francesa, a primeira Revolução Industrial, vem trazer em seu bojo o fortalecimento da autonomia privada e da liberdade para contratar, de modo que a autonomia passa a assumir grande importância, tornando-se essencial no ordenamento jurídico capitalista, evoluindo para a autonomia privada coletiva, também denominada autonomia sindical.

A autonomia privada coletiva, ou autonomia sindical, diz respeito à autonomia do sindicato quanto à sua criação, elaboração de seus estatutos, registro sindical, autonomia e garantias constitucionais contra a ingerência governamental, assim como a autonomia do sindicato estabelecer normas, culminando nos Acordos Coletivos de Trabalho (ACT) e Convenções Coletivas de Trabalho (CCT).

Contudo, neste processo histórico, no surgimento das primeiras organizações sindicais, a coalizão de trabalhadores — e até mesmo de empregadores — era proibida, chegando a ser considerado um movimento criminoso punido com prisão. Os primeiros países que passaram a permitir coalizões de trabalhadores e empregadores foram Inglaterra (1824), Alemanha (1869) e Itália (1889).[344]

---

(342) Art. 107. As entidades civis de consumidores e as associações de fornecedores ou sindicatos de categoria econômica podem regular, por convenção escrita, relações de consumo que tenham por objeto estabelecer condições relativas ao preço, à qualidade, à quantidade, à garantia e características de produtos e serviços, bem como à reclamação e composição do conflito de consumo. § 1º A convenção tornar-se-á obrigatória a partir do registro do instrumento no cartório de títulos e documentos. § 2º A convenção somente obrigará os filiados às entidades signatárias. § 3º Não se exime de cumprir a convenção o fornecedor que se desligar da entidade em data posterior ao registro do instrumento.
(343) SANTOS, Enoque Ribeiro dos. *Direitos humanos na negociação coletiva*: teoria e prática jurisprudencial. São Paulo: LTr, 2004. p. 64-68.
(344) NASCIMENTO, Amauri Mascaro. *Compêndio de direito sindical*. 6. ed. São Paulo: LTr, 2009. p. 70.

Posteriormente, a partir do reconhecimento dos sindicatos como legítimos representantes dos trabalhadores, passaram a exercer atividade delegada do poder público, pois eram considerados órgãos ou corporações do Estado. Este modelo prevaleceu na Itália e no Brasil, onde a Administração Pública detinha absoluto controle sobre os sindicatos, interferindo desde sua criação, até nomeação de seus dirigentes.

Entretanto, mesmo antes da permissão legal, o movimento sindical atuava em busca de condições de trabalho mais dignas. Tratava-se de sindicalismo autêntico e forte existente nos países industrializados, fruto da práxis laboral, verdadeira pedra angular da negociação coletiva, o melhor meio da solução de conflitos por ser autocompositivo, direto, rápido e eficiente.

Já no caso da América Latina, os legisladores perceberam sua utilidade prática e jurídica e, com base na experiência europeia e estadunidense, a adotaram nas legislações.

Conforme se depreende, nas nações que atingiram níveis elevados de industrialização, a negociação coletiva de trabalho surgiu da prática do ambiente laboral, como uma das formas mais eficazes de pacificação de conflitos. Por outro lado, no caso dos países que demoraram a atingir níveis satisfatórios de industrialização, a negociação coletiva de trabalho surgiu de cima para baixo, isto é, das leis para os fatos, o que acabou por enfraquecê-la inicialmente, mas não nos dias atuais.

8.3.2. Conceito, natureza jurídica, princípios e funções

8.3.2.1. Conceito de negociação coletiva de trabalho

Consoante a Organização Internacional do Trabalho (OIT), o art. 2º da Convenção n. 154 define a convenção coletiva do trabalho como o processo que compreende todas as negociações que tenham lugar entre, de uma parte, um empregador, um grupo de empregadores ou uma organização ou várias organizações de empregadores e, de outra parte, uma ou várias organizações de trabalhadores, com fim de: a) fixar as condições de trabalho e emprego ou; b) regular as relações entre empregadores e trabalhadores ou; c) regular as relações entre os empregadores ou suas organizações e uma ou várias organizações de trabalhadores ou; d) alcançar todos estes objetivos de uma só vez.

De acordo com este autor,[345] a negociação coletiva de trabalho pode ser conceituada como um processo dialético por meio do qual os trabalhadores e

---

(345) SANTOS, Enoque Ribeiro dos. *Direitos humanos na negociação coletiva*: teoria e prática jurisprudencial. São Paulo: LTr, 2004. p. 64-68.

as empresas, ou seus representantes, debatem uma agenda de direitos e deveres, de forma democrática e transparente, envolvendo as matérias pertinentes às relações entre trabalho e capital, na busca de um acordo que possibilite o alcance de uma convivência pacífica, em que impere o equilíbrio, a boa-fé e a solidariedade.

Mais recentemente sintetizou desta forma o conceito de negociação coletiva de trabalho: processo dialético por meio do qual os seres coletivos (sindicatos e empresas) discutem uma pauta de reivindicações, devidamente homologada pela Assembleia Geral respectiva, no sentido de estabelecer novas condições de trabalho e de remuneração para as respectivas categorias.

No caso brasileiro, a Constituição Federal de 1988 foi a primeira a tratar diretamente da negociação coletiva de trabalho em vários de seus dispositivos, reconhecendo-a como direito dos trabalhadores (arts. 7º, inciso XXVI e 8º, inciso VI). Anteriormente à Constituição Federal de 1988, a negociação coletiva de trabalho foi instituída pelo Decreto n. 21.761, de 23 de agosto de 1932, cujo tema foi posteriormente tratado pelo Decreto-lei n. 1.237, de 2 de maio de 1939, que regulamentou a Justiça do Trabalho e, finalmente, pela Consolidação das Leis do Trabalho (CLT) de 1943, que a regulou de modo mais amplo em seus artigos de 611 a 625, cujos excertos dos dispositivos legais supracitados[346] são transcritos na nota abaixo.

É importante destacar que, para ser autêntica e legítima, a negociação coletiva de trabalho pressupõe a igualdade como um de seus princípios fundamentais, pois mitiga a desigualdade das partes e a relação de poder entre capital e trabalho que prevalece no contrato individual, para dar lugar ao negociado entre dois seres coletivos, os sindicatos de trabalhadores e empregadores ou o sindicato de trabalhadores e empresa, cuja natureza jurídica passa-se a analisar no tópico seguinte.

---

(346) Decreto n. 21.761, de 23 de agosto de 1932, "Institui a convenção coletiva de trabalho. Art. 1º Entende-se por convenção coletiva de trabalho o ajuste relativo ás condições do trabalho, concluído entre um ou vários empregadores e seus empregados, ou entre sindicatos ou qualquer outro agrupamento de empregadores e sindicatos, ou qualquer outro agrupamento de empregados". Decreto-lei n. 1.237, de 2 de maio de 1939.
Art. 28. Compete aos Conselhos Regionais: d) estender a toda categoria, nos casos previstos em lei, os contratos coletivos de trabalho; CLT, art. 616. Os Sindicatos representativos de categorias econômicas ou profissionais e as empresas, inclusive as que não tenham representação sindical, quando provocados, não podem recusar-se à negociação coletiva. (Redação dada pelo Decreto-lei n. 229, de 28.2.1967). CRFB, art. 7º São direitos dos trabalhadores urbanos e rurais, além de outros que visem à melhoria de sua condição social:
XXVI — reconhecimento das convenções e acordos coletivos de trabalho; CRFB, art. 8º É livre a associação profissional ou sindical, observado o seguinte: VI — é obrigatória a participação dos sindicatos nas negociações coletivas de trabalho.

8.3.2.2. NATUREZA JURÍDICA DA NEGOCIAÇÃO COLETIVA DE TRABALHO

Analisar a natureza jurídica da negociação coletiva de trabalho, e dos instrumentos que dela resultam, é determinar sua essência, substância, sua razão de ser e de onde provém, bem como suas características nucleares. Em outras palavras, trata-se de buscar a inteligência criadora do instituto e seu enquadramento no mundo jurídico.

Várias teorias tentam explicar a natureza jurídica da negociação coletiva de trabalho. A maioria delas tenta enquadrá-la dentro dos princípios da concepção contratualista, com clara influência do direito civil. Outras ainda sustentam seu caráter obrigacional como resultado da autonomia privada coletiva. Contudo, apesar de não se poder negar um caráter contratualista, pois os pactuantes assumem obrigações entre si, como por exemplo, de não deflagrar greve na vigência da convenção, sua natureza jurídica não se esgota no âmbito contratual, pois na convenção coletiva de trabalho são ajustadas normas em abstrato para reger relações de trabalho atuais e futuras.

Neste sentido, em oposição aos contratualistas, os normativistas sustentam que os instrumentos resultantes da negociação coletiva não são contratos, mas fontes criadoras de normas jurídicas, que estabelecem uma delimitação convencional da liberdade de contratar porque traça limites para os futuros contratos, o que lhe dá um caráter predominantemente normativo.

Para Arnaldo Süssekind,[347] os instrumentos da negociação coletiva de trabalho contêm cláusulas que configuram sua normatividade abstrata, ao lado de outras de cunho contratual, que estipulam obrigações concretas entre as partes, mas sem dúvida, as cláusulas normativas constituem o principal objetivo da negociação coletiva. Correspondem a fontes formais de direito, incorporando-se aos contratos individuais de trabalho, presentes e futuros.

Independente da natureza contratual, a convenção coletiva de trabalho é uma norma derivada de outra fonte diferente do Poder Legislativo, mas oriunda de setores da sociedade, num evidente exercício de solidariedade e pluralismo jurídico.

Para Luciana Bullamah Stoll,[348] as normas coletivas, quer dizer, o produto da negociação coletiva de trabalho, possuem natureza jurídica dúplice, normativa e ao mesmo tempo contratual, em que a um só tempo estipulam regras aplicáveis aos contratos individuais de trabalho presentes e futuros, na vigência da convenção ou acordo coletivo de trabalho, com efeito *erga omnes*

---

(347) SÜSSEKIND, Arnaldo. *Direito constitucional do trabalho*. 4. ed. ampl. e atual. Rio de Janeiro: Renovar, 2010. p. 455-456.
(348) STOLL, Luciana Bullamah. *Negociação coletiva no setor público*. São Paulo: LTr, 2007. p. 31.

(aos associados e não associados), ao mesmo tempo que também celebram normas aos convenentes, ou seja, aos sindicatos ou aos sindicatos e empresas.

Importante chamar a atenção para o fato que ao analisar a natureza jurídica da negociação coletiva de trabalho muitos se utilizam da expressão "convenção coletiva". Na realidade, convenção ou acordo coletivo são instrumentos normativos resultantes do processo de negociação coletiva de trabalho bem sucedida. Esse fato pode explicar alguma confusão feita sobre o tema.

Neste aspecto, o autor elucida a questão da natureza jurídica da negociação coletiva de trabalho e seus instrumentos, dentre os quais a convenção coletiva de trabalho, afirmando ter natureza dialética, pois o ato jurídico é um só, mas não é só contrato, nem ato-regra, mas sim uma figura *sui generis*, tanto normativa quanto contratual, que não se enquadra nas antigas fórmulas, pois se trata de negócio jurídico que inovou profundamente as fontes do Direito.

8.3.3. A NEGOCIAÇÃO COLETIVA DE TRABALHO NA CONSTITUIÇÃO FEDERAL

No caso brasileiro, a Constituição Federal de 1988 foi a primeira a tratar diretamente da negociação coletiva de trabalho em vários de seus dispositivos, reconhecendo-a como direito dos trabalhadores. Destacando os arts. 7º, incisos VI, XIII, XIV e XXVI, 8º, inciso VI, e 114, §§ 1º e 2º,[349] é possível concluir que o legislador constituinte deu ênfase e preferência à negociação coletiva de trabalho na solução dos conflitos coletivos de trabalho, que inclusive se sobrepõe à solução jurisdicional dos conflitos.

Neste contexto, os sindicatos tiveram reconhecida a total liberdade e independência, assegurando a todos os trabalhadores: liberdade de associação sindical; vedação de interferência do Poder Público na atividade do sindicato; reconhecimento do sindicato como legítimo representante dos trabalhadores na defesa de seus interesses individuais e coletivos (judicial ou extrajudicialmente); obrigatoriedade da participação dos sindicatos na negociação coletiva; assegurou o direito de greve; assegurou a participação dos trabalhadores e empregadores nos colegiados dos órgãos públicos em que seus interesses profissionais ou previdenciários sejam discutidos; assegurou a eleição de um representante dos trabalhadores, nas empresas com mais de duzentos empregados, para promover o diálogo com os empregadores; assegurou o direito de

---

(349) CRFB, Art. 114, § 2º Recusando-se qualquer das partes à negociação coletiva ou à arbitragem, é facultado às mesmas, de comum acordo, ajuizar dissídio coletivo de natureza econômica, podendo a Justiça do Trabalho decidir o conflito, respeitadas as disposições mínimas legais de proteção ao trabalho, bem como as convencionadas anteriormente. (Redação dada pela Emenda Constitucional n. 45, de 2004)

greve e o reconhecimento das Convenções e Acordos Coletivos de trabalho, nos termos dos artigos[350] transcritos na nota respectiva.

No caso dos servidores públicos, a Constituição Federal de 1988 derrogou o art. 566 da CLT, *caput*,[351] que vedava a sindicalização dos servidores públicos, ao reconhecer seu direito à livre associação sindical, nos termos do art. 37, VI, da mesma.

No atinente à negociação coletiva de trabalho dos servidores públicos, a Constituição Federal deixou uma grande lacuna, pelo fato do art. 39, § 3º[352] não fazer referência ao art. 7º, XXVI,[353] ou seja, nada afirmou sobre o reconhecimento da negociação coletiva de trabalho dos servidores públicos, o que será analisado mais adiante neste artigo.

8.3.3.1. OS LIMITES CONSTITUCIONAIS E INFRACONSTITUCIONAIS DA NEGOCIAÇÃO COLETIVA DE TRABALHO

Como regra geral, as condições mínimas de trabalho previstas na Constituição da República Federativa do Brasil são inderrogáveis pela vontade das partes, mesmo na esfera da autonomia privada coletiva. Assim, o primeiro limite

---

(350) Art. 7º São direitos dos trabalhadores urbanos e rurais, além de outros que visem à melhoria de sua condição social: XXVI — reconhecimento das convenções e acordos coletivos de trabalho.
Art. 8º É livre a associação profissional ou sindical, observado o seguinte: I — a lei não poderá exigir autorização do Estado para a fundação de sindicato, ressalvado o registro no órgão competente, vedadas ao Poder Público a interferência e a intervenção na organização sindical; III — ao sindicato cabe a defesa dos direitos e interesses coletivos ou individuais da categoria, inclusive em questões judiciais ou administrativas; V — ninguém será obrigado a filiar-se ou a manter-se filiado a sindicato; VI — é obrigatória a participação dos sindicatos nas negociações coletivas de trabalho; VIII — é vedada a dispensa do empregado sindicalizado a partir do registro da candidatura a cargo de direção ou representação sindical e, se eleito, ainda que suplente, até um ano após o final do mandato, salvo se cometer falta grave nos termos da lei. Parágrafo único. As disposições deste artigo aplicam-se à organização de sindicatos rurais e de colônias de pescadores, atendidas as condições que a lei estabelecer.
Art. 9º É assegurado o direito de greve, competindo aos trabalhadores decidir sobre a oportunidade de exercê-lo e sobre os interesses que devam por meio dele defender. § 1º A lei definirá os serviços ou atividades essenciais e disporá sobre o atendimento das necessidades inadiáveis da comunidade. § 2º Os abusos cometidos sujeitam os responsáveis às penas da lei.
Art. 10. É assegurada a participação dos trabalhadores e empregadores nos colegiados dos órgãos públicos em que seus interesses profissionais ou previdenciários sejam objeto de discussão e deliberação.
Art. 11. Nas empresas de mais de duzentos empregados, é assegurada a eleição de um representante destes com a finalidade exclusiva de promover-lhes o entendimento direto com os empregadores.
(351) CLT, art. 566. Não podem sindicalizar-se os servidores do Estado e os das instituições paraestatais.
(352) CRFB, art. 39, § 3º Aplica-se aos servidores ocupantes de cargo público o disposto no art. 7º, IV, VII, VIII, IX, XII, XIII, XV, XVI, XVII, XVIII, XIX, XX, XXII e XXX, podendo a lei estabelecer requisitos diferenciados de admissão quando a natureza do cargo o exigir. (Incluído pela Emenda Constitucional n. 19, de 1998)
(353) CRFB, art. 7º São direitos dos trabalhadores urbanos e rurais, além de outros que visem à melhoria de sua condição social: (...) XXVI — reconhecimento das convenções e acordos coletivos de trabalho;

constitucional à negociação coletiva de trabalho é o art. 7º, que dispõe sobre os direitos mínimos dos trabalhadores em geral.

Entretanto, a Constituição abriu uma exceção ao permitir a flexibilização das condições de trabalho no art. 7º, incisos VI ("irredutibilidade do salário, salvo o disposto em convenção ou acordo coletivo"), XIII ("duração do trabalho normal não superior a oito horas diárias e quarenta e quatro semanais, facultada a compensação de horários e a redução da jornada, mediante acordo ou convenção coletiva de trabalho") e XIV ("jornada de seis horas para o trabalho realizado em turnos ininterruptos de revezamento, salvo negociação coletiva").

Na primeira hipótese, o constituinte aludiu a convenção e acordo coletivo; na segunda, a acordo ou convenção coletiva e na terceira, a negociação coletiva. Contudo, como a convenção e o acordo coletivo são os instrumentos da negociação coletiva, pode-se afirmar, como regra geral, que a flexibilização decorre da negociação coletiva e se exterioriza (ganha contornos jurídicos ou se instrumentaliza) em acordos ou convenções coletivas de trabalho.

Outra limitação à negociação coletiva de trabalho é proveniente do art. 624 da CLT, que condiciona a possibilidade de cláusula de aumento ou reajuste salarial, que implique elevação de tarifas ou de preços sujeitos à fixação por autoridade pública ou repartição governamental, à prévia e expressa autorização da autoridade pública no tocante à possibilidade de elevação da tarifa ou do preço e quanto ao valor dessa elevação. Neste sentido é a Súmula n. 375[354] do TST.

No mais, a questão que costuma dividir opiniões dos doutrinadores é se a flexibilização prevista na Constituição Federal está restrita às questões salariais (art. 7º, inciso VI) e da jornada de trabalho (art. 7º, incisos XIII e XIV), ou se pode atingir outros direitos trabalhistas.

8.4. OS DESDOBRAMENTOS DA NEGOCIAÇÃO COLETIVA DE TRABALHO

8.4.1. INSTRUMENTOS JURÍDICOS QUE DEFLUEM DA NEGOCIAÇÃO COLETIVA DE TRABALHO BEM SUCEDIDA

De acordo com o *nomem juris* adotado pela legislação brasileira, a negociação coletiva de trabalho, quando bem sucedida, se concretiza por meio da

---

(354) Súmula n. 375 do TST. REAJUSTES SALARIAIS PREVISTOS EM NORMA COLETIVA. PREVALÊNCIA DA LEGISLAÇÃO DE POLÍTICA SALARIAL (conversão da Orientação Jurisprudencial n. 69 da SBDI-1 e da Orientação Jurisprudencial n. 40 da SBDI-2) — Res. n. 129, DJ 20, 22 e 25.4.2005. Os reajustes salariais previstos em norma coletiva de trabalho não prevalecem frente à legislação superveniente de política salarial. (ex-OJs ns. 69 da SBDI-1 — inserida em 14.3.1994 — e 40 da SBDI-2 — inserida em 20.9.2000).

Convenção Coletiva de Trabalho (CCT) ou Acordo Coletivo de Trabalho (ACT), ou ainda o contrato coletivo dos portuários (Lei n. 8.630/93).

Dessa forma os instrumentos normativos decorrentes da negociação coletiva de trabalho são produtos jurídicos de uma negociação bem sucedida, de acordo com a doutrina e legislação brasileiras, a convenção coletiva é mais ampla e o acordo coletivo tem campo de abrangência mais restrito.

A Consolidação das Leis do Trabalho, em seu art. 611, define a Convenção Coletiva de Trabalho como o "acordo de caráter normativo, pelo qual dois ou mais sindicatos representativos de categorias econômicas e profissionais estipulam condições de trabalho aplicáveis, no âmbito das respectivas representações, às relações individuais de trabalho".

Por outro lado, o mesmo dispositivo define o acordo coletivo como sendo aquele celebrado pelos sindicatos profissionais com uma ou mais empresas da correspondente categoria econômica, que estipulem condições de trabalho, aplicáveis no âmbito da empresa ou das empresas acordantes às respectivas relações de trabalho.

Caso não haja sindicatos profissionais ou econômicos da categoria, as convenções coletivas de trabalho poderão ser celebradas pelas Federações e, na falta delas, pelas Confederações das categorias a elas vinculadas.

8.4.1.1. VALIDADE, COERCIBILIDADE, VIGÊNCIA E PRORROGAÇÃO DA CCT E DO ACT

Tanto a convenção quanto o acordo coletivo de trabalho tem efeito jurídico vinculante e coercitivo sobre os convenentes, contudo, desde que respeite suas exigências de validade subjetiva, formal e material, assim como se no processo de constituição da norma foram respeitados seus princípios norteadores.

A legitimidade subjetiva para a sua celebração exige a participação do sindicato profissional, respeitada a sua base territorial de representação, conforme a ordem constitucional vigente (CRFB, art. 8º, II e VI).[355] Portanto, além de ser obrigatória a participação do sindicato profissional, é necessário que seja o legítimo representante da categoria profissional dentro da base territorial respectiva.

---

(355) CRFB/1988, art. 8º É livre a associação profissional ou sindical, observado o seguinte:
(...) II — é vedada a criação de mais de uma organização sindical, em qualquer grau, representativa de categoria profissional ou econômica, na mesma base territorial, que será definida pelos trabalhadores ou empregadores interessados, não podendo ser inferior à área de um Município;
(...) VI — é obrigatória a participação dos sindicatos nas negociações coletivas de trabalho.

Quanto à validade formal, diz respeito ao atendimento do devido processo de instituição das normas, incluindo-se aqui a legitimidade representativa dos sindicados convenentes. Já validade material, diz respeito ao conteúdo da norma, se está em conformidade com os limites materiais autorizados pelo próprio ordenamento jurídico.

Nos termos dos dispositivos da CLT que regem as convenções coletivas de trabalho (arts. 611 a 625), para produzirem efeitos coercitivos, devem seguir o *iter juris* que se descreve a seguir.

Os Sindicatos só poderão celebrar Convenções ou Acordos Coletivos de Trabalho, por deliberação de Assembleia Geral especialmente convocada para tal finalidade, consoante o disposto nos respectivos Estatutos Sociais, dependendo a validade da mesma do comparecimento dos associados e votação em assembleia.

No caso da convenção coletiva de trabalho, exige-se comparecimento de 2/3 (dois terços) dos associados da entidade sindical em primeira convocação ou, no caso do acordo coletivo, 2/3 (dois terços) dos interessados. Em segunda convocação, exige-se o comparecimento de 1/3 (um terço), seja em caso de convenção ou acordo coletivo de trabalho (art. 612 da CLT).

Em relação à forma, as convenções e os acordos coletivos de trabalho serão celebrados por escrito, sem emendas nem rasuras, em tantas vias quantos forem os Sindicatos convenentes ou as empresas acordantes, além de uma destinada a registro (art. 613, parágrafo único, da CLT), que deve ser providenciado dentro de 8 (oito) dias da assinatura dos referidos instrumentos, no Ministério do Trabalho e Emprego (art. 614, *caput*, da CLT).

As convenções e os acordos deverão conter obrigatoriamente o disposto no art. 613[356] da CLT.

Contudo, não poderão ter cláusula que contrarie, direta ou indiretamente, proibição ou norma disciplinadora da política econômico-financeira do Governo ou concernente à política salarial vigente, sendo nula de pleno direito, não produzindo quaisquer efeitos (art. 623 da CLT e Súmula n. 375 do TST).

Respeitados os requisitos de validade, as convenções e acordos coletivos passam a ter força coercitiva entre as partes, nos limites de seu instrumento normativo e nos a seguir expostos.

---

(356) CLT, art. 613, inc. I — designação dos Sindicatos convenentes ou dos sindicatos e empresas acordantes; II — prazo de vigência; III — categorias ou classes de trabalhadores abrangidas pelos respectivos dispositivos; IV — condições ajustadas para reger as relações individuais de trabalho durante sua vigência; V — normas para a conciliação das divergências sugeridas entre os convenentes por motivos da aplicação de seus dispositivos; VI — disposições sobre o processo de sua prorrogação e de revisão total ou parcial de seus dispositivos; VII — direitos e deveres dos empregados e empresas; VIII — penalidades para os sindicatos convenentes, os empregados e as empresas em caso de violação de seus dispositivos.

Nenhuma disposição de contrato individual de trabalho que contrarie normas de convenção ou acordo coletivo de trabalho poderá prevalecer na execução do mesmo, sendo considerada nula de pleno direito (art. 619 da CLT), além dos empregados e as empresas serem passíveis da multa neles fixada (art. 622 da CLT).

As condições estabelecidas em Convenção quando mais favoráveis, prevalecerão sobre as estipuladas em Acordo (art. 620 da CLT).

As Convenções e os Acordos poderão incluir entre suas cláusulas disposição sobre a constituição e funcionamento de comissões mistas de consulta e colaboração, assim como a participação nos lucros da empresa (art. 621 da CLT).

Em relação ao início da vigência, as convenções e os acordos entrarão em vigor três dias após a data da entrega dos mesmos para o respectivo registro, sendo que duas cópias autênticas das convenções e dos acordos deverão ser afixados de modo visível, pelos sindicatos convenentes, nas respectivas sedes e nos estabelecimentos das empresas compreendidas no seu campo de aplicação, dentro de 5 (cinco) dias da data do depósito (art. 614, §§ 1º e 2º, da CLT).

Em relação ao prazo, não é permitido estipular duração de convenção ou acordo superior a dois anos (art. 614, § 3º, da CLT) e o processo de prorrogação, revisão, denúncia ou revogação total ou parcial de convenção ou acordo ficará subordinado, em qualquer caso, à aprovação de Assembleia Geral dos sindicatos convenentes ou partes acordantes, com observância do quórum previsto art. 612 da CLT (art. 613 da CLT).

A respeito da ultratividade das convenções e acordos coletivos de trabalho, a recente alteração da Súmula n. 277 do TST veio por fim a antiga divergência doutrinária.

Para alguns doutrinadores, as normas fixadas em acordos e convenções coletivas de trabalho se incorporavam aos contratos individuais de trabalho, e somente poderiam ser modificadas ou suprimidas por nova negociação coletiva de trabalho. Para esta corrente, mesmo com a norma coletiva estabelecendo período de vigência de um ou dois anos, as normas se incorporavam aos contratos individuais, mesmo após o termo da vigência, até que nova convenção fosse realizada. Outra corrente doutrinária defendia que, com o fim do prazo da convenção, os contratos individuais voltavam ao estado anterior.

A atual redação da Súmula n. 277[357] do TST, alterada em 14.9.2012, representa nova posição daquela Corte. Transcrevemos em notas as redações (antiga

---

(357) Súmula n. 277 do TST (ANTIGA REDAÇÃO de 16.11.2009). SENTENÇA NORMATIVA. CONVENÇÃO OU ACORDO COLETIVOS. VIGÊNCIA. REPERCUSSÃO NOS CONTRATOS DE TRABALHO. I — As condições de trabalho alcançadas por força de sentença normativa, convenção ou acordos coletivos vigoram no prazo assinado, não integrando, de forma definitiva, os contratos

e atual) da referida súmula. De nossa parte, já defendíamos o cancelamento desta Súmula, na redação antiga, pela total incompatibilidade com os dizeres do § 2º do art. 114 da Constituição Federal.

Ora, a referida súmula colidia com o mandamento constitucional estampado na parte final do § 2º, do art. 114 da Constituição Federal de 1988, que aludia ao termo "respeitadas as condições mínimas legais e as convencionadas anteriormente". Desde o advento da Emenda Constitucional n. 45/04, que alterou a redação deste artigo constitucional, já era certo que a negociação coletiva de trabalho deveria ter por limites não apenas as condições mínimas legais, quer dizer, as leis, sejam de que natureza for, tendo como ápice a norma constitucional, mesmo que em face da teoria da pirâmide invertida, bem como as normas convencionadas anteriormente, ou seja, as cláusulas normativas oriundas dos acordos e convenções coletivas de trabalho. A alteração da Súmula n. 277 do TST nada mais veio fazer do que compatibilizar a sua nova redação com o mandamento constitucional.

Portanto, de acordo com a nova posição do TST, as normas coletivas estão incorporadas aos contratos individuais de trabalho, devendo ser respeitadas e aplicadas mesmo depois do término da vigência da convenção ou contrato coletivo de trabalho, e somente com novo acordo ou convenção coletiva poderão ser modificadas ou suprimidas, mesmo assim com obediência aos princípios fundantes do Direito do Trabalho, neste caso, em especial o princípio da irrenunciabilidade.

8.4.2. EFEITOS JURÍDICOS DA NEGOCIAÇÃO COLETIVA DE TRABALHO MAL SUCEDIDA

Da negociação coletiva de trabalho mal sucedida, ou quando ocorrer recusa por parte dos atores sociais à negociação, poderá defluir a arbitragem (regulada pela Lei n. 9.307/96 e art. 114, § 1º, da Constituição Federal), a greve (regulada pela Lei n. 7.783/89) ou o dissídio coletivo.

8.4.2.1. DIREITO À SINDICALIZAÇÃO, À NEGOCIAÇÃO COLETIVA DE TRABALHO E À GREVE

Os direitos à sindicalização, à negociação coletiva e à greve são considerados os pilares, ou tripé, do direito coletivo, pois os dois últimos são

---

individuais de trabalho. Súmula n. 277 do TST (NOVA REDAÇÃO, de 14.9.2012). CONVENÇÃO COLETIVA DE TRABALHO OU ACORDO COLETIVO DE TRABALHO. EFICÁCIA. ULTRATIVIDADE (redação alterada nas na sessão do Tribunal Pleno realizada em 14.9.2012) — Res. n. 185, DEJT divulgado em 25, 26 e 27.9.2012. As cláusulas normativas dos acordos coletivos ou convenções coletivas integram os contratos individuais de trabalho e somente poderão ser modificadas ou suprimidas mediante negociação coletiva de trabalho.

desdobramentos do direito à sindicalização. Ou seja, pensar em direito à sindicalização sem a possibilidade de utilização de seus instrumentos, negociação coletiva e greve, seria o mesmo que admitir o direito à sindicalização sem qualquer possibilidade do sindicato atuar na defesa dos interesses de seus membros.

Conforme esclarece este autor,[358] a representação triangular do Direito Coletivo do Trabalho foi proposta por Mário de La Cueva, ao defender que este poderia ser representado por um triângulo equilátero (idênticos ângulos em graduação), cujos ângulos seriam o sindicato, a negociação coletiva e a greve, de tal maneira que nenhuma das três figuras da trilogia poderia faltar porque desapareceria o triângulo, o que elucida bem a importância do direito à negociação coletiva. Posteriormente, tal representação triangular do direito coletivo do trabalho foi seguida por inúmeros autores, com diferentes denominações, tais como pilares ou fundamentos.

Importante destacar que o direito de greve é um dos direitos fundamentais dos trabalhadores e dos sindicatos. Constitui meio de defesa dos interesses econômicos e sociais dos trabalhadores e legítimo instrumento para contrabalancear com o poder econômico em sua permanente dialética, ou tensão, com o trabalho.

Entretanto, no caso específico dos servidores públicos, a Constituição Federal faz previsão expressa de que os termos e limites do exercício do direito de greve serão definidos em lei específica, conforme o art. 37, VII.[359]

Por esta razão, doutrina e jurisprudência se dividiam em duas correntes, uma que defendia ter este dispositivo constitucional eficácia limitada e outra que defendia ter eficácia contida. Para os que defendiam a eficácia limitada do art. 37, VII, da Constituição Federal, enquanto não houvesse a "lei específica" prevista no dispositivo, este não poderia ser aplicado.

Para os doutrinadores que defendiam a interpretação do art. 37, VII, da Constituição Federal, como norma de eficácia contida, e entre eles nos filiávamos, tal direito deveria ser plenamente exercitável até que lei superveniente posterior viesse a fixar-lhe limites e termos para seu exercício. Os partidários desta corrente defendiam o pleno exercício do direito de greve dos servidores públicos civis, desde que respeitados outros dispositivos legais, tais como o art.

---

(358) SANTOS, Enoque Ribeiro dos. *Direitos humanos na negociação coletiva*: teoria e prática jurisprudencial. São Paulo: LTr, 2004. p. 85.
(359) A administração pública direta e indireta de qualquer dos Poderes da União, dos Estados, do Distrito Federal e dos Municípios obedecerá aos princípios de legalidade, impessoalidade, moralidade, publicidade e eficiência e, também, ao seguinte: (Redação dada pela Emenda Constitucional n. 19, de 1998) (...).

9º, § 1º, da Constituição Federal de 1988,[360] que dispõe sobre o atendimento das necessidades inadiáveis da comunidade, bem como o dever de respeitar o princípio da continuidade dos serviços públicos essenciais, definidos na Lei n. 7.783/89 (Lei de Greve), aplicada na falta de lei específica.

O Supremo Tribunal Federal pôs fim à celeuma, decidindo em 25.10.2007 que o art. 37, VII, da CRFB é norma de eficácia contida, de modo que nas greves envolvendo servidores públicos estatutários, deverá ser aplicada a Lei n. 7.783/89 até que advenha, entre nós, a novidade jurídica que irá regular a matéria. Naquela ocasião, o STF[361] concluiu o julgamento de três mandados de injunção impetrados, respectivamente, pelo Sindicato dos Servidores Policiais Civis do Espírito Santo (SINDIPOL), pelo Sindicato dos Trabalhadores em Educação do Município de João Pessoa (SINTEM), e pelo Sindicato dos Trabalhadores do Poder Judiciário do Estado do Pará (SINJEP), em que se pretendia fosse garantido aos seus associados o exercício do direito de greve previsto no art. 37, VII, da Constituição Federal, quando, conheceu dos mandados de injunção e propôs a solução para a omissão legislativa com a aplicação, no que couber, da Lei n. 7.783/89, que dispõe sobre o exercício do direito de greve na iniciativa privada.

A decisão do STF foi a mais acertada e condizente com o princípio do não retrocesso social, pois em se tratando de direitos fundamentais, como o é o direito de greve, a interpretação da norma deve ser moldada por uma práxis jurídica comprometida a concretizar e ampliar os direitos fundamentais e jamais restringi-los.

Entretanto, vale salientar que a greve no setor público não é tão eficaz como instrumento de pressão, pois afeta mais a população do que a Administração Pública propriamente dita, diferentemente do setor privado, no qual a greve produz efeitos mais deletérios em face dos maiores prejuízos que poderá proporcionar aos empregadores, como paralisação da produção, do faturamento interno e externo, não cumprimento de contratos comerciais, etc. De forma diversa, quem paga a conta na greve dos servidores públicos sempre é a população mais carente, que necessita dos serviços públicos essenciais, como transporte, segurança, educação e saúde.

8.4.2.2. Dissídio coletivo de trabalho

O dissídio coletivo de trabalho já vem previsto na CLT de 1943, o que demonstra a preocupação do legislador em colocar à disposição dos atores sociais um instrumento jurídico de tutela dos direitos coletivos de trabalho.

---

(360) (...) VII — o direito de greve será exercido nos termos e nos limites definidos em lei específica; (Redação dada pela Emenda Constitucional n. 19, de 1998)
(361) Informativo n. 485 do STF. Disponível em: <http://www.stf.jus.br/arquivo/informativo/documento/informativo485.htm>. Acesso em: 1º.12.2012.

O dissídio coletivo de trabalho pode ser definido como uma ação por meio da qual, os atores sociais, sindicatos das categorias profissional e econômica, discutem uma pauta de reivindicações, envolvendo direitos e interesses abstratos e gerais da categoria, com objetivo de criar, modificar ou extinguir condições de trabalho e de remuneração, com base no princípio da autonomia privada coletiva.

Este instrumento jurídico, de natureza coletiva, que emana da negociação coletiva de trabalho mal sucedida, de grande utilização no setor privado da economia brasileira, encontra-se disposto nos arts. 856 e seguintes da CLT, bem como no art. 114, § 2º,[362] da Constituição Federal, fruto da manutenção do poder normativo dos Tribunais do Trabalho, pela Emenda Constitucional n. 45/04.

8.4.2.3. VANTAGENS DA NEGOCIAÇÃO COLETIVA DE TRABALHO

A negociação coletiva de trabalho é uma das formas mais eficazes de pacificação de conflitos coletivos, além de ser a função mais nobre que as organizações sindicais podem exercer, e estão intrinsecamente ligadas ao fortalecimento dos sindicatos.

A vantagem da negociação coletiva de trabalho se faz sentir na economia privada nacional, já de longa data pacificada, e operando em relativa harmonia e paz social, graças ao seu exercício ano a ano, que culmina com a celebração de acordos e convenções coletivas de trabalho, pelos respectivos seres coletivos. A pacificação social se faz presente e é observada na prática, na medida em que os sindicatos profissionais, nos últimos anos, têm conseguido êxito não apenas na reposição salarial dos índices inflacionários, bem como agregar valores relacionados à produtividade de várias categorias profissionais.

Em outras palavras, a partir da desindexação da economia e da inexistência de política salarial para o setor privado, o Estado passou a estabelecer apenas o valor do salário mínimo nacional, e não restou alternativa ao setor privado da economia, a não ser o exercício da negociação coletiva para resolver suas controvérsias. Dessa forma, a pacificação social na iniciativa privada é exercida a partir da aproximação das datas bases das categorias, por intermédio do processo negocial e autocompositivo.

No presente cenário percebe-se que há relativa paz social no setor privado da economia, na medida em que de certa forma os trabalhadores estão

---

(362) § 2º Recusando-se qualquer das partes à negociação coletiva ou à arbitragem, é facultado às mesmas, de comum acordo, ajuizar dissídio coletivo de natureza econômica, podendo a justiça do trabalho decidir o conflito, respeitadas as disposições mínimas legais de proteção ao trabalho, bem como as convencionadas anteriormente.

relativamente satisfeitos, pois além de uma situação próximo ao pleno emprego estão cientes que na data base da categoria conseguirão repor, pelo menos, suas perdas inflacionárias, enquanto que no setor público da economia — no qual os reajustamentos salariais somente podem decorrer de lei[363] — existe uma insatisfação ou descontentamento geral, pois o Poder Executivo além de não atender o dispositivo constitucional retro mencionado, resolveu aplicar, em nome do princípio da reserva do possível (orçamento) e da crise no cenário internacional, um índice aleatório de reposição salarial ao funcionalismo (tirado não se sabe de onde e com que critério científico e, especialmente, sem levar em conta o efetivo índice de defasagem salarial na órbita pública), com efeitos diferidos no tempo, com a manutenção de expressiva defasagem, pelo fato de não ter havido reposição da inflação dos últimos quatro anos.

Por essa razão, a nossa defesa inconteste dos benefícios de uma política de imediata negociação coletiva de trabalho, em caráter permanente, contínuo, no âmbito federal (e também estadual e municipal) entre o Ministério do Planejamento ou órgãos delegados do Poder Executivo e os sindicatos profissionais de servidores públicos ou associações de agentes políticos.

Entre as inúmeras vantagens da negociação coletiva, na pacificação de conflitos coletivos, podemos ainda destacar:

> a) Celeridade na elaboração de seus instrumentos jurídicos (acordo, convenção coletiva ou contrato coletivo). No caso dos servidores públicos estatutários, vislumbramos somente a possibilidade de acordos coletivos de trabalho;
>
> b) Maior adaptação ao caso concreto, levando-se em conta as peculiaridades de cada empresa, órgão público, ramo de atividade, força de trabalho competitividade, produtividade, custos de produção etc.;
>
> c) Propensão a maior estabilidade social e a um menor nível de conflituosidade, em razão das novas condições terem sido acordadas pelas próprias partes;
>
> d) Melhor compatibilidade às necessidades e exigências do mercado e da produção, dos serviços prestados, especialmente pelo fato de muitas empresas operarem num mercado globalizado, sem fronteiras na linha de produção, onde nem sempre a jurisdição alcança;

---

(363) X — a remuneração dos servidores públicos e o subsídio de que trata o § 4º do art. 39 somente poderão ser fixados ou alterados por lei específica, observada a iniciativa privativa em cada caso, assegurada revisão geral anual, sempre na mesma data e sem distinção de índices. (Redação dada ao inciso pela Emenda Constitucional n. 19, de 4.6.1998, DOU 5.6.1998)

e) Maior grau de integração e solidariedade entre empregadores e empregados e servidores públicos envolvidos;

f) Fortalecimento do sindicato e de outras formas de organização dos trabalhadores no local de trabalho.

8.5. NEGOCIAÇÃO COLETIVA DE TRABALHO NO SETOR PÚBLICO

A despeito das complexidades da Administração Pública, além das múltiplas formas pelas quais o Estado de faz presente na sociedade, assim como a inegável especificidade das relações entre servidores com os entes públicos, não se pode esquecer que toda a estrutura da Administração Pública, assim como todas as suas atividades, não prescindem das pessoas que as realizam, pois todo o trabalho que se presta a um ente público é sempre um trabalho humano.

Ademais, a concepção de que as condições de trabalho no setor público somente poderiam ser fixadas unilateralmente pela Administração Pública remontam à concepção de Estado como ente englobador da sociedade, autoritário, não numa perspectiva de impor limites ao poder do Estado, mas sim numa perspectiva de "manutenção de privilégios mediante a criação de um espaço infenso à atuação do particular e a dos Poderes Legislativo e Judiciário".[364] Tal concepção impediu por muito tempo a sindicalização dos servidores públicos.

Conforme já foi analisado no item 4.2.1 deste trabalho, os direitos à sindicalização, à negociação coletiva e à greve são considerados os pilares do direito coletivo, indissociáveis numa relação tridimensional que perderia todo o sentido sem qualquer um desses seus três elementos constitutivos. Visto de outro ângulo, os direitos à negociação coletiva e à greve são desdobramentos do direito à sindicalização, este último, mais amplo.

Neste sentido, destaca-se o pensamento de Arnaldo Süssekind a respeito, para quem "o direito à liberdade sindical, enquanto direito humano fundamental, é preexistente ao direito positivo interno: este somente pode reconhecê-lo ou declarar sua existência, mas não concedê-lo, nem criá-lo".

É certo que a Constituição Federal de 1988 garante ao servidor público o direito à livre associação sindical, nos termos do art. 37, VI, corolário do direito de associação estabelecido no art. 5º, XVII, da mesma Constituição. Adicionando-se a tais preceitos constitucionais a decisão do STF, de 25.10.2007, favorável ao exercício do direito de greve por parte dos servidores públicos

---

(364) RESENDE, Renato de Sousa. *Negociação coletiva de servidor público*. São Paulo: LTr, 2012. p. 66.

estatutários, o caminho estava aberto ao reconhecimento do direito ao exercício da negociação coletiva no setor público, por desdobramento lógico, o que a ratificação da Convenção n. 151 da OIT somente veio a chancelar.

8.5.1. AS TEORIAS DESFAVORÁVEIS E AS FAVORÁVEIS À ADMISSIBILIDADE DA NEGOCIAÇÃO COLETIVA NO SETOR PÚBLICO

Apesar de a liberdade sindical ser amplamente reconhecida como direito humano fundamental, da qual decorrem os direitos à negociação coletiva e à greve, no caso recente do Brasil, afigurava-se um problema quando entrava em cena a discussão sobre a admissibilidade da negociação coletiva de trabalho dos servidores públicos estatutários. Neste campo, doutrina e jurisprudência se apresentavam em duas correntes, uma que defendia sua total impossibilidade jurídica, enquanto que outra defendia sua possibilidade, desde que respeitadas certas condições.

Para a corrente contrária à possibilidade da negociação coletiva de trabalho no setor público, a argumentação buscava fundamentos nos princípios da Administração Pública, em especial o da legalidade, assim como o fato do art. 39, § 3º, da Constituição Federal,[365] que trata dos direitos sociais dos servidores públicos, silenciar a respeito do inciso XXVI do art. 7º, que reconhece as convenções e acordos coletivos de trabalho.

Ademais, a Súmula n. 679 do STF declara que: "A fixação de vencimentos dos servidores públicos não pode ser objeto de convenção coletiva".

Outro aspecto da argumentação contrária à negociação coletiva dos servidores públicos dizia respeito ao sistema de controle dos gastos públicos, que impunha óbice à negociação de reajustamento de salários. Nesta esteira:

> a) É de iniciativa exclusiva do Presidente da república a proposta de leis que disponham sobre criação de cargos, funções ou empregos públicos na administração direta e autárquica ou aumento de sua remuneração (art. 61, § 1º, II, *a*, da CF/88), que deve ser submetida ao Congresso Nacional (art. 49, X, da CF/88);

> b) As despesas com pessoal ativo e inativo da União, dos Estados, do Distrito Federal e dos Municípios não poderão exceder os limites estabelecidos em lei complementar (art. 169, *caput*, da CF/88);

---

(365) CRFB, art. 39, § 3º. Aplica-se aos servidores ocupantes de cargo público o disposto no art. 7º, IV, VII, VIII, IX, XII, XIII, XV, XVI, XVII, XVIII, XIX, XX, XXII e XXX, podendo a lei estabelecer requisitos diferenciados de admissão quando a natureza do cargo o exigir. (Incluído pela Emenda Constitucional n. 19, de 1998)

c) A concessão de qualquer vantagem ou aumento de remuneração, só poderão ser feitas, se houver prévia dotação orçamentária suficiente para atender às projeções de despesa de pessoal e aos acréscimos dela decorrentes e se houver autorização específica na lei de diretrizes orçamentárias, ressalvadas as empresas públicas e as sociedades de economia mista (art. 169, § 1º, I e II);

d) Por sua vez, a Lei Complementar n. 101/00 (Lei de Responsabilidade na Gestão Fiscal), fixa as despesas com pessoal da União a 50% e para os Estados e Municípios em 60% das respectivas receitas correntes líquidas (arts. 18 e 19).

Acrescente-se que em relação à Lei n. 8.112/90, que dispõe sobre o regime jurídico único dos servidores públicos civis da União, das autarquias e das fundações públicas federais, o STF declarou inconstitucional as alíneas "d" e "e" do art. 240, que havia assegurado ao servidor público civil o direito à negociação coletiva e fixado a competência da Justiça do Trabalho para dirimir controvérsias individuais e coletivas (ADI n. 492-1, Rel. Min. Carlos Velloso, julgamento em 21.10.1992, Plenário, DJ de 12.3.1993).

Para a corrente que defendia a possibilidade de negociação coletiva no setor público, dentro de determinadas condições, a omissão do art. 39, § 3º, da Constituição Federal, que silenciou a respeito do inciso XXVI do art. 7º, não era motivo suficiente para a não fruição desse direito pelos servidores públicos, pois a omissão ao aludido dispositivo não constituía óbice de natureza constitucional.

Importante destacar o papel do Estado na concepção atual, conforme defendida por Norberto Bobbio,[366] como um subsistema do sistema sociopolítico, submisso ao ordenamento jurídico, sujeito de direitos e deveres, que tem como papel primordial dar respostas às demandas provenientes do ambiente social. De outra parte, no plano interno, o poder soberano é do povo, elemento constitutivo e fundamental do Estado, sem o qual este não existe legitimamente.

Portanto, o Estado Democrático de Direito representa a participação pública no processo de construção da sociedade, através do modelo democrático e a vinculação do Estado a uma Constituição como instrumento básico de garantia jurídica.

Ainda se não bastassem os argumentos acima, seria totalmente incoerente reconhecer os direitos à sindicalização e à greve sem o direito à negociação coletiva. Ora, se a greve é uma decorrência lógica da negociação coletiva de

---

(366) BOBBIO, Norberto. *Estado, governo, sociedade:* para uma teoria geral da política. 1. ed. 18. reimp. São Paulo: Paz e Terra, 2012. p. 197.

trabalho mal sucedida, total incoerência é reconhecer os seus efeitos, ou seja, o resultado sem que se reconheça a causa, ou o processo, no caso a negociação coletiva.

Para esta última corrente, a qual nos filiamos, os instrumentos jurídicos que defluem da negociação coletiva (no caso apenas os acordos[367] coletivos de trabalho) teriam um caráter político e ético por meio do qual as partes (sindicato profissional e Ministério do Planejamento, na esfera federal e estadual ou Municipal) firmariam um compromisso estabelecendo os direitos contemplados que, posteriormente, seria transformado em Projeto de Lei pelas autoridades competentes, nos termos pactuados, para dar cumprimento ao convencionado. Dessa maneira, estariam conciliados os princípios da Administração Pública com o direito à negociação coletiva.

8.5.1.1. A RECENTE ALTERAÇÃO DA OJ N. 5 DA SDC DO TST

Com a redação anterior da OJ n. 5 da SDC do TST, a jurisprudência do TST não reconhecia o direito ao dissídio coletivo[368] no setor público.

A mudança de orientação do Colendo Tribunal Superior do Trabalho, alterando radicalmente a redação desta OJ,[369] em 14.9.2012, colocou uma pá de cal na cizânia jurisprudencial, passando a admitir, de uma vez por todas, a possibilidade de dissídio coletivo no setor público, envolvendo empregados públicos, regidos pela CLT, fruto da influência da ratificação da Convenção n. 151 da OIT, pelo Brasil.

Ora, se permite o dissídio coletivo de natureza social, não econômico, em face dos óbices constitucionais mencionados, que decorre da existência da negociação coletiva de trabalho mal sucedida, com muito mais certeza podemos

---

(367) Não existe possibilidade jurídica de se firmar convenção coletiva de trabalho no âmbito da Administração Pública Direta, pelo fato de inexistir sindicato patronal público, eis que o núcleo conceitual da convenção coletiva estabelece, nos dizeres do art. 611 da CLT: "Convenção Coletiva de Trabalho é o acordo de caráter normativo, pelo qual dois ou mais sindicatos representativos de categorias econômicas e profissionais estipulam condições de trabalho aplicáveis, no âmbito das respectivas representações, às relações individuais de trabalho". Além disso, a Administração Pública não se apresenta jamais como representativa de uma categoria econômica.

(368) OJ n. 5 da SDC do TST. DISSÍDIO COLETIVO CONTRA PESSOA JURÍDICA DE DIREITO PÚBLICO. IMPOSSIBILIDADE JURÍDICA. Aos servidores públicos não foi assegurado o direito ao reconhecimento de acordos e convenções coletivos de trabalho, pelo que, por conseguinte, também não lhes é facultada a via do dissídio coletivo, à falta de previsão legal.

(369) OJ n. 5 da SDC do TST. DISSÍDIO COLETIVO. PESSOA JURÍDICA DE DIREITO PÚBLICO. POSSIBILIDADE JURÍDICA. CLÁUSULA DE NATUREZA SOCIAL (redação alterada na sessão do Tribunal Pleno realizada em 14.9.2012). Em face de pessoa jurídica de direito público que mantenha empregados, cabe dissídio coletivo exclusivamente para apreciação de cláusulas de natureza social. Inteligência da Convenção n. 151 da Organização Internacional do Trabalho, ratificada pelo Decreto Legislativo n. 206/10.

afirmar a eficácia deste processo negocial de pacificação coletiva nas contendas envolvendo a reposição de dissídios entre os servidores públicos e o Estado.

Em que pese a posição do TST, que ainda impõe limites ao dissídio coletivo de natureza econômica envolvendo os servidores públicos estatutários, ou mesmo agentes políticos do Estado, a controvérsia pode ser superada por meio da negociação coletiva de trabalho entre os sindicatos ou associações respectivas e o Poder Executivo.

Quando não se tratar de dissídios de natureza econômica, ou seja, que envolvam dotação orçamentária, pode ocorrer até mesmo o dissídio coletivo, corolário da negociação coletiva de trabalho mal sucedida, tendo por objeto tão somente condições de trabalho sem reflexos econômicos, tais como meio ambiente de trabalho e jornada de trabalho.

Indissociável para este debate é o fato de que a Constituição Federal, no já aludido art. 39, § 3º, faz menção expressa ao inciso XIII.[370] do art. 7º, admitindo a compensação e horários e a redução de jornada mediante acordo ou convenção coletiva de trabalho, o que se aplica aos servidores públicos. Portanto, conforme esclarece a Luciana Bullamah Stoll, "a referência ao inciso XIII do art. 7º da Carta Magna implica na admissão da negociação coletiva para os servidores ocupantes de cargo público".[371]

Pelas razões acima expostas é mais lógico e condizente com o Estado Democrático de Direito a posição da corrente doutrinária que defende a possibilidade de negociação coletiva de trabalho no setor público que, além disso, é integrante do rol dos direitos humanos fundamentais, na categoria de direito social fundamental, que jamais poderia ser negado a essa categoria de trabalhadores.

8.5.2. NORMAS INTERNACIONAIS QUE APOIAM A NEGOCIAÇÃO COLETIVA DE TRABALHO NO SETOR PÚBLICO

8.5.2.1. CONVENÇÕES E RECOMENDAÇÕES DA OIT

A negociação coletiva de trabalho foi erigida a direito fundamental social dos trabalhadores, estando, pois inserta no texto constitucional brasileiro, além de ter recebido especial destaque na Declaração da OIT sobre os Princípios e

---

(370) CRFB, art. 7º São direitos dos trabalhadores urbanos e rurais, além de outros que visem à melhoria de sua condição social: (...) XIII — duração do trabalho normal não superior a oito horas diárias e quarenta e quatro semanais, facultada a compensação de horários e a redução da jornada, mediante acordo ou convenção coletiva de trabalho; (...).

(371) STOLL, Luciana Bullamah. *Negociação coletiva no setor público*. São Paulo: LTr, 2007. p. 109.

Direitos Fundamentais no Trabalho, de 19.6.1998, que declara em seu art. 2º que todos os Estados Membros, ainda que não tenham ratificado as convenções, têm compromisso derivado do simples fato de pertencerem à OIT de respeitar, promover e tornar realidade os princípios relativos aos direitos fundamentais dos trabalhadores, tais como a liberdade sindical e o direito de negociação coletiva de trabalho.[372]

No âmbito da Organização Internacional do Trabalho (OIT), a negociação coletiva de trabalho vem sendo indicada como o melhor meio de solucionar conflitos de interesses e de se conseguir melhores condições de trabalho e melhores salários, gradativamente, desde sua fundação em 1919, ora integrando parcialmente os instrumentos jurídicos daquela organização que tratam de outros temas específicos, ora sendo objeto integral de suas Convenções e Recomendações, cujas principais que tratam do tema da negociação coletiva de trabalho passa-se a analisar.[373]

Convenção n. 98 da OIT, de 1949, ratificada pelo Brasil em 1952, foi adotada para aplicação dos princípios do direito de sindicalização e de negociação coletiva, contudo, sem abranger os servidores públicos estatutários.

Estatui que os trabalhadores deverão usufruir de proteção adequada contra quaisquer atos atentatórios à liberdade sindical em matéria de emprego, devendo as organizações de trabalhadores e de empregadores gozar de proteção adequada contra quaisquer atos de ingerência, quer seja de umas contra as outras, quer seja por parte da Administração Pública, em sua formação, funcionamento e administração.

Deverão ser tomadas medidas apropriadas às condições nacionais, para fomentar e promover o pleno desenvolvimento e utilização dos meios de negociação voluntária entre empregadores ou organizações de empregadores e organizações de trabalhadores com o objetivo de regular, por meio de convenções, os termos e condições de emprego, trazendo a ressalva de não ser aplicada à situação dos funcionários públicos ao serviço do Estado e não deverá ser interpretada, de modo algum, em prejuízo dos seus direitos ou de seus estatutos.

Convenção n. 154 da OIT, de 1981, ratificada pelo Brasil em 1992, foi adotada para fomentar a negociação coletiva de trabalho, aplicando-se a todos os

---

(372) Art. 2º Declara que todos os Membros, ainda que não tenham ratificado as convenções aludidas, têm um compromisso derivado do fato de pertencer à Organização de respeitar, promover e tornar realidade, de boa fé e de conformidade com a Constituição, os princípios relativos aos direitos fundamentais que são objeto dessas convenções, isto é: a) a liberdade sindical e o reconhecimento efetivo do direito de negociação coletiva;

(373) STOLL, Luciana Bullamah. *Negociação coletiva no setor público*. São Paulo: LTr, 2007. p. 41-44; MARTINS, Sergio Pinto. *Convenções da OIT*. São Paulo: Atlas, 2009.

ramos da atividade econômica, podendo a legislação ou a prática nacionais fixar a aplicação desta Convenção no que se refere à Administração Pública.

Para efeito da presente Convenção, a expressão "negociação coletiva" compreende todas as negociações que tenham lugar entre, de uma parte, um empregador, um grupo de empregadores ou uma organização ou várias organizações de empregadores e, de outra parte, uma ou várias organizações de trabalhadores, com o fim de fixar as condições de trabalho e emprego, assim como regular as relações entre empregadores e trabalhadores, além das relações entre as organizações de empregadores e as organizações de trabalhadores.

Prevê que sejam adotadas medidas de estímulo à negociação coletiva, que devem prover sua ampla possibilidade de aplicação, sendo progressivamente estendida a todas as matérias, cujas medidas de estímulo adotadas pelas autoridades públicas deverão ser objeto de consultas prévias e, quando possível, de acordos entre as autoridades públicas e as organizações patronais e as de trabalhadores.

A Recomendação n. 163 da OIT, de 1981, sobre a promoção da negociação coletiva, assinala que medidas devem ser tomadas para facilitar o estabelecimento e desenvolvimento, em base voluntária, de organizações livres, independentes e representativas de empregadores e de trabalhadores, além de que tais organizações sejam reconhecidas para fins de negociação coletiva.

Além disso, a negociação coletiva deve ser possível em qualquer nível, seja ao da empresa, do ramo de atividade, da indústria, ou nas esferas regional ou nacional, podendo as autoridades públicas oferecer, a pedido das partes interessadas, assistência em treinamento para o pleno desenvolvimento de todo o processo da negociação coletiva.

As partes da negociação coletiva devem prover seus respectivos negociadores do necessário mandato para conduzir e concluir as negociações, sujeitos a disposições de consultas a suas respectivas organizações.

Outro ponto importante diz respeito à liberdade de informação necessária ao processo de negociação coletiva de trabalho, pois esta Recomendação da OIT assinala que as partes devem ter acesso à informação necessária às negociações, inclusive por parte de empregadores públicos e privados, que devem colocar à disposição informações sobre a situação econômica e social da unidade negociadora e da empresa em geral, se fundamentais para negociações, devendo tais informações serem tratadas com confidencialidade, quando necessário.

Convenção n. 87 da OIT, de 1948 foi adotada para defender e fomentar a liberdade sindical e proteção ao direito de sindicalização, ainda não ratificada pelo Brasil, tendo em vista os obstáculos constitucionais relativos à unicidade sindical e aos demais ranços corporativistas ainda presentes em nosso texto constitucional.

Apesar de não tratar diretamente da negociação coletiva de trabalho, entende-se que o fez implicitamente ao afirmar e defender a liberdade sindical, que em seu bojo traz indissociavelmente o direito à negociação coletiva e à greve.

Finalmente, passa-se a expor a Convenção n. 151 da OIT e a Recomendação n. 159, ambas aprovadas pela Conferência Geral da Organização Internacional do Trabalho, em sua sexagésima quarta reunião, realizada em 7.6.1978 e, recentemente, aprovada pelo Decreto Legislativo n. 206/10 que, por sua importância, serão analisadas em tópico próprio, a seguir.

8.5.2.2. A RECENTE RATIFICAÇÃO DA CONVENÇÃO N. 151 E DA RECOMENDAÇÃO N. 159 DA OIT

O Decreto Legislativo n. 206, de 7.4.2010, aprovou os textos da Convenção n. 151 e da Recomendação n. 159 da OIT, ambas de 1978. A aprovação e incorporação ao ordenamento jurídico brasileiro da Convenção n. 151 da OIT foi solicitada ao Congresso Nacional em 14 de fevereiro de 2008, em mensagem da Presidência da República.[374]

De acordo com a solicitação do Executivo, a Convenção estabelece princípios que asseguram a proteção dos trabalhadores da Administração Pública no exercício de seus direitos sindicais e a independência das entidades, assim como a realização de negociações coletivas da categoria com o Poder Executivo para questões como, por exemplo, reajustes salariais.

Outro acontecimento que contribuiu decisivamente para o momento político favorável à aprovação da Convenção n. 151 e da Recomendação n. 159 da OIT foi a deliberação pelo Supremo Tribunal Federal que, em 25.10.2007, decidiu ser o art. 37, VII, da Constituição Federal norma de eficácia contida, de modo que nas greves envolvendo servidores públicos estatutários, deverá ser aplicada a Lei n. 7.783/89 até que seja aplicada a lei específica, ou seja, decidiu pela legalidade do exercício do direito de greve por parte dos servidores públicos estatutários, o que certamente pavimentou o caminho rumo à aprovação da aludida Convenção n. 151 da OIT.

O Decreto Legislativo n. 206, de 7.4.2010, traz duas ressalvas. A primeira que, no caso brasileiro, a expressão "pessoas empregadas pelas autoridades públicas" abrange tanto os empregados públicos, regidos pela CLT, quanto

---

(374) Secretaria-Geral da Presidência da República. Disponível em: <http://www.secretariageral.gov.br/noticias/ultimas_noticias/2008/02/not_130220082>. Acesso em: 9.12.2012.

os servidores públicos estatutários, todos ingressos na Administração Pública mediante concurso público. A segunda ressalva diz que são consideradas organizações de trabalhadores, abrangidas pela Convenção, apenas aquelas constituídas nos termos do art. 8º da Constituição Federal, ou seja, as entidades sindicais.

A Convenção n. 151 da OIT deverá ser aplicada a todas as pessoas empregadas pela administração pública, na medida em que não lhes forem aplicáveis disposições mais favoráveis de outras Convenções Internacionais do Trabalho, com a ressalva que cada país poderá determinar até que ponto as garantias previstas na presente Convenção se aplicam aos empregados de alto nível[375] que, por suas funções, possuam poder decisório ou desempenhem cargos de direção ou aos empregados cujas obrigações são de natureza altamente confidencial.

Os empregados e servidores públicos gozarão de proteção adequada contra todo ato de discriminação sindical em relação com seu emprego, seja contra ato que objetive subordinar o empregado público, despedir ou prejudicá-lo devido à sua filiação sindical,

Os sindicatos e empregados públicos gozarão de completa independência a respeito das autoridades públicas, de adequada proteção contra todo ato de ingerência de uma autoridade pública na sua constituição, funcionamento ou administração.

Serão considerados atos de ingerência, principalmente, os destinados a fomentar a constituição de sindicatos de empregados públicos dominadas pela autoridade pública, ou sustentados economicamente por esta, ou qualquer outra forma que tenha o objetivo de colocar os sindicatos sob o controle da autoridade pública.

Deverão ser concedidas aos representantes dos sindicatos facilidades para permitir-lhes o desempenho rápido e eficaz de suas funções, durante suas horas de trabalho ou fora delas, sem que fique prejudicado o funcionamento eficaz da Administração Pública.

Deverão ser adotadas medidas adequadas para estimular e fomentar o pleno desenvolvimento e utilização de procedimentos de negociação entre as autoridades públicas competentes e os sindicatos de empregados públicos sobre as condições de emprego, ou de quaisquer outros métodos que permitam

---

(375) Entendemos que tais servidores constituem os agentes políticos, que, por constituírem agentes dotados de soberania estatal, atribuídas pelo próprio texto constitucional, em suas respectivas áreas de atuação, se confundem com o próprio Estado. São eles, os titulares do Poder Executivo (Presidente da República, Governadores de Estado, Prefeitos Municipais), ministros de Estado, parlamentares (deputados e senadores), ministros dos Tribunais Superiores, desembargadores, magistrados, membros do Ministério Público e dos Tribunais de Contas.

aos representantes dos empregados públicos participarem na determinação de tais condições.

A solução dos conflitos que se apresentem por motivo das condições de emprego será tratada por meio da negociação entre as partes ou mediante procedimentos independentes e imparciais, tais como a mediação, a conciliação e a arbitragem, estabelecidos de modo que inspirem a confiança dos interessados.

A Recomendação n. 159 da OIT, aprovada na mesma Assembleia em que fora aprovada a Convenção n. 151, também foi aprovada no Brasil pelo Decreto Legislativo n. 206, de 7.4.2012, tratando dos procedimentos para a definição das condições de emprego no serviço público.

Trata de recomendações complementares à Convenção n. 151, destacando a importância da legitimidade dos sindicatos, de critérios objetivos para sua constituição e representatividade da categoria profissional, assim como de definições legais, ou por outros meios, da representatividade da Administração Pública nas negociações coletivas de trabalho.

Também recomenda critérios objetivos de procedimentos na negociação, estabelecimento de prazos de vigência dos acordos bem sucedidos e critérios de revisão e renovação.

Para José Carlos Arouca,

> não basta a incorporação da Convenção n. 151 ao nosso ordenamento jurídico, dependente de regulamentação precisa que defina os agentes da Administração legitimados a negociar e os limites da própria negociação, quando o atendimento das reivindicações dependerem de aprovação por lei.

Com a ratificação da Convenção n. 151 da OIT cremos que não remanescem dúvidas que ficou definitivamente permitida a negociação coletiva de trabalho para dirimir os conflitos coletivos trabalhistas no setor público brasileiro. Nesta esteira, no âmbito da União, foi editado o Decreto n. 7.674/12, que disciplina o processo de negociação nos conflitos coletivos de trabalho, no caso dos servidores públicos federais da administração pública federal direta, autárquica e fundacional.

8.5.3. A EXPERIÊNCIA BRASILEIRA

Existem várias experiências de negociação coletiva no setor público, no Brasil, mesmo antes da ratificação da Convenção n. 151 da OIT. Em outras palavras, a falta de previsão legal não impediu a realização de acordos coletivos entre vários Municípios brasileiros, por meio de Secretarias e os respectivos sindicatos de servidores públicos,[376] com estipulação de condições de trabalho e de remuneração de servidores estatutários.

Observe-se que estas negociações são fruto das reivindicações e greves dos sindicatos dos servidores públicos que acabaram por enfraquecer a resistência da Administração Pública em negociar democraticamente melhores condições de trabalho e salários.

Em âmbito federal[377] foi criada Mesa Nacional de Negociação Permanente, em 2002, com o intuito de instituir um Sistema de Negociação Permanente em âmbito federal, integrante do Sistema de Pessoal Civil da Administração Federal (SIPEC), criado pelo Decreto n. 67.326/70.

---

(376) O Município de Foz do Iguaçu e o sindicato municipal de servidores públicos realizaram vários acordos coletivos de trabalho, que resultaram em projetos de lei que proveram eficácia aos instrumentos firmados.

(377) CONSTITUCIONAL — ADMINISTRATIVO — DIRETO SINDICAL — MINISTRA DE ESTADO DO PLANEJAMENTO, ORÇAMENTO E GESTÃO — SECRETARIA DE RELAÇÕES DE TRABALHO NO SERVIÇO PÚBLICO — PRELIMINARES REJEITADAS — MESA NACIONAL DE NEGOCIAÇÃO PERMANENTE — PRETENSÃO DE REPRESENTAÇÃO DIRETA POR SINDICATO LOCAL — INCABÍVEL — PRINCÍPIO DA UNICIDADE SINDICAL —1) Cuida-se de *writ* impetrado por sindicato local de servidores contra ato coator omissivo da Ministra de Estado do Planejamento, Orçamento e Gestão e do Secretário de Relações de Trabalho no Serviço Público, consubstanciado na negativa em permitir a participação plena na Mesa Nacional de Negociação Permanente, referente aos interesses da categoria que representa. 2) O sindicato impetrante possui legitimidade ativa para postular a sua participação em quaisquer atividades pertinentes à representação dos interesses dos seus representados. Preliminar rejeitada. 3) A Ministra de Estado possui legitimidade passiva *ad causam* já que as reuniões da Mesa Nacional de Negociação Permanente são realizadas sob a coordenação central daquele Ministério e, principalmente, porque encampou a defesa dos atos da Secretaria de Relações do Trabalho no Serviço Público. Precedente: MS 13.947/DF, Rel. Ministra Maria Thereza de Assis Moura, Terceira Seção, DJe 2.6.2011. Preliminar rejeitada. 4) As informações da autoridade dão conta de que o ato reputado como coator existe, pois alega que "a experiência tem revelado que a negociação é mais eficaz quando realizada com um número limitado de sindicatos, evitando a proliferação. Preliminar rejeitada. 5) As informações da autoridade dão conta de que o ato reputado como coator existe, pois alega que "a experiência tem revelado que a negociação é mais eficaz quando realizada com um número limitado de sindicatos, evitando a proliferação de entidades sem nenhuma representatividade e incentivando aquelas de fato representativas" (fl. 68). Preliminar rejeitada. 6) Resta comprovado que o sindicato impetrante tem representatividade local (fl. 26) e possui liberdade de atuação nos limites que são fixados pelo art. 8º, incisos III e VI, da Constituição Federal; No caso concreto, não há conflito de representação, uma vez que a base territorial do sindicato local está englobada ao direito e dever de representação de sindicato nacional, em plena conformidade com o princípio da unicidade sindical. 7) Como já atestou o Excelso Pretório, "o princípio da unicidade sindical, previsto no art. 8º, II, da Constituição Federal, é a mais importante das limitações constitucionais à liberdade sindical. (AgRg no RE 310.811, Relatora Min. Ellen Gracie, Segunda Turma, publicado no DJ e em 5.6.2009); Assim, o entendimento contrário estabeleceria uma concorrência entre entidades locais e nacional, que não é cabível no sistema produzido pelo Poder Constituinte originário. Segurança denegada. Agravo regimental prejudicado. (STJ — MS 18.121 (2012/0020932-5) 1ª S. — Rel. Min. Humberto Martins — DJe 30.5.2012 — p. 465).

Podemos citar as seguintes experiências exitosas de negociação coletiva de trabalho no setor público:[378]

> a) a criação da Mesa Nacional de Negociação Permanente, em 2002, e dez mesas setoriais implantadas em dez Ministérios, com os seguintes resultados expressivos: 47 negociações concluídas, 5 planos especiais de cargos criados e 112 tabelas remuneratórias estruturadas;
>
> b) criação, em 2002, do Sistema de Negociação Permanente para a Eficiência na Prestação dos Serviços Públicos Municipais de São Paulo (SINP), composto por representantes do Governo Municipal, dos servidores públicos, da Câmara Municipal, do DIEESE, além de 31 associações de classe;
>
> c) instituição da Mesa Nacional de Negociação Permanente do Sistema Único de Saúde, em 1993;
>
> d) ainda é possível citar resultados exitosos em negociações coletivas, inclusive envolvendo aumento de salários, nos casos dos servidores do Poder Judiciário do Estado de São Paulo (reposição salarial de 14%), no caso dos servidores do Ministério do Planejamento (reajuste escalonado de 10,79%).

Assim a embora tardia aprovação da Convenção n. 151 da OIT simplesmente legalizou a prática corrente, ou seja, reivindicações, negociações coletivas de trabalho, greves e pacificação de conflitos na seara pública, à imagem do que ocorre na atividade privada.

Contudo, muito ainda precisa ser feito quanto ao respeito do exercício do direito de negociação coletiva e greve, no setor público, haja vista a recente reclamação apresentada à OIT, em 8.8.2012, pela Central Única de Trabalhadores (CUT) e mais seis entidades sindicais, contra a República Federativa do Brasil, em razão da edição do Decreto n. 7.777/12 e de desconto de salários dos servidores em greve.

O aludido decreto dispõe sobre medidas a serem tomadas durante a ocorrência de greves na Administração Pública Federal, que afrontam a Convenção n. 151 da OIT, na medida em que propicia insegurança jurídica aos servidores envolvidos, pelo fato de permitir a substituição de trabalhadores em greve por servidores de outras esferas (estadual e municipal), o que também colide com a Lei n. 7.783/89. Por tais fundamentos, a CUT requer à OIT a aplicação sanções à República Federativa do Brasil.

---

(378) AROUCA, José Carlos. *Curso básico de direito sindical*. 3. ed. São Paulo: LTr, 2012. p. 176-177.

8.6. Conclusões

O presente capítulo teve por objetivo discutir e apresentar uma vertente positiva sobre a negociação coletiva de trabalho no setor público, considerando as últimas novidades jurídicas, no campo jurisprudencial e doutrinário, a realidade e a experiência brasileira, a recente ratificação de Convenções da OIT alusivas ao tema e, especialmente, o clamor das ruas, isto é, a movimentação de servidores públicos, desde meados do ano passado lutando, por meio de seus sindicatos, pela recomposição de seus subsídios em face do Estado.

Paralelamente, enquanto assistimos a uma situação de relativa calma e pacificação social no setor privado da economia, graças à prática constante e reiterada da negociação coletiva de trabalho, por meio da qual os seres coletivos vêm celebrando, ano após ano, acordos e convenções coletivas e contemplando as categorias profissionais com reajustes salariais, em vários casos superiores aos índices inflacionários oficiais, ao revés, no setor público, nos deparamos com um quadro de insatisfação e de sentimento de desvalorização das categorias, pela ausência de diálogo social e da prática da negociação coletiva em seus vários níveis.

Em grande parte, esse sentimento de desconforto disseminado no âmbito da Administração Pública brasileira foi motivado pela ausência de qualquer forma de diálogo perene ou negociação coletiva de trabalho, estabelecimento e implementação de planos de evolução nas carreiras, ou de valorização profissional e, em especial, pela recalcitrância do Poder Executivo em atender ao mandamento constitucional do art. 37, inciso X, da Constituição Federal. A exceção é o Poder Legislativo, especialmente o federal, na medida em que os parlamentares votaram e conseguiram ajustar os seus próprios vencimentos de forma equivalente aos dos ministros do STF.

Foi isto justamente o que aconteceu no segundo semestre de 2012. Vários sindicatos profissionais representativos de servidores públicos estatutários inicialmente deflagraram uma greve, que durou meses, e posteriormente, com o aceno do Poder Executivo na concessão de um reajustamento salarial de 15,8%, em três parcelas anuais, com efeitos diferidos, aceitaram negociar coletivamente com o Ministério do Planejamento, o que culminou com a assinatura de vários acordos coletivos de trabalho, posteriormente incluídos no orçamento nacional pelo Congresso Nacional. Todavia, remanesce certa defasagem nos subsídios que poderá induzir os sindicatos de servidores públicos a futuras movimentações sociais e greves nos vários setores públicos (transporte, segurança, saúde, educação etc.).

Outra ilação que podemos extrair da defasagem dos subsídios no setor público se relaciona ao fato de que, qualquer reajuste deve passar pelo crivo do Poder Executivo, e após pelo Legislativo, para que se transforme em lei. Surge então, a necessidade de encontrar um ambiente político favorável nestas duas instâncias, o que não acontece, porque tais instituições atualmente não ostentam prestígio, na medida em que são responsáveis pela condução de processos judiciais recentes, que levaram à condenação penal de vários integrantes das agremiações políticas que compõem aqueles poderes do Estado.

Em permanecendo o presente estado de coisas, a insatisfação no setor público deverá reverberar até que as partes cheguem à conclusão que a melhor solução para a pacificação dos conflitos coletivos se encontra há muito tempo à sua disposição. Em outras palavras, é dialogando (ou negociando) que as partes se entendem. E isto se aplica para todos os setores, inclusive para os servidores públicos, embora para estes a negociação coletiva seja mais complexa em face de suas peculiaridades e influências (orçamento, arrecadação, cenário internacional, etc.).

A ideia de que as condições de trabalho no setor público só poderiam ser fixadas unilateralmente remontam à concepção de Estado como ente englobador da sociedade, autoritário, arbitrário, antidemocrático, num espaço infenso aos demais poderes, que por muito tempo impediu a sindicalização no setor público. Hodiernamente, os tempos são outros. Os poderes devem ser harmônicos entre si e não pode haver a preponderância de um Poder sobre os demais em um Estado Democrático.

Em que pese a liberdade sindical ser amplamente reconhecida como direito humano fundamental, da qual decorrem os direitos à negociação coletiva e à greve, no caso brasileiro recente, se apresentaram duas posições sobre a admissibilidade da negociação coletiva de trabalho no setor público.

Para a corrente positiva, à qual nos filiamos, a omissão do art. 39, § 3º, da Constituição Federal, que silenciou a respeito do inciso XXVI do art. 7º, que trata do reconhecimento pelo Estado dos acordos e convenções coletivas, não é motivo suficiente para a não fruição desse direito pelos servidores públicos estatutários, pois não existe vedação constitucional expressa. A diferença em relação ao setor privado, é que a negociação coletiva no setor público, envolvendo estatutários, somente poderá ser realizada por meio de acordo coletivo e não convenção coletiva de trabalho, pela inexistência de sindicatos patronais na Administração Pública.

Para robustecer esta posição doutrinária, o Brasil além de ratificar a Convenção n. 151 da OIT, contou com a alteração, pelo Colendo TST, da OJ n. 5 da SDC do TST, ocorrida em 14.9.2012, por meio da qual aquela Corte passou a se posicionar, no sentido de permitir o dissídio coletivo de natureza social no setor público, envolvendo empregados públicos, regidos pela CLT. Observe que o óbice aqui envolve justamente o princípio da legalidade, o que pode ser superado pela negociação coletiva por meio de acordos coletivos, posteriormente com trâmite nos demais poderes por meio de projetos de lei, ao envolver matéria econômica.

Na mesma esteira, existem no Brasil várias experiências bem sucedidas de negociação coletiva no setor público, mesmo antes da ratificação da Convenção n. 151 da OIT. Em outras palavras, a falta de previsão legal não impediu a celebração de acordos coletivos de trabalho, que foram capazes de pôr fim às reivindicações e greves dos sindicatos dos servidores públicos.

Por serem inegáveis os benefícios da negociação coletiva de trabalho na solução dos conflitos trabalhistas e considerando ainda que a corrente negativista à negociação coletiva de trabalho no setor público no presente momento não mais se sustenta, pois todas as suas argumentações são amplamente superadas, nos posicionamos pela inevitabilidade do diálogo e da negociação no setor público para colocar o Brasil, em definitivo, em linha com os países de economia avançada.

CONSIDERAÇÕES FINAIS

Sem prejuízo das conclusões a que chegamos no curso do presente trabalho, apresentamos, de forma tópica, as principais reflexões obtidas nesse desenvolvimento, como segue:

I — O PAPEL DOS DIREITOS HUMANOS FUNDAMENTAIS NAS RELAÇÕES ENTRE CAPITAL E TRABALHO

Os direitos humanos fundamentais: à liberdade, à vida, à saúde, ao trabalho, à dignidade etc. são, entre os demais direitos, os mais universais, posto que o homem os possui pelo simples fato de ser homem. Por este caráter universal, os direitos humanos podem ser reclamados por qualquer indivíduo, seja qual for sua posição econômica, social ou jurídica.

No processo de conquista e de desenvolvimento dos direitos humanos fundamentais tivemos importantes antecedentes históricos, advindos de várias declarações de direitos até a promulgação da Declaração Universal dos Direitos Humanos, de 1948, que se tornou a matriz suprema dessa conquista.

A consagração normativa dos direitos humanos fundamentais coube à França, em 1789, por meio de Assembleia Nacional, quando promulgou a Declaração dos Direitos do Homem e do Cidadão.

Uma maior efetivação dos direitos humanos fundamentais continuou durante o constitucionalismo liberal do século XIX, bem como o início do século XX, que trouxe diplomas constitucionais essencialmente marcados pelas preocupações sociais, como se percebe por seus principais textos: Constituição Mexicana, de 1917; Constituição de Weimar, 1919; seguida pela primeira Constituição Soviética, 1918; e Carta do Trabalho, da Itália fascista de 1927, utilizada posteriormente por Getúlio Vargas no Brasil, em 1937.

Tais textos legais, em especial a Constituição de Weimar e a Carta do Trabalho, trouxeram grande avanço em relação aos direitos sociais dos trabalhadores, como direitos fundamentais a que todo indivíduo faz jus.

No Brasil, a Constituição Federal de 1988 não apenas demarca, no campo jurídico, o processo de democratização de nosso país, mediante a ruptura com o regime autoritário militar instaurado em 1964, como também pode ser considerada o marco da institucionalização dos direitos humanos fundamentais, uma vez que é o documento mais abrangente e pormenorizado sobre os direitos humanos já implementado no Brasil.

O principal direito fundamental garantido pela nossa Constituição Federal de 1988 é o da dignidade da pessoa humana, que constitui o arcabouço para a fruição dos demais direitos individuais e coletivos, como podemos depreender do art. 1º da Carta Magna. Logo, o fundamento da dignidade humana pode ser considerado como o princípio nuclear para a hermenêutica de todos os direitos e garantias conferidos às pessoas. Metaforicamente, poderíamos visualizar esses direitos como eflúvios do espírito humano, enraizados e agregados intrinsecamente à nossa própria alma pelo simples fato de termos nascido na condição humana.

A Constituição Federal de 1988 agasalhou, inclusive, o preceito da caridade que se aproxima ao da compaixão, isto é, ao amor sobrenatural fundado no amor de Deus em relação aos homens, e destes entre si, o substituindo por solidariedade, ao evocar no art. 3º, I, dentre os objetivos fundamentais da República do Brasil: "construir uma sociedade livre, justa e solidária, bem como por fazer do primado da dignidade da pessoa humana um dos alicerces do texto constitucional".

No Brasil, os direitos dos trabalhadores raramente são exercidos *a priori*. O Judiciário Trabalhista exerce seu papel, no mais das vezes, *a posteriori*, especialmente quando o trabalhador perde seu emprego e jaz no limbo do desemprego. Raríssimas são as exceções, em que nossos Pretórios prolatam liminares e antecipações de tutela objetivando resguardar direitos dos trabalhadores.

Geralmente, em uma reclamação trabalhista, o trabalhador é obrigado a aguardar meses pela sentença de primeiro grau e vários anos para o resultado final da lide, em grave atentado e desrespeito à sua pessoa, dado o caráter alimentício dessa prestação.

Por essa razão, defendemos a inversão desse procedimento, pela natureza dessa prestação jurisdicional, que se deve pautar pela utilização eficaz de mecanismos poderosos, que ajam *a priori* na garantia dos direitos dos trabalhadores.

II — O PAPEL DA NEGOCIAÇÃO COLETIVA DE TRABALHO NA EDIFICAÇÃO DOS DIREITOS FUNDAMENTAIS DO TRABALHADOR

Não concebemos outro instrumento jurídico mais adequado, oportuno e conveniente, do que a negociação coletiva de trabalho, à semelhança do que se pratica efetivamente, de forma perene, e não apenas nas datas-bases, mas no dia a dia das relações nos países de capitalismo avançado, nos quais a concertação social entre empresários e trabalhadores, além do papel de pacificação social, exerce a missão de arrefecer o processo de descoletivização e, destarte, de valorização das associações de trabalhadores.

Ademais, a negociação coletiva é, inclusive, um dos meios mais eficazes para diminuir as desigualdades sociais e fortalecer a autoestima e capacidade dos cidadãos, posto que facilita sua participação, pelo sindicato, no processo de tomada e implementação de decisões que afetam o seu próprio desenvolvimento. Os sindicatos e a negociação coletiva de trabalho prestam-se a essa evolução humana uma vez que buscam a consecução de seus anseios individuais e coletivos.

Podemos dizer seguramente, que ela é considerada o melhor meio para a solução dos conflitos ou problemas que surgem entre o capital e o trabalho. Por meio dela, trabalhadores e empresários estabelecem não apenas condições de trabalho e de remuneração, como todas as demais relações entre si, por meio de um procedimento dialético, previamente definido, que se deve pautar pelo bom senso, proporcionalidade, boa-fé, razoabilidade e equilíbrio entre os atores sociais.

A negociação coletiva de trabalho além de ter sido erigida a instituto constitucional, disposta em vários de seus artigos (7º, 8º, e 114), é considerada um direito social fundamental, e está inserida inclusive na Declaração dos Direitos Fundamentais dos Trabalhadores, de 1998 da OIT.

Cada empresa constitui uma unidade diferenciada, com necessidades e anseios próprios, que só serão correspondidos na medida em que forem enfrentados por meio de negociações coletivas específicas, conduzidas para a solução dos problemas localizados e particularizados.

III — O PAPEL DOS SINDICATOS NO NOVO MODELO SINDICAL BRASILEIRO

Atuando em uma democracia pluralista, em permanente conexão com outros corpos intermediários nacionais (partidos políticos, seitas religiosas, ONG, associações civis, entidades comunitárias, filantrópicas, de fomento, organizações de minorias etc.) e internacionais (organizações sindicais internacionais e outras associações ou entidades comunitárias), os sindicatos desempenham funções vitais na sociedade multifacetária atual, contribuindo eficazmente para a busca da justiça social e consolidação dos direitos fundamentais da pessoa humana.

Os sindicatos de trabalhadores apresentam-se no mundo moderno como uma das únicas instituições capazes de defender, de maneira efetiva, os interesses individuais e coletivos de seus associados, pois detêm legitimidade, representatividade, poder político e reconhecimento por parte dos empresários, do Estado e da sociedade civil. No exercício de suas obrigações contratuais, em especial das elaborações normativas que resultam da negociação coletiva de trabalho, desenvolvem sua mais alta e solene função, assegurando melhores e mais equilibradas condições de trabalho, de remuneração e outros benefícios à classe trabalhadora.

O Direito Coletivo do Trabalho moderno deve ter como princípios nucleares os valores éticos, a sociabilidade, a cooperação e a solidariedade humana (não a simples caridade), o respeito aos direitos fundamentais da pessoa humana, pela exigência da probidade e da boa-fé, que devem nortear não apenas a feitura e conclusão, como a execução dos negócios jurídicos, entre eles os contratos coletivos de trabalho, sob as mais variadas configurações.

Por isso, ele presta-se ao importante papel de suscitar melhores padrões de justiça social, maior equilíbrio nas relações trabalhistas e valorização da dignidade da pessoa do trabalhador, em obediência à famosa tríade da Revolução Francesa: liberdade, igualdade e solidariedade.

Os sindicatos modernos, portanto, exercem um papel de grande importância no cenário jurídico atual. São essenciais no mundo do trabalho porque conseguem reduzir as desigualdades econômicas e sociais, ajudam a aumentar salários e benefícios, são fontes de educação profissional e treinamento, proveem serviços médicos, odontológicos, planos de pensão, recolocação profissional. São substitutos processuais dos associados e parceiros de empregadores responsáveis interessados em prover produtos de qualidade para seus consumidores.

Além dessas tradicionais funções econômicas, sociais, jurídicas e políticas, os sindicatos têm prestado importante papel como veículos da democracia em vários países do mundo e hoje estão sendo chamados a participar do intenso debate nacional, em vários temas que perpassam a dimensão social e penetram em todos os demais setores da coletividade, para colaborarem com o Estado na formulação e implementação de políticas macro e microeconômicas, que levam à modernização das instituições democráticas.

O sindicalismo autêntico, em todos os seus níveis (sindicatos, federações, confederações e centrais sindicais), apto a representar seus associados e defendê-los, sociológica, política e juridicamente, lhe permite se aprofundar progressivamente nos diversos âmbitos da vida moderna.

O local de trabalho (a empresa, estabelecimento, ou grupo de empresas, em caso de identidade patronal), com um número razoável de trabalhadores, constitui o *locus* por excelência da consolidação de uma efetiva solidariedade e união dos trabalhadores. É no ambiente da empresa que o trabalhador despende a maior parte de seu tempo diário, até maior do que aquela que passa no convívio familiar, desenvolvendo laços de amizade, de afeto, de solidariedade e, estabelece relacionamentos até mesmo conjugais.

Os instrumentos coletivos que defluem da negociação coletiva de trabalho, no Brasil, são atualmente a convenção coletiva de trabalho mais ampla, o acordo coletivo de trabalho e o contrato coletivo de trabalho da nova Lei dos Portuários (Lei n. 12.815/13). Tais instrumentos corroboram para a modernização do Direito do Trabalho, já que eles são veículos pelos quais surge a lei das partes, em contraste com a lei do patrão ou a lei monocrática do Estado.

As relações coletivas trabalhistas somente podem ser compreendidas no âmbito da teoria tridimensional do Direito: fato, valor e norma, de modo que o comportamento dos atores sociais na negociação coletiva de trabalho passa a ter valor com a norma, que cria direitos e deveres para os membros dos sindicatos convenentes, enquanto perdurar a convenção coletiva.

A fruição dos direitos não é mais absoluta, mas limitada pela existência dos interesses coletivos e difusos, dentre eles os de ordem pública e, portanto, cogentes e imperativos e os da própria sociedade. Os sindicatos contribuem para a positivação desse interesse geral de toda a sociedade, ao se envolverem não apenas na dialética da negociação coletiva de trabalho, como na discussão, elaboração e implementação de políticas públicas e macroeconômicas em conjunto com o Estado e com os empresários, em diversificada gama de matérias estratégicas para a coletividade.

Se esse trabalho conjunto (trabalhadores, sindicatos, empresários e Estado) é possível na prática, também podemos ser levados a crer que, na seara específica das relações de trabalho, se os trabalhadores e os empresários se considerassem mutuamente "sócios do empreendimento" — o empresário como sócio do capital, e o trabalhador, representado pelo sindicato, sócio do trabalho — e invertessem suas posturas, de confronto ou antagonismo, para a cooperação e solidariedade, todos teriam benefícios sociais, políticos, econômicos e humanitários em larga escala.

A solução para os problemas oriundos das relações de trabalho, que podem ser mediados por meio de um inteligente esforço de negociação coletiva, somente poderá ser encontrada de forma definitiva, se enfrentarmos a questão de um ponto de vista moral e espiritual. Se essa relação for considerada por um ângulo mais elevado do que salários e acumulação de riqueza, teremos uma relação revitalizada por preceitos de amizade, colaboração e solidariedade, sob o fundamento máximo do respeito à dignidade humana.

Dessa forma, empresários, trabalhadores e sindicatos poderiam conseguir maiores e melhores resultados para todos, mediante um esforço cooperativo, que poderia ser engendrado por intermédio da negociação coletiva de trabalho e de seus instrumentos jurídicos, dentro da qual cada uma das partes passaria a defender os interesses dos outros que, no fundo, são os seus próprios.

É fato comprovado que quando o homem passa a defender o interesse do outro, e não apenas os seus próprios, o espírito mágico da cooperação e da solidariedade vêm tomar o lugar do conflito, dando ensejo à harmonia e equilíbrio das relações sociais.

Além disso, os sindicatos, com sua natureza jurídica de associação além de terem sido erigidos a instituições constitucionais, passando a ter um artigo próprio na Constituição Federal de 1988 para chamar de seu, o art. 8º e a ostentar a condição de legitimado nas ações coletivas (arts. 5º da Lei n. 7.347/85 e 82 da Lei n. 8.078/90), com amplo poder de substituição processual dos trabalhadores de sua categoria profissional, com o cancelamento da Súmula n. 310 do TST, bem como apresentam-se também no conjunto de instituições que compõem os novos canais de acesso ao sistema de justiça, engendrado pela Constituição Federal.

Passaram também a contar não apenas com o Ministério do Trabalho e Emprego na pacificação de conflitos coletivos, por meio das mesas redondas e das mediações, mas também com o Ministério Público do Trabalho, que ao receber denúncias e representações dos sindicatos tem legitimidade para instaurar inquéritos civis, que poderão culminar em celebração de Termos de Ajuste de Conduta (TAC), ou eventualmente ajuizamento de ações civis públicas ou ações civis coletivas na Justiça do Trabalho, tudo com o fim de defesa de direitos sociais indisponíveis da classe obreira, que se incluam entre os direitos difusos, coletivos e individuais homogêneos, da 3ª dimensão de direitos humanos.

O próprio sindicato, embora não tenha legitimidade para desenvolver os poderosos instrumentos manejados pelo Ministério Público do Trabalho, como a requisição e o inquérito civil, que poderão culminar na celebração de TACs, têm, ao seu dispor, o manejo das ações civis coletivas, na defesa de direitos individuais homogêneos, disciplinados na parte processual do CDC (Lei n. 8.078/90), no sentido de buscar a concretização dos direitos materiais dos trabalhadores da respectiva categoria profissional.

Por esta e outras razões, sempre temos dito a nossos alunos que, na verdade, até agora, passados vários anos da promulgação da Emenda Constituição

n. 45/04, e do texto constitucional de 1988, os sindicatos ainda não se deram conta do tamanho poder que passaram a ostentar em nosso ordenamento jurídico, especialmente o constitucional, na defesa dos direitos dos trabalhadores.

Em suma, para concebermos um mundo mais justo, democrático, que pauta suas relações sob os preceitos dos direitos humanos e da dignidade da pessoa humana faz-se imprescindível a presença do ser coletivo que o sindicato representa, bem como a utilização da negociação coletiva pelo mesmo. A ausência do sindicato nos cenários social e político levaria a um enorme vácuo de poder, que seria quase impossível ser sanado.

IV — O POTENCIAL DA NECESSÁRIA REFORMA DA ORGANIZAÇÃO SINDICAL BRASILEIRA

Atualmente vislumbramos a necessidade de reforma da organização sindical brasileira, para sua adequação aos modelos vigentes em economias mais avançadas, como segue:

- a eliminação gradual de ajuizamento de dissídios coletivos no Poder Judiciário, com a sua resolução/pacificação por meio dos membros do Ministério Público do Trabalho, que possuem o expertise jurídico na defesa dos direitos sociais e indisponíveis dos trabalhadores (difusos, coletivos e individuais homogêneos);

- limitação do poder normativo dos Tribunais do Trabalho, que devem ficar adstritos a julgar as lides de natureza jurídica. Os dissídios coletivos de natureza jurídica somente deverão ser direcionados para o Poder Judiciário, se o *Parquet* Laboral não pacificar o conflito, seja por meio de mediação, arbitragem, ou na colaboração na celebração dos acordos e convenções coletivas, ou até mesmo de Termos de Ajuste de Conduta (TAC);

- o desaparecimento do conceito de datas-bases das categorias profissionais para o fim de se entabular as negociações coletivas, com sua substituição por elementos mais modernos, como ramos da atividade economia, ou que sejam definidos na própria negociação coletiva;

- o fim da contribuição sindical obrigatória, com sua substituição por outras formas de custeio, que serão feitas pelos sindicatos mais representativos, sob a forma de taxas associativas ou contribuições de negociação;

- a criação de um Conselho Nacional de Relações de Trabalho, órgão de caráter tripartite, com a participação de representantes do

Estado (Ministério do Trabalho e do Emprego e Ministério Público do Trabalho), dos empresários, dos trabalhadores.

• a criação de órgãos bipartidários, conjuntamente com câmaras paritárias (composta por representantes dos empresários e dos trabalhadores), com o objetivo de fomentar o relacionamento entre esses atores sociais, com a mediação do Estado;

• adoção de critérios de representatividade, com base em parâmetros de aferição para a escolha dos sindicatos mais representativos dos trabalhadores e dos empregadores. Em princípio, coteja-se fixar como critério o número de associados ou trabalhadores representados nas respectivas categorias, em níveis nacional, estadual e municipal;

• criação de bases de representação sindical no local de trabalho, seguindo a tendência moderna de representação dos trabalhadores já praticada pelos sindicatos dos países economicamente mais avançados;

• criação de normas jurídicas de coibição de práticas desleais de trabalho (*unfair labour practices*), com o estabelecimento de multas e sanções para os infratores, sejam sindicatos de trabalhadores ou de empresários;

• estabelecimento de instrumentos públicos e privados de solução de conflitos coletivos, caso a negociação coletiva de trabalho não prospere no caso concreto, após o prazo de 90 dias do termo final do acordo ou convenção coletiva, seja por meio de mediação, conciliação ou arbitragem, e intermediação de órgãos federais (Ministério do Trabalho e Emprego e Ministério Público do Trabalho);

• estabelecimento de uma regra de transição para que as organizações sindicais (profissionais e econômicas) se adaptem às novas regras de representação sindical;

• negociação coletiva de trabalho em todos os níveis e âmbitos de representação, inclusive no setor público;

• fixação de princípios e procedimentos de negociação coletiva de trabalho, bem como os atores sociais, conteúdo, abrangência, vigência, inter-relacionamento entre os vários níveis de negociação e requisitos de validade dos instrumentos jurídicos que defluem da negociação coletiva de trabalho;

• negociação coletiva no setor público e nas atividades essenciais, cujos acordos coletivos celebrados seriam transformados em projetos de lei e votados nos parlamentos respectivos (Câmara Municipal, Assembleias Estaduais e Congresso Nacional), para sanção do titular do respectivo Poder Executivo, com revisão periódica e anual dos subsídios, de forma a dar pleno cumprimento ao texto constitucional (art. 37, XIII e art. 39, § 4º, CF/88);

• pelo fato especial da inexistência de sindicatos patronais na Administração Pública, a negociação coletiva deverá ser desenvolvida pelos sindicatos dos trabalhadores diretamente com a Secretaria/Ministério do Planejamento e de Finanças, em todos os níveis da federação, e o instrumento celebrado será tão somente o acordo coletivo de trabalho, dada a impossibilidade jurídica de existência de convenção coletiva.

Diante de tais considerações, na reforma no modelo de organização sindical brasileira, a negociação coletiva de trabalho passará a ostentar no direito trabalhista pátrio a posição de proeminência que já ocupa há décadas no Direito Comparado, com ascendência a instituto nuclear, destinada a exercer papel fundamental e, por que não dizer quase que virtualmente compulsório, na solução dos conflitos entre o capital e trabalho, haja vista que a recusa em participar da negociação poderá suscitar prática desleal de trabalho.

Considerando essas inovações no campo do Direito Coletivo do Trabalho, à negociação coletiva de trabalho está sendo reservado um papel de destaque até então sem precedentes na resolução dos conflitos coletivos de trabalho no Brasil, posição que, aliás, ela exerce soberanamente há longas décadas nos países de capitalismo avançado, notadamente na União Europeia (Inglaterra, França, Alemanha, Itália) e nos Estados Unidos da América, pelo fato de ser considerada o meio mais eficaz na solução dos conflitos ou problemas que surgem entre o capital e o trabalho.

REFERÊNCIAS BIBLIOGRÁFICAS

ALMEIDA, Guilherme Assis de. A declaração universal dos direitos humanos de 1948: matriz do direito internacional dos direitos humanos. In: ALMEIDA, Guilherme Assis de; PERRONE-MOISÉS, Cláudia (coords.). *Direitos internacionais dos direitos humanos*. São Paulo: Atlas, 2002.

AMADEO, Edward. *Sob o guarda-chuva da negociação coletiva*. Disponível em: <http://BuscaLegis.ccj.ufsc.br>.

ANDRADE, Vera Regina Pereira de. *Dogmática jurídica* — esforço de sua configuração e identidade. Porto Alegre: Livraria do Advogado, 1996.

ARAUJO, Luiz Alberto David; NUNES JÚNIOR, Vidal Serrano. *Curso de direito constitucional*. 11. ed. rev. e atual. São Paulo: Saraiva, 2007.

ARENDT, Hannah. *A condição humana*. Rio de Janeiro: Forense, Salamandra; São Paulo: Universidade de São Paulo, 1981 (a edição norte-americana, sob o título *The human condition*, foi publicada em Chicago em 1958).

_____. *Origens do totalitarismo*. São Paulo: Companhia das Letras, 2000.

ARISTÓTELES. *Política*. São Paulo: Nova Cultural, 1999 (Os pensadores).

AROUCA, José Carlos. *Curso básico de direito sindical*. 3. ed. São Paulo: LTr, 2012.

ATHAYDE, Austregésilo de; IKEDA, Daisaku. *Diálogo direitos humanos no século XXI*. Rio de Janeiro: Record, 2000.

BARELLI, Suzana. Eles vivem de negociação. *Folha de S. Paulo*, São Paulo, Caderno Dinheiro, p. 1, 18 jan. 1998.

BARROSO, Luís Roberto. *O direito constitucional e a efetividade de suas normas* — limites e possibilidades da Constituição brasileira. 2. ed. Rio de Janeiro: Renovar, 1993.

BASTOS, Celso. *Curso de direito constitucional*. 20. ed. atual. São Paulo: Saraiva, 1999.

BAYLOS, Antonio. La nueva posición de la negociación colectiva en la regulación de las relaciones de trabajo españolas. *Contextos — Revista Crítica de Derecho Social*, Buenos Aires: Editores del Puerto, n. 1, 1997.

BAYÓN, Chácon; PEREZ, Botija. *Manual de derecho del trabajo*. 9. ed. Madrid: Marcial Pons, 1975. t. 2.

BERNARDES, Hugo Gueiros. O desenvolvimento da negociação coletiva no Brasil. *Revista LTr*, São Paulo, v. 54, n. 12, p. 1445, dez. 1990.

_____ . Princípios da negociação coletiva. *In:* TEIXEIRA FILHO, João de Lima (coord.). *Relações coletivas de trabalho* — estudo em homenagem ao ministro Arnaldo Süssekind. São Paulo: LTr, 1989.

BOBBIO, Norberto. *A era dos direitos*. Tradução de Carlos Nelson Coutinho. Rio de Janeiro: Campus, 1992.

_____ . *Estado, governo, sociedade:* para uma teoria geral da política. 5. reimp. Tradução de Marco Aurelio Nogueira. Rio de Janeiro: Paz e Terra, 1995.

_____ . *Estado, governo, sociedade:* para uma teoria geral da política. 1. ed. São Paulo: Paz e Terra, 2012 (18. reimpressão).

_____ . *Teoria do ordenamento jurídico*. 7. ed. Brasília: Universidade de Brasília, 1996.

BONAVIDES, Paulo. *Curso de direito constitucional*. São Paulo: Malheiros, 2000.

BOURDIEU, Pierre. A máquina infernal. O neoliberalismo em choque. *Folha de S. Paulo*, São Paulo, Caderno Mais, p. 5-7.

BRAUSER, Hans. A evolução do sistema de negociação coletiva na Alemanha. *In:* TEIXEIRA, Nelson Gomes. *O futuro do sindicalismo no Brasil*. São Paulo: Pioneira, 1990.

BUEN, Nestor de; COSMÓPOLIS, Mario Pasco (coord.). *Los sindicatos en Iberoamerica*. Lima: Aele, 1988.

BUERTENTHAL, Thomas. *International human rights*. Minnesota: West, 1988.

CALDWELL, Taylor. *O grande amigo de Deus*. 6. ed. Rio de Janeiro: Record, 1996.

CALVEZ, Jean-Yvez; PERRIN, Jacques. Igreja e sociedade econômica — ensino social dos papas: de Leão XIII a Pio XII (1878-1958). *Caridade e justiça*. Carta aos bispos da Polônia, Bp. IV, p. 66, 19. mar. 1895.

CANÇADO TRINDADE, Antônio Augusto. *Proteção internacional dos direitos humanos*. São Paulo: Saraiva, 1991.

_____. *Tratado de direito internacional dos direitos humanos*. Porto Alegre: Sergio Antonio Fabris, 1997. v. 1.

CANOTILHO, J. J. Gomes. *Direito constitucional e teoria da constituição*. 3. ed. Coimbra: Almedina, 1998.

_____. *Direito constitucional*. 6. ed. Coimbra: Almedina, 1993.

CAPPELLETTI, Mauro. Formações sociais e interesses coletivos diante da justiça civil. *Revista de Processo*, São Paulo, n. 5, ano 2, p. 137-139, 1977.

CAVALCANTE, Jouberto de Quadros Pessoa; JORGE NETO, Francisco Ferreira. *O empregado público*. 3. ed. São Paulo: LTr, 2012.

CHAUÍ, Marilena. *Convite à filosofia*. São Paulo: Ática, 1994.

CHEVALLIER, Jean-Jacques. *As grandes obras políticas de Maquiavel a nossos dias*. Rio de Janeiro: Agir, 1982.

COELHO, Fábio Ulhoa. *Curso de direito comercial*. 2. ed. rev. e atual. São Paulo: Saraiva, 1999. v. 1.

_____. *Manual de direito comercial*. 9. ed. rev. e atual. São Paulo: Saraiva, 1997.

COMPARATO, Fábio Konder. *A afirmação histórica dos direitos humanos*. São Paulo: Saraiva, 1999.

COSMÓPOLIS, Pasço. *Negociación colectiva*. Lima: Ari, 1977.

COSTA, Orlando Teixeira da. *Direito coletivo do trabalho e crise econômica*. São Paulo: LTr, 1991.

CUEVA, Mário de La. El trabajador público y los convenios colectivos. *Revista de Derecho Laboral*, Montevideo, n. 143 jul./sept. 1986.

DÁVILA, Sergio. Merck bate novo recorde de fraude nos EUA. *Folha de S. Paulo*, São Paulo, Caderno Dinheiro, 7 jul. 2002.

DELGADO, Mauricio Godinho. *Curso de direito do trabalho*. 9. ed. São Paulo: LTr, 2010.

_____. *Princípios de direito individual e coletivo do trabalho*. 3. ed. São Paulo: LTr, 2010.

DESCARTES, René. *Vida e obra*: meditações. São Paulo: Nova Cultural, 1999 (Os pensadores).

DI PIETRO, Maria Sylvia Zanella. *Direito administrativo*. 22. ed. São Paulo: Atlas, 2009.

DIEESE. *A situação do trabalho no Brasil na primeira década dos anos 2000*. São Paulo: DIEESE, 2012.

DONATO, Messias Pereira. Liberdade sindical. *In:* MAGANO, Octavio Bueno (org.). *Curso de direito do trabalho:* estudos em homenagem a Mozart Victor Russomano. São Paulo: Saraiva, 1991.

DURAND, Paul; VITU, André. *Traite de droit du travail*. Paris: Dalloz, 1956. t. 3.

ELFFMAN, Mario. La polémica historia del derecho del trabajo. *Revista Derecho Laboral*, Montevideo, n. 152, p. 737, 1988.

ETALA, Carlos Alberto. *Derecho colectivo del trabajo*. Buenos Aires: Astrea, 2001.

FERREIRA, Aurélio Buarque de Holanda. *Novo dicionário básico da língua portuguesa*. Rio de Janeiro: Nova Fronteira, 1995.

FERREIRA, Waldemar. *Tratado de direito comercial*: o estatuto histórico e dogmático do direito comercial. São Paulo: Saraiva, 1960. v. I.

FERRI, Luigi. La autonomía privada. *Revista de Derecho Privado*, Madrid, 1969.

_____ . *L'autonomia privata*. Milão: Giuffrè, 1959.

FIORILLO, Celso Antonio Pacheco. *O direito de antena em face do direito ambiental no Brasil*. São Paulo: Saraiva, 2000.

_____ . *Os sindicatos e a defesa dos interesses difusos no direito processual civil brasileiro*. São Paulo: Revista dos Tribunais, 1995.

FLORA, P.; HEIDENHEIMER, A. (orgs.). *The development of welfare states in Europe and America*. Londres: Transaction Books, 1981.

FOLCH, Alejandro Gallart. *El sindicalismo como fenómeno social*. Buenos Aires: Victor P. Zavalla, 1957.

GARCÍA ABELLÁN, Juan. *Introducción al derecho sindical*. Madrid: Aguilar, 1961.

GENRO, Tarso Fernando. Em defesa do poder normativo e reforma do estado. *Revista LTr*, São Paulo, v. 56, n. 4, 1992.

GIUGNI, Gino; CURZIO, Pietro; GIOVANNI, Mario. *Direito sindical*. Tradução de Eiko Lúcia Itioka. São Paulo: LTr, 1991.

GOMES NETO, Indalecio. Modalidades da negociação coletiva. *Revista Gênesis*, Curitiba, n. 35, 1995.

GOMES, Orlando. *A convenção coletiva de trabalho*. São Paulo: LTr, 1995.

_____ . *Contratos*. 12. ed. Rio de Janeiro: Forense, 1991.

_____ ; GOTTSCHALK, Élson. *Curso de direito do trabalho*. 16. ed. rev. e atual. de acordo com a Constituição de 1988 por Jose Augusto Rodrigues Pinto. Rio de Janeiro: Forense, 2002.

GUGEL, Maria Aparecida. Abordagem de alguns aspectos do sistema legal trabalhista dos Estados Unidos da America do Norte na área do direito coletivo do trabalho. FUNÇÃO DO NATIONAL LABOR RELATIONS BOARD. *Revista do Ministério Público do Trabalho*, Brasília, n. 8, set. 1994.

HOUAISS, Antônio. *Dicionário eletrônico Houaiss da língua portuguesa 1.0*. Rio de Janeiro: Objetiva, 2009.

HOBBES, Thomas. *De cive:* elementos filosóficos a respeito do cidadão. Petrópoles: Vozes, 1993.

_____ . *Leviatã ou matéria, forma e poder de um estado eclesiástico e civil*. São Paulo: Nova Cultural, 1999 (Os pensadores).

_____ . *Leviatã ou matéria, forma e poder de um estado eclesiástico e civil:* vida e obra. Tradução de João Paulo Monteiro. São Paulo: Nova Cultural, 1999.

JASPER, Margaret C. *Labor law*. New York: Oceana, 1998.

JAVILLIER, Jean-Claude. *Droit du travail*. 4. ed. Paris: LGDJ, 1992.

_____ . *Manual de direito do trabalho*. São Paulo: LTr, 1988.

JUSTICE, Betty W. *Unions, workers and the law*. Washington: Bureau of National Affairs, 1983.

KANT. *Fundamentos da metafísica dos costumes*. Tradução de Antônio Maia da Rocha. Lisboa: Didáctica, 1999.

KROTOSCHIN, Ernesto. *Instituciones del derecho del trabajo*. Buenos Aires: Depalma, 1947. v. I.

LABRUNE, Monique; JAFFRO, Laurent. *A construção da filosofia ocidental*. São Paulo: Mandarim, 1996 (*Gradus Philosophicus*).

LAFER, Celso. *A reconstrução dos direitos humanos:* um diálogo com o pensamento de Hannah Arendt. São Paulo: Cia. das Letras, 1988.

_____ . *A ruptura totalitária e a reconstrução dos direitos humanos:* um diálogo com Hannah Arendt. 3. reimp. São Paulo: Companhia das Letras, 1999.

LÉVY-STRAUSS, Claude. *Athropologie structurale deux*. Paris: Plon, 1973.

LOCKE, John. *Segundo tratado sobre o governo civil*. Madrid: Alianza, 1990.

LUCA, Carlos Moreira de. *Convenção coletiva de trabalho:* um estudo comparado. São Paulo: LTr, 1991.

LUÑO, Peréz; CASTRO, J. L. Cascajo; CID, B. Castro; TORRES, C. Gómes. *Los derechos humanos:* significación, estatuto jurídico y sistema. Sevilha: Universidad de Sevilla, 1979.

LYON-CAEN, Gérard. Tentativa de definição de negociação coletiva. *In:* GONÇALVES, Nair Lemos; ROMITA, Arion Sayão (orgs.). *Curso de direito do trabalho:* homenagem a Evaristo de Moraes Filho. São Paulo: LTr, 1998.

_____ ; PÉLISSIER, Jean. *Droit du travail.* 16. ed. Paris: Dalloz, 1992.

MAGANO, Octavio Bueno. *Manual de direito do trabalho:* direito coletivo do trabalho. 2. tir. São Paulo: LTr, 1986. v. III.

_____ . Tutela e autocomposição. Convenção coletiva mostra-se um instrumento de flexibilidade superior. *O Estado de S. Paulo,* São Paulo, Caderno de Economia, p. B2, 29 jun. 1998.

_____ ; MALLET, Estêvão. *O direito do trabalho na constituição.* Rio de Janeiro: Forense, 1993.

MAIOR, Jorge Luiz. *Curso de direito do trabalho:* teoria geral do direito do trabalho. São Paulo: LTr, 2011. v. I, parte I.

MANCUSO, Rodolfo Camargo. *Comentários ao código de proteção do consumidor.* São Paulo: Saraiva, 1991.

MANNRICH, Nelson. A administração pública do trabalho em face da autonomia privada coletiva. *In:* MALLET, Estêvão; ROBORTELLA, Luiz Carlos Amorim (coords.). *Direito e processo do trabalho:* estudos em homenagem a Octavio Bueno Magano. São Paulo: LTr, 1996.

MANUS, Pedro Paulo Teixeira. *Negociação coletiva e contrato individual de trabalho.* São Paulo: Atlas, 2001.

MARANHÃO, Délio. *Direito do trabalho.* 15. ed. Rio de Janeiro: Getulio Vargas, 1988.

MARTINS FILHO, Ives Gandra. *Processo coletivo do trabalho.* São Paulo: LTr, 1994.

MARTINS, Sergio Pinto. *Direito do trabalho.* 14. ed. São Paulo: Atlas, 2001.

_____ . *Convenções da OIT.* São Paulo: Atlas, 2009.

_____ . *Direito processual do trabalho.* 17. ed. São Paulo: Atlas, 2001.

_____ . *O pluralismo no direito do trabalho.* São Paulo: Atlas, 2001.

MAZZONI, Giuliano. *Manuale di diritto del lavoro.* Milano: Giuffrè, 1990. v. II.

_____ . *Relações coletivas de trabalho.* São Paulo: Revista dos Tribunais, 1972.

MELO, Raimundo Simão de. *Processo coletivo do trabalho:* dissídio coletivo, ação de cumprimento, ação anulatória. 2. ed. São Paulo: LTr, 2011.

MELLO, Celso Antônio Bandeira de. *Curso de direito administrativo.* 8. ed. São Paulo: Malheiros, 1997.

MELLO, Celso D. Albuquerque. *Direitos humanos e conflitos armados*. Rio de Janeiro: Renovar, 1997.

MIRANDA, Pontes de. *Tratado de direito privado*. 3. ed. Rio de Janeiro: Borsoi, 1970.

MISAILIDIS, Mirta Lerena de. *Os desafios do sindicalismo brasileiro diante das atuais tendências*. São Paulo: LTr, 2001.

MONTESQUIEU, Charles de Secondat, Baron de. *Mes pensees*. Paris: Gallimard, 1978. v. 1 (Oeuvres complètes).

MORAES, Alexandre de. *Direitos humanos fundamentais*. 4. ed. São Paulo: Atlas, 2002. p. 43.

MORAES FILHO, Evaristo de. *Temas atuais de trabalho e previdência*. São Paulo: LTr, 1976.

NAISBITT, John. *Paradoxo global:* nações, empresas, indivíduos. Quanto maior a economia mundial, mais poderosos são os seus protagonistas menores. 8 ed. Tradução de Ivo Korytovski. 8. ed. Rio de Janeiro: Campus, 1994.

NASCIMENTO, Amauri Mascaro. *Compêndio de direito sindical*. 6. ed. São Paulo: LTr, 2009.

_____. Contrato coletivo como alteração do modelo de relações de trabalho. *Revista LTr,* São Paulo, v. 57, n. 2, fev. 1993.

_____. *Curso de direito do trabalho*. 17. ed. rev. e atual. São Paulo: Saraiva, 2001.

_____. O debate sobre negociação coletiva. *Revista LTr,* São Paulo, v. 64, n. 9, p. 1115, set. 2000.

_____. *Curso de direito do trabalho*. 8. ed. São Paulo: Saraiva, 1989.

_____. *Teoria geral do direito do trabalho*. São Paulo: LTr, 1998.

NUNES, Rizzatto. *O princípio constitucional da dignidade da pessoa humana*. São Paulo: Saraiva, 2002.

OFFE, Claus. *Some contractions of the modern Welfare State*. Massachusetts: The MIT, 1984.

ORGANIZAÇÃO INTERNACIONAL DO TRABALHO (OIT). *A liberdade sindical*. Tradução de Edílson Alkmin Cunha. São Paulo: LTr, 1993.

_____. *La negociación colectiva en países industrializados con economía de mercado*. Genebra: OIT, 1974.

PALERMO, Antonio. *Interessi collettivi e diritto sindacali:* Il diritto del lavoro. Roma: Diritto del Lavoro, 1964. v. 38.

PASTORE, José. As lições de uma mega greve. Greve na GM mostra quão desnecessária e a intervenção da justiça em conflito de natureza econômica. *O Estado de S. Paulo*, São Paulo, p. B2, 4 ago. 1998.

PEDREIRA, Luiz de Pinho. A autonomia coletiva profissional. *In:* ROMITA, Arion Sayão (org.). *Sindicalismo, economia e estado democrático*: estudos. São Paulo: LTr, 1993.

PERELMAN, Chaim. *Ética e direito*. São Paulo: Martins Fontes, 1999.

PICARELLI, Márcia Flávia Santini. *A convenção coletiva de trabalho*. São Paulo: LTr, 1986.

PINTO, José Augusto Rodrigues. *Direito sindical e coletivo do trabalho*. São Paulo: LTr, 1998.

PIOVESAN, Flávia. *Direitos humanos e direito constitucional internacional*. São Paulo: Max Limonad, 1996.

_____ . A proteção dos direitos humanos no sistema constitucional brasileiro. *Revista da Procuradoria Geral do Estado de São Paulo*, São Paulo, p. 87, jan./dez. 1999.

PIRENNE, Henri. *História econômica e social da Idade Media*. 5. ed. São Paulo: Mestre Jou, 1979.

PUGLIATTI, Salvatore. Autonomia privata. *Enciclopedia del Diritto*, Milano: Giuffrè, v. IV, 1959.

RAÓ, Vicente. *O direito e a vida dos direitos*. 3. ed. rev. e atual. por Ovídio Rocha Barros Sandoval. São Paulo: Revista dos Tribunais, 1991. v. 1.

RADBRUCH, Gustav. *Filosofia do direito*. 5. ed. Tradução de L. Cabral de Moncada. Coimbra: Armênio Amado, 1974.

RAWLS, John. *Uma teoria da justiça*. Tradução de Carlos Pinto Correia. Lisboa: Presença, 1993.

RAY, Douglas E.; SHARPE, Calvin William; STRASSFELD, Robert N. *Understanding labor law*. New York: Matthew Bender, 1999.

REALE, Miguel. *Fundamentos do direito*. 3. ed. São Paulo: Revista dos Tribunais, 1998. p. 3 (*fac símile* da 2. ed.).

_____ . *Lições preliminares de direito*. 16. ed. São Paulo: Saraiva, 1988.

_____ . *Nova fase do direito moderno*. 2. ed. rev. São Paulo: Saraiva, 2001.

_____ . *O direito como experiência*. Introdução à epistemologia jurídica. São Paulo: Saraiva, 1968.

RESENDE, Renato de Sousa. *Negociação coletiva de servidor público*. São Paulo: LTr, 2012.

ROBORTELLA, Luiz Carlos Amorim. O conceito moderno de negociação coletiva. *In:* PRADO, Ney (coord.). *Direito sindical brasileiro*. São Paulo: LTr, 1998.

RODRIGUEZ, Americo Plá. *Princípios de direito do trabalho*. São Paulo: LTr, 1978.

RODRÍGUEZ, Rafael Forero. La buena o mala fe patronal. *In: Juslaboralismo en Iberoamerica*: libro homenaje al dr. Víctor M. Álvarez. Caracas: Academia de Ciencias Políticas y Sociales, 1990.

ROMITA, Arion Sayão. Dissídio coletivo: significado político e aspectos processuais. *Gênesis — Revista de direito do trabalho*, Curitiba, n. 9, p. 175, 1996.

ROPPO, Enzo. *O contrato*. Coimbra: Almedina, 1988.

ROUSSEU, Jean-Jacques. *Do contrato social ou os princípios do direito político*. São Paulo: Nova Cultural, 1999. livro I (Os pensadores).

_____. *Do contrato social*. Tradução de Lourdes Santos Machado. São Paulo: Nova Cultural, 1999.

RÜDIGER, Dorothee Susanne. *O contrato coletivo no direito privado*: contribuições do direito do trabalho para a teoria geral do contrato. São Paulo: LTr, 1999.

RUPRECHT, Alfredo J. *Os princípios do direito do trabalho*. São Paulo: LTr, 1995.

_____. *Relações coletivas de trabalho*. Tradução de Edílson Alkmin Cunha. São Paulo: LTr, 1995.

RUSSOMANO, Mozart Victor. *Princípios gerais de direito sindical*. 2. ed. Rio de Janeiro: Forense, 2002.

SALA FRANCO, Tomás; ALBIOL MONTESINOS, Ignácio. *Derecho sindical*. 3. ed. Valência: Tirant lo Blanch, 1994.

SANTORO-PASSARELLI, Francesco. *Noções de direito do trabalho*. São Paulo: Revista dos Tribunais, 1973.

_____. *Saggi di diritto civile*. Nápoles: Eugenio Jovene, 1961.

SANTOS, Enoque Ribeiro dos. *Direito coletivo moderno*: da LACP e do CDC ao direito de negociação coletiva no setor público. São Paulo: LTr, 2006.

_____. *Direitos humanos na negociação coletiva*: teoria e prática jurisprudencial. São Paulo: LTr, 2004.

_____. *O direito do trabalho e o desemprego*. São Paulo: LTr, 1999.

_____. *O microssistema de tutela coletiva*: parceirização trabalhista. São Paulo: LTr, 2012.

_____ ; MALLET, Estêvão (orgs.). *Tutela processual coletiva trabalhista*: temas. São Paulo: LTr, 2010.

SEGADAS, Vianna; FILHO, João de Lima Teixeira. Negociação coletiva de trabalho. *In:* SÜSSEKIND, Arnaldo; MARANHÃO, Délio; VIANNA, Segadas; SEN, Amartya. *Instituições de direito do trabalho*. 13. ed. *Development as freedom*. New York: Knopf, 1988.

SILVA, Antônio Álvares da. Contratação coletiva. *In:* MALLET, Estêvão; ROBORTELLA, Luiz Carlos Amorim (coords.). *Direito e processo do trabalho:* estudos em homenagem a Octavio Bueno Magano. São Paulo: LTr, 1996.

_____ . *Direito coletivo do trabalho*. 1. ed. Rio de Janeiro: Forense, 1979.

_____ . *Questões polêmicas de direito do trabalho*. São Paulo: LTr, 1993, v. IV.

SILVA, De Plácido e. *Vocabulário jurídico*. 3. ed. Rio de Janeiro: Forense, 1993. v. III e IV.

SILVA, José Afonso da. *Direito constitucional positivo*. 21. ed. São Paulo: Malheiros, 2002.

_____ . *Poder constituinte e poder popular*. São Paulo: Malheiros, 2000.

SILVA FILHO, José Carlos Moreira da. *Filosofia jurídica da alteridade:* por uma aproximação entre o pluralismo jurídico e a filosofia da libertação latino-americana. 1. ed. Curitiba: Juruá, 1999.

SILVA, Luiz de Pinho Pedreira da. A negociação coletiva do setor público. *In:* PRADO, Ney (coord.). *Direito sindical brasileiro:* estudos em homenagem ao prof. Arion Sayão Romita. São Paulo: LTr, 1998.

SILVA, Otávio Pinto e. *A contratação coletiva como fonte do direito do trabalho*. São Paulo: LTr, 1998.

SILVA, Walküre Lopes Ribeiro da. Autonomia privada coletiva e modernização do direito do trabalho. *In:* NASCIMENTO, Amauri Mascaro (coord.). *Anais... Jornal do Congresso Brasileiro de Direito Coletivo do Trabalho*, 9, São Paulo: LTr, 1994.

_____ . Autonomia privada, ordem pública e flexibilização do direito do trabalho. *In:* NASCIMENTO, Amauri Mascaro (coord.). *Anais... Jornal do Congresso Brasileiro de Direito Coletivo do Trabalho*, 9, São Paulo: LTr, 23-25 nov. 1994.

SIQUEIRA NETO, José Francisco. *Contrato coletivo de trabalho*. São Paulo: LTr, 1991.

SMITH, Adam. *Richesse des nations*. Paris: Canan, 1937.

SOURIAC, Marie-Armelle. Conflits du travail et negociation collective, quelques aspects. *Droit Social,* n. 7-8, p. 707, juil./aoû. 2001.

STOLL, Luciana Bullamah. *Negociação coletiva no setor público*. São Paulo: LTr, 2007.

STRECK, Lênio Luiz; MORAIS, José Luís Bolzan de. *Ciência política e teoria do estado*. 7. ed. Porto Alegre: Livraria do Advogado, 2012.

SÜSSEKIND, Arnaldo. A justiça do trabalho 55 anos depois. *Revista LTr*, São Paulo, p. 882, v. 60, n. 7, 1996.

_____. *Direito constitucional do trabalho*. 4. ed. ampl. e atual. Rio de Janeiro: Renovar, 2010.

TEIXEIRA FILHO, João de Lima et al. *Instituições de direito do trabalho*. 16. ed. São Paulo: LTr, 1996. v. 2.

_____. Negociação coletiva de trabalho. TEIXEIRA FILHO, João de Lima. Negociação coletiva de trabalho. *In:* TEIXEIRA FILHO, João de Lima et al. *Instituições de direito do trabalho*. 18. ed. São Paulo: LTr, 1999. v. 2.

_____. Princípios da negociação coletiva. *In:* SILVESTRE, Rita Maria; NASCIMENTO, Amauri Mascaro (coords.). *Os novos paradigmas do direito do trabalho:* homenagem a Valentin Carrion. São Paulo: Saraiva, 2001.

TELLES JÚNIOR, Goffredo. *Filosofia do direito*. São Paulo: Max Limonad, 1967. t. 2.

TOBEÑAS, José Castan. *Los derechos del hombre*. Madrid: Reus, 1976.

TORRES, Ricardo Lobo. *Direitos humanos e a tributação:* imunidades e isonomia. Rio de Janeiro: Renovar, 1995.

TUPINAMBÁ NETO, Hermes Afonso. Negociação coletiva. *In:* FRANCO FILHO, Georgenor de Sousa (coord.). *Direito do trabalho e a nova ordem constitucional*. São Paulo: LTr, 1991.

TRINDADE, Antonio Augusto Cançado. *Tratado de direito internacional dos direitos humanos*. Porto Alegre: Fabris, 1997.

UNESCO. *Les dimensions internationales des droits de l' homme*, 1978.

URIARTE, Oscar Ermida. *Apuntes sobre la huelga*. Montevideo: FCU, 1983.

VIANNA, Segadas. Antecedentes históricos. *In:* SÜSSEKIND, Arnaldo; MARANHÃO, Délio; VIANNA, José de Segadas; TEIXEIRA FILHO, João de Lima. *Instituições de direito do trabalho*. 18. ed. atual. por Arnaldo Süssekind e Lima Teixeira. São Paulo: LTr, 1999. v. 1.

_____ ; TEIXEIRA FILHO, João de Lima. Negociação coletiva de trabalho. *In:* SÜSSEKIND, Arnaldo; MARANHÃO, Délio; VIANNA, Segadas; TEIXEIRA FILHO, João de Lima. *Instituições de direito do trabalho*. 13. ed. São Paulo: LTr, 1993.

VIDAL NETO, Pedro. *Do poder normativo da justiça do trabalho*. São Paulo: LTr, 1983.

WEBER, Max. *Economia e sociedade*. 3. ed. Tradução da 5. ed. por Regis Barbosa; Karen Elsabe Barbosa. Brasília: Universidade de Brasília, 1994. v. 1.

WOLF, Martin. Um plano de resgate para o capitalismo. *Folha de S. Paulo,* São Paulo, p. B-4, 7 jul. 2002.

WOLKMER, Antônio Carlos. *Pluralismo jurídico* — fundamentos de uma nova cultura no direito. São Paulo: Alfa-Ômega, 1994.

Sites utilizados

ORGANIZAÇÃO INTERNACIONAL DO TRABALHO (OIT). Disponível em: <http://www.ilo.org/public/spanish/standards/decl/declaration/text/tindex.htm>. Acesso em: 7.2.2004.

SUPREMO TRIBUNAL FEDERAL. Disponível em: <http://www.stf.jus.br/portal/processo/verProcessoAndamento.asp?incidente=11299>. Acesso em: 28.10.2012.

Informativo n. 485 do STF. Disponível em: <http://www.stf.jus.br/arquivo/informativo/documento/informativo485.htm>. Acesso em: 1º.12.2012.

SECRETARIA GERAL DA PRESIDÊNCIA DA REPÚBLICA. Disponível em: <http://www.secretariageral.gov.br/noticias/ultimas_noticias/2008/02/not_130220082>. Acesso em: 9.12.2012.

Produção Gráfica e Editoração Eletrônica: R. P. TIEZZI
Projeto de Capa: FABIO GIGLIO
Impressão: PIMENTA GRÁFICA E EDITORA

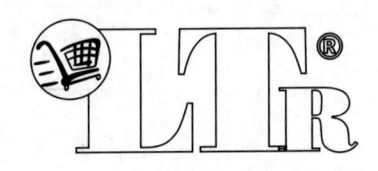

LOJA VIRTUAL
www.ltr.com.br

E-BOOKS
www.ltr.com.br